기독교문서선교회

Christian Literature Crusade
983-2, PANGBAE-DONG SOCHO-KU SEOUL, KOREA

무슬림 여성과 베일

이 정 순 지음

기독교문서선교회

A Study on the Symbols of Women's Veil in the Muslim World
- Focus on Istanbul, Turkey -

By
Chung-Soon Lee

2004
Christian Literature Crusade
Seoul, Korea

추천사

20세기 후반기에 이르러 무슬림 인구의 폭발적인 증가에 세계의 눈이 열렸다. 그리고 우리는 곳곳에서 일어나는 이슬람 문명과의 충돌이야기를 듣게 된다. 이와 같이 이슬람이 급속도로 세계화되어 가면서 이슬람의 상징물도 초생달에서 베일로 옮겨가는 모습을 발견한다.

따라서 무슬림 영혼을 사랑하고 그들이 구원받기를 소원하는 그리스도인들은 베일에 관한 올바른 이해와, 그 베일 뒤에 숨겨진 무슬림여성 세계의 다양한 면을 이해할 수 있어야 할 것이다.

저자는 오랫동안 중동과 아시아 및 아프리카의 이슬람국가들을 비롯하여 수십 개국을 방문할 기회가 있었으므로 다양한 현장과 무슬림 여성들의 실상을 구체적으로 통찰할 수 있었다. 이 책은 터키 무슬림 여성의 베일과 그 문화를 중심으로 여성들과의 면담과 문헌을 통해 연구한 박사학위 논문으로서 전통적 무슬림 여성들의 생각과 정서를 이해할 수 있을 뿐만 아니라, 전통과 개혁이 공존하는 현대 터키 이슬람 사회와 문화를 이해하고 그 안에서 효과적으로 복음을 증거할 수 있도록 하는 좋은 자료를 제공하고 있다.

베일의 전통에 관한 연구범위는 터키지역만이 아니라 종적으로 수메리아, 앗시리아, 메소포타미아, 헬레니즘, 유대교, 그리스-로마, 비잔틴시대로부터 이슬람교가 출현하여 현대에 이르기까지의 역사적를 광범위하게 탐구하였고, 횡적으로 꾸란과 하디스와 샤리아에 나타난 여성 및 베일에 관한 규범을 연구하고, 베일의 상징성과 무슬림 여성들의 현실세계의 문제점들을 사회적, 문화적, 경제적, 심리적, 종교적인 복합적 요인들을 직업별, 교육별, 연령별로 현장조사를 통해 밝힘으로써 개종자들의 베일착용여부에 관한 실질적인 문제에 해답을 시도하였다.

 명예를 극히 존중하는 이슬람권에서 여성명예의 상징이 되는 베일에 대한 올바른 이해는 현지 선교사들에게 시급한 것이다. 이는 단순한 편견이나 정확하지 않은 정보에 의하여 선교사들이 베일에 관해서 경솔하게 대처함으로써 가문의 명예와 직결되는 '명예살인' 이라는 무서운 화근을 불러일으킬 수도 있기 때문이다.

 그러므로 추천인은 무슬림 영혼들을 사랑하는 이슬람권 선교사들에게만이 아니라 이슬람 문화에 관해 관심을 가진 모든 분들에게 이 책을 권하는 바이다.

아세아연합신학대학교 교수
이 동 주 박사

감사의 글

하나님께서 저의 모든 신학교육 과정을 계획하시고 인도하시며 동행하심을 감사하며 모든 영광을 하나님께 돌립니다! 많은 독서와 현장조사 등으로 이 과정이 결코 평탄한 길은 아니었으나 하나님의 은혜를 체험하는 기회가 되었습니다. 이제 박사학위 논문을 마치면서 참으로 하나님의 은혜가 귀하고 감사할 뿐입니다!

제가 하나님의 은혜를 체험토록 함께 하며 영향을 주신 모든 분들께 일일이 감사를 드려야겠지만, 몇몇 분들께만 감사를 표하고자 합니다. 이동주 박사님은 저의 지도교수로서 논문 전체를 헌신적으로 지도해 주신 분입니다. 그분은 주님을 사랑하는 학자로서 학문 연구의 깊이를 논문 지도과정과 강의실에서 보여 주셨고 세계선교를 향한 열정을 삶으로 모범을 보이고 계십니다. 안영권 박사님은 깊은 통찰력을 가지고 논문의 틀을 만들어 주며 중요한 제안들을 제시해 주셨습니다. 정홍호 박사님은 논문의 방향과 내용 전개를 지도해 주셨습니다. 그 외 아세아연합신학대학교 명예 총장 한철하 박사님과 총장 림택권 박사님 및 대학원 모든 교수님들께서 저의 신학과 신앙이 복음주의 전통에 뿌리를 내리도록 가르쳐 주심을 감사드립니다. 외부 논문 심사위원으로서 좋은 평가와 함께 유익한 제안을 해주신 장로교신학대학교 명예총장 서정운 박사님께 감사드립니다. 세계선교에 깊이 참여하시는 그분의 심사를 받게 된 것을 영광으로 생각합니다.

1960년 교육선교사로 한국에 오셔서 1987년까지 한남대학교에서 화학 및 성경과 과학 강의와 제자훈련 사역을 하신 계의돈 박사님(Dr & Mrs. Robert L. Goette)을 기억하며 깊은 감사드립니다. 그분은 저에게 예수 그리스도를 전하시고 기도와 인내로 양육하여 주셨습니다. 그분과 제가 한남대학교에서 10여년 이상 함께 제자훈련 사역 동안 교제했던 동료들과 많은 후배들이 국내외에서 주님을 신실하게 섬기고 있어 감사합니다. 그들 중에 저의 선교사역과 학업에 기도와 사랑으로 격려해 준 분들께 감사한 마음을 전하고 싶습니다.

1980년 제가 오엠(OM)국제선교회 선교선 로고스(M. V. Logos)와 1989년 둘로스(M. V. Doulos)에 승선하여 순회선교사역, 그 후 한국오엠국제선교회에서 사역하도록 배려해 주었던 오엠국제선교회 목회상담 대표 알란 아담스(Dr. Allan K. Adams)께도 감사를 드립니다. 다양한 선교현장 사역과 그 외 선교지역 방문은 저의 신학공부(선교학 전공)를 하는 데 큰 밑거름이 되었고, 이 논문의 주제와 아이디어를 제공해 주었습니다. 영국 웩(WEC) 본부 선교훈련원(MOC)에서 제가 처음으로 선교학을 공부할 때 지도해 주었던 버네트 박사(Dr. David Burnett)께도 감사를 드립니다. 그분의 강의와 선교 열정이 저로 하여금 선교학에 관심을 갖게 하였습니다. 저의 선교현장 연구 등을 안내하며 교제를 통하여 격려해 준 여러 선교사님들에게도 감사를 드립니다.

그리스도의 사랑 안에서 맺어진 강정희 박사님, 손인수 선생님, 친구 남성숙, 이근성 장로님 부부, 조해연 등 이들의 신실한 기도와 사랑과 격려가 저의 해외 선교 사역과 학업에 큰 힘이 되었습니다. 이들에게도 저의 깊은 감사를 드립니다. 그 외에도 제가 하나님의 신실하신 사랑과 은혜를 체험할 수 있도록 늘 새로운 용기와 격려를 주신 귀한 형제 자매들께 감사를 드립니다. 논문을 위한 선교현장 조사 설문지에 응답한 터키 여성들의 글을 한국어로 번역해 주신 최인경 사모님께 감사를 전합니다. 누구보다도 저의 학업과 선교사역을 위하여 늘 기도해 주시는 어머니 박병예 권사님과 언니 이종화, 이점화께도 가슴 깊이 감사를 드립니다.

21세기에 가장 복음화되지 않은 무슬림들에게 하나님의 사랑을 전하는 데 저의 논문이 실제적인 도움이 되며, 많은 사람들의 마음에 선교의 열정이 솟아나기를 기도합니다!

이 정 순

머리글

이슬람은 62억의 전세계 인구 5명 중에 1명이 무슬림으로 기독교 다음 교세를 가지고 있는 제2의 종교로 부각되었다. 구소련이 무너진 이후 오늘날 이슬람은 서구 세력과 나란히 양대 세력권을 이루는, 무시할 수 없는 존재가 되었다.『문명의 충돌』의 저자 사무엘 헌팅톤은 그의 책에서 전세계에서 이슬람 인구가 차지하는 비율은 2000년에는 23퍼센트, 2025년에는 31퍼센트로 늘어날 전망이라고 언급하고 있다.

지구촌시대에 살고 있는 우리는 한국에 온 무슬림 여성들이 주저함 없이 베일용 스카프를 착용하고 대학 캠퍼스나 남대문시장을 거니는 모습을 이제는 심심지 않게 볼 수 있다. 올해부터 한국의 중고등학교에서도 아랍어를 선택과목으로 채택되어서 시행하고 있다. 오늘날 아랍어는 무슬림들에게 자기 실현을 위한 도구이며, 문화와 종교의 매개체이다. 우리는 이것을 인식해야 한다.

전세계에 파송된 한국인 선교사의 약 30%가 중동 및 그 외지역에서 이슬람권 사역을 하고 있다. 한국교회가 이슬람권 선교에 관심을 갖고 선교사를 파송하고 있는 것은 매우 의미 있고 보람된 일이다. 그러나 선교의 열정에 비교하여 무슬림에 대한 이해가 부족하다고 느껴 왔다. 최근에 이슬람에 관한 서적들이 출판되어 나오고 있어 다행이라고 생각하나, 다른 한편으로는 무슬림들의 관점에서 그들을 옹호하고자 하는 입장에서 글을 쓰므로 오히려 잘못된 정보를 얻게 되는 위험도 발견한다.

 오늘날 '베일'은 이슬람의 대표적인 상징이 되었다. 대부분의 비이슬람권 사람들은 참 무슬림 여성의 삶이나 베일에 대하여 거의 알지 못하고 판에 박힌 인상을 가지고 있다. 이러한 현실을 생각할 때에 베일에 대한 이해는 효과적인 무슬림 선교에서 반드시 필요하다.

 필자는 오엠(OM)국제선교회 소속 로고스(M.V. Logos)에 승선하여 순회사역을 하던 1980년 12월 말레이시아를 처음 방문하여 큰 충격을 받았다. 그곳은 12월이지만 한국의 무더운 여름철과 같은 날씨였다. 그러나 거리에 많은 여성들은 머리카락과 목부분을 가리는 베일용 스카프를 착용하고 다니고 있었다. 심지어 여중학생들이 교복으로 베일용 스카프를 착용하고 다니고 있었다. 그 후 지난 20여년 동안 필자는 중동 및 북아프리카, 유럽 등 전세계 여러 나라를 순회사역 및 지역연구차 방문하면서 직접 무슬림 여성들과 만났고, 기독교 사역자들과도 대화를 나눌 수 있었다.

 기독교 사역자들 중에는 무슬림 여성의 베일에 대하여 거부감을 갖고 있으며, 아랍인이나 무슬림의 입장에서 베일을 생각하지 않고 우리의 시각으로 베일을 착용한 여성을 바라보는 것을 발견하였다. 베일에 대한 인상이 대체로 부정적이기 때문에, 베일을 올바로 이해하지 않으면 무슬림 여성들에게 다가가는 데 주저함 내지 심지어 두려움으로 교제가 이루어지지 않는 것을 파악하게 되었다. 이러한 것들이 도전이 되어 필자는 박사학위를 시작하면서 무슬림 여성의 베일에 대한 논문 자료들을 수집하며 지역연구를 더 구체적으로 하기 시작했다. 베일 착용은 전세계적인 것으로 어떤 종교나 지역에만 적용되어 사용되는 것이 아니다. 그러나 무슬림 여성의 베일은 다른 의미를 지니고 있으며 나라별로 그 강도의 차이가 있다.

 이 책은 필자의 박사학위 논문 "무슬림 여성의 베일 상징성에 관한 연구"를 출판한 것이다. 이 책에서 베일에 대한 이해와 더불어 서구적 관점에 근거하여, 베일을 무조건적인 억압과 격리의 상징으로 여기는 편견에서 벗어날 것을 제안한다. 베일의 근원과 사회, 문화적 상황을 이해하면 무슬림 여성과 교제하는 데 장애가 없어질 것이다. 동시에 이 책은 무슬림 여성의 여권신장을 위한 것이 아니고, 현대 무슬림 여성의 베일을 통하여 우리에게 말하고자 하는 것이 무엇인지 들어보며, 베일이 어떤 영향력을 미치고 있는지 살펴보고, 문제점을 짚어보고자 하는 것이다. 그 결과 무슬림 여성을 올바르게 이해하여 그들에게 효과적으로 기독교 복음을 전파하도록 새로운 통찰력을 주고자 하는 데 궁극적인 목적이 있다. 또한 필자는 우리가 현관문을 통하여 집안으로 들어가듯이, 독자들이 베일이라는 현관문을 통하여 무슬림 여성 세계의 다양한 면을 볼 수 있기를 기대한다. 터키를 지역연구로 택한 이유는 터키가 세속화 국가이며 서구화된 나라로서, 전체 이슬람을 대표할 수는 없지만 역사를 살펴보면 대표성을 갖고 있기 때문이다. 역사적으로 터키는 이슬람 세계에 큰 영향력을 미치고 있다.

필자는 이 책이 이슬람권 선교를 준비하는 선교후보생과 선교사와 이슬람 세계에 관심을 갖고 계신 분들이 올바른 안목을 기르는 데 조금이나마 실제적인 도움이 되기를 기도한다. 또한 본 연구에 이어 앞으로 다른 분들을 통하여 이슬람의 다양한 면에 대하여 학문적으로 더 본격적인 연구가 있기를 기대한다.

끝으로 필자의 박사학위 논문을 "신학박사 논문시리즈"의 책으로 출간하는 데 수고를 아끼지 않은 기독문서선교회 출판부에 진심으로 감사한다.

2002년 6월
이 정 순

● 무슬림 여성과 베일

목 차

추천사 / 3
감사의 글 / 5
머리글 / 7

제1장 서론 / 17

1. 연구 목적 ··· 17
2. 연구 방법 및 제한점 ··· 22
3. 연구 내용 ··· 26

제2장 무슬림 여성의 위치 / 29

1. 꾸란의 여성의 위치 ··· 30
   (1) 동격관 ··· 30
   (2) 차별관 ··· 32
   (3) 보호관 ··· 35
2. 전통적인 무슬림 여성의 위치 ····································· 37
3. 무슬림 여성의 세계관 ·· 38

제3장 베일에 대한 일반적 이해 / 41

1. 베일의 어원 연구 및 정의 ··· 41
2. 베일의 보편적 용도 ··· 44
3. 베일 착용의 역사 ··· 47
   (1) 수메리안의 베일의 역사 ·· 48
   (2) 앗시리안의 베일의 역사 ·· 48
   (3) 메소포타미아의 베일의 역사 ······································ 51
   (4) 헬레니즘 시대의 베일의 역사 ···································· 52
   (5) 1세기 유대, 그리스-로마의 베일 착용 관습 ··············· 52
   (6) 비잔틴의 베일의 역사 ··· 57
   (7) 남자 베일의 역사 ·· 59
   (8) 한국의 베일의 역사 ··· 63
4. 베일의 종교적 역사 ··· 64
   (1) 요세푸스의 저작에 나타나 있는 베일 착용 관습 ········ 64
   (2) 탈무드에 나타나 있는 베일 착용 관습 ······················· 65
   (3) 성경에 나타나 있는 베일 ·· 66
   (4) 이슬람의 베일 착용 배경 ·· 68

제4장 베일에 대한 이슬람의 이해 / 71

1. 자힐리야 베일에 대한 고찰 ·· 71
   (1) 자힐리야 여성의 위치 ··· 71
   (2) 자힐리야 문학에 나타난 베일 ···································· 73
   (3) 자힐리야 이후 문학에 나타난 베일 ···························· 74
2. 베일 착용에 대한 꾸란의 해석 ······································· 75
   (1) 꾸란 33:59 해석 ·· 77
   (2) 꾸란 33:32, 33 해석 ·· 80
   (3) 꾸란 24:31 해석 ·· 82

(4) 꾸란 33:53 해석 ·· 83
　　(5) 꾸란 7:26, 27 해석 ······································ 85
　　(6) 꾸란 2:125 해석 ·· 86
　3. 베일에 관한 하디스(Hadith) 해석 ······················ 87
　　(1) 베일의 최대 요구 ·· 88
　　(2) 베일의 최소 요구 ·· 91
　4. 베일에 대한 샤리아(Shari'ah) ····························· 94
　5. 무슬림 여성의 행동 규범 ····································· 95
　6. 베일에 대한 전통 이슬람의 견해 ······················ 96
　7. 수피즘의 베일에 대한 견해 ······························· 98
　8. 베일을 만드는 조건 ··· 100
　9. 베일의 유형 ·· 101
　　(1) 면사포형 ·· 101
　　(2) 너울형 ·· 102
　　(3) 의복형 ·· 103
　10. 베일 착탈의 결과 ·· 103

제5장 베일의 상징성 / 105

　1. 현대 이슬람권 여성 ··· 106
　2. 베일의 상징성 영향 ··· 111
　　(1) 사회적 영향 ·· 112
　　(2) 문화적 영향 ·· 123
　　(3) 경제적 영향 ·· 126
　　(4) 종교적 영향 ·· 126
　　(5) 심리적 영향 ·· 128
　　(6) 정치적 영향 ·· 130
　3. 무슬림 여성 세계의 주된 변화 요인 ············· 135

    4. 베일의 의사소통 기능 ……………………………… 136

제6장 터키 무슬림 여성의 베일의 세계 / 139

    1. 터키 베일의 종류 ……………………………………… 141
    2. 터키의 역사, 정치와 베일과의 관계 ………………… 152
        (1) 고대 시대 …………………………………………… 153
        (2) 오스만(오토만)제국 ……………………………… 155
        (3) 터키공화국 ………………………………………… 160
    3. 면접조사에 따른 이스탄불 유럽지역의
        베일 착용자와 비착용자의 상황 분석 ……………… 183
        (1) 비율 분석 …………………………………………… 188
        (2) 이유 분석 …………………………………………… 188
        (3) 연령 분석 …………………………………………… 191
        (4) 직업 분석 …………………………………………… 192
        (5) 교육정도 분석 ……………………………………… 193
        (6) 베일착용에 대한 전망 …………………………… 194
    4. 이스탄불 여성의 세계관 ……………………………… 196

제7장 베일에 대한 선교적 이해 / 203

    1. 무슬림 여성의 베일에 대한 평가 …………………… 203
    2. 기독교로 개종한 무슬림 여성의 베일의 문제 …… 212
    3. 베일에 대한 성경적 이해 …………………………… 216
    4. 베일의 이해를 통한 선교적 접근 …………………… 220

제8장 결론 / 225

참고문헌 / 233

사진 및 그림

질레바 ··· 46
하이크 ··· 46
투아레그 남성, 베르베르 남성 ················ 62
호토즈 ··· 146
16-19세기 터키 여성 ···························· 147
토바 챠르샤프 ······································ 150

사진. 1-9 ··· 185-187

그림 1. 베일 착용자와 비착용자에 대한 비율 분석표 ············ 188
그림 2. 베일 착용의 개인적 동기 분석표 ············ 188
그림 3. 베일 착용자 261명의 원인 분석표 ············ 189
그림 4. 베일 비착용자 301명의 이유 분석표 ············ 190
그림 5. 베일 착용자 비착용자의 연령 분석표 ············ 192
그림 6. 베일 착용자와 비착용자의 직업 분석표 ············ 193
그림 7. 베일 착용자와 비착용자의 교육 정도 분석표 ············ 193

● 무슬림 여성과 베일

제 1 장

서 론

1. 연구 목적

이슬람은 전세계 인구 62억의 21%에 해당하는 13억[1]의 교세를 가지고 있는데 더 증가하는 추세에 있어 그 세력 확장은 놀라울 정도다. 1970년 이후 각 종교가 성장한 정도를 보면 이슬람교[2]가 96%로서 가장 높고, 힌두교는 63%, 기독교는 55.6% 성장했다.[3] 이슬람은 모두 184개국에 분포되어 있으며[4] 기독교, 힌두교, 불교 신도 수를 능가하는 수이다. 러시아의 공산주의가 무너진 이후, 오늘날 이슬람은 석유라는 자본을 업고 서구 세력과 나란히 양대 세력권을 이루는 무시할 수 없는 존재가 되었다.

오늘날 '베일'은 서구에서 이슬람의 상징인 '초승달'의 자리를 대신하기에 이르렀다.[5] 외국에서는 한국의 길거리에서 거의 볼 수 없는, 검정색 또는 베이지

---

1) Patrick Johnstone & Jason Mandryk, *Operation World*(Carlisle: Paternoster Publishing 2001), p. 2.
2) 이슬람은 순종 또는 복종을 의미한다.
3) 정운종, '5명 중 1명은 회교도,' "저무는 밭의 일꾼들" 1995년 8월호.
4) 김일곤, '이슬람교,' "월간중앙 WIN" 1998년 12월호(서울: 중앙일보), p. 244.
5) 이슬람력으로 음력 9월 27일에 꾸란 계시가 시작되었는데 이때 초승달이 떠 있었다. 이

색의 베일로 얼굴과 몸을 가리고 눈만 내놓은 채 당당하게 걷는 무슬림 여성의 모습을 쉽게 볼 수 있다. 말레이시아에서 어느 여중학생들의 교복은 흰색 베일과 파란색 스커트이며, 성인 여성들 대부분이 흰색과 검정색 등 다양한 베일을 착용한다. 북아프리카와 중동지역에서는 햇볕이 몹시 따가워 사람이 한낮에 거리를 걸어다니는 자체가 힘든데도 베일을 착용하고 다니는 무슬림[6] 여성들을 흔히 볼 수 있다. 이처럼 무슬림 여성들의 상징인 베일을 착용한 모습은 중동이나 북 아프리카뿐만 아니라, 파키스탄, 세계 패션의 중심가인 프랑스 파리나 런던의 중심가인 옥스퍼드 써클 거리 외에도 유럽의 국제 공항 어디서나 쉽게 볼 수 있다. 이슬람은 이제 아랍인만의 종교가 아니라 전세계적으로 확산된 종교이다.

본 논문의 논지는 무슬림 여성의 베일은 사회, 문화, 관습과 종교에 따라 상황화된 옷의 한 부분이며, 많은 의미를 지닌 상징이라는 것이다. 베일을 착용하는 것은 지역, 문화, 사회, 종교, 정치, 경제적 현실이 상호 작용하는 복잡한 현상이다. 물론 이슬람국가의 기후와 문화에 따라 베일의 모양과 색깔은 다소 다르다. 오늘날 베일은 존경, 도덕성, 정체성, 저항의 복합된 개념을 표현하고 있다. 베일은 저항이나 그것의 반대 행동의 옷차림으로서 성별, 이슬람식 이상, 이슬람 사회, 여성의 신분과 자유에 대한 역동적인 토의를 일반화하고 있다.

현재 약 6-7억의 무슬림 여성들이 일상생활에서 다양한 종류의 베일 또는 히잡(hijab)을 착용하므로 그들을 제대로 이해하려면 베일에 대해 바르게 인식을 해야 한다. 베일 또는 히잡은 아랍어로 차양, 가리개, 베일 등을 뜻한다. 그것을 사용하는 목적은 부부가 아닌 사이, 혹은 부부가 되려고 하지 않는 사이에는 쓸데없이 남을 유혹하는 몸가짐을 피하는 데 있다. 이와 관련, 내적 히잡은 눈길을 낮게 하고 이성의 호기심을 자극하지 않으려는 마음가짐을 뜻한다. 이 내적 히잡

때문에 초승달이 이슬람에서 중요한 상징이 된다. 파키스탄, 터키, 말레이시아, 알제리, 튀니지, 우즈베키스탄, 투르크메니스탄, 몰디브, 코모로 이슬람 연방, 아제르바이잔, 모리타니는 국기에 초승달이 새겨져 있다. 또한 모스크 지붕의 맨 꼭대기에 초승달 문양이 부조물로 걸려 있다는 것은 초승달이 이슬람교 세계 공통의 상징임을 나타낸다.

6) 이슬람(Islam)을 믿는 사람들을 무슬림(Muslim)이라고 부른다. 이슬람국가는 크게 6개 지역으로 나누어 볼 수 있다. 아랍 지역(아랍어), 터키·중앙아시아 지역(터키어권), 방글라데시와 북인도·파키스탄 지역(우르두어권), 이란(페르시아권), 말레이·인도네시아 지역, 북아프리카 지역 등이다.

이 외적, 즉 '눈에 띄는' 히잡과 잘 연계되었을 때, 그 히잡은 완전하다고 할 수 있다.[7] 그러므로 베일에 대한 연구는 다음과 같은 점에서 중요하다.

첫 번째, 세계 4대 종교인 불교, 힌두교, 기독교, 이슬람의 지도자들은 각각 그들의 종교를 상징하는 옷들을 입는다. 불교의 중들은 회색 또는 황색 바지저고리와 두루마기를 입는다. 한국에서 일반 불교신자들 중에 보살이라고 하는 여성들은 절에 가는 날과 사월초파일에 회색 바지를 입는다. 기독교 목사들과 카톨릭 신부들은 제복을, 수녀들은 수녀복을 입는다. 즉 이들 종교 지도자들의 제복은 대부분 각자 자기 종교에서 전임 사역자들인 자신들의 종교와 직업을 나타내고 있다. 그러나 이슬람교만이 일반인들(무슬림) 특히 여성들이 일상생활에서 자기의 종교를 나타내는 베일을 전세계적으로 착용하고 있다. 왜냐하면 이슬람은 단지 종교만이 아니라 알라(Allah, 하나님: 한글 '꾸란'에서는 알라를 '하나님'으로 번역하고 있다)가 제시한 총체적인 삶의 방식이기 때문이다.

두 번째, 무슬림의 베일은 여권운동가, 인권운동가들에게 공격당하고 무시당하고 사용금지를 당하면서도 발전되고 있다. 또한 베일은 1990년대에 이슬람의 민족주의, 문화적 자존심 등을 융합시키는 데 가장 큰 공헌을 하였다. 무엇이 이렇게 몇 백년의 세월이 흘러가는 동안 베일 착용을 유지시키고 있는지를 파악하는 것은 이들을 이해하는 데 도움을 준다. 따라서 우리는 이러한 현상을 간과할 수 없다.

세 번째, 2001년 현재 한국인 선교사는 9,514명[8]인데 이슬람지역에 많은 선교사들이 나가 있다. 이러한 현실을 생각할 때에 베일에 대한 이해는 효과적인 무슬림 선교에서 반드시 필요하다. 무슬림 여성들의 베일을 이해하지 않으면, 우리는 무슬림 여성들을 균형있게 이해할 수 없기 때문이다. 그런데도 대부분의 비이슬람권 사람들은 참 무슬림 여성의 삶이나 베일에 대하여 거의 알지 못하고 판에

---

7) 쉐이크 하에리, 『이슬람교 입문』, 김정헌 역(서울: 김영사, 1999), pp. 208-209.

8) 2001년 1월 기준 한국인 해외선교사 전체수는 9,514명이다(2001년 11월 5일 한국 세계선교협의회 제공). 그러나 한국선교정보센터(KRIM) 통계에 의하면 한국인 해외 선교사 전체 수는 8,013명이다. 그 중에 이슬람권(중동 및 그 외 지역) 선교사는 2,380명(29.7%-독신 여성선교사 521명, 부인선교사 935명)이다(2001년 11월 5일 한국선교 정보센터 제공). 한국세계선교협의회와 한국선교정보센터의 통계 차이는 선교사들이 이중 회원으로 겹치는 경우가 중요 원인이다. 예를 들면 교단 선교사로 파송을 받으면서 동시에 선교단체에 소속되어 있기 때문에 겹치는 경우이다.

박힌 인상을 가지고 있다. 서구 사역자들 중에도 마찬가지이다. 더욱이 단일 문화권에서 성장한 한국 선교사들 대부분은 이슬람권에 가서 사역하는 동안 현지 여성들이 베일을 착용하고 교회 예배에 참석하는 것에 대해 극도의 거부감을 나타내고 있다. 이처럼 기독교 사역자들이 베일에 대하여 올바로 이해하지 못하면 사역현장에서 실수할 수밖에 없으므로 베일을 올바로 이해하는 것이 필요하다.

오늘날 13억의 무슬림과 9억의 힌두교인들과 4억 불교인들과 3억 5천 만의 정령숭배자들은 잃어버린 자들이 되고 있다. 왜냐하면 그들은 그들의 전통적인 종교적 공동체의 일원으로서 동질감을 간직하면서 많은 대가를 지불하면서라도 예수 그리스도를 따를 수 있다고 결코 상상해보지 않기 때문이다.

베일은 의사소통(communication)의 한 도구로서 자기의 종교, 신분, 계급, 민족 또는 종족을 나타내고 있다. 또한 베일은 사회적 문화적 메시지를 전달하는 언어이다. 무슬림 여성들이 그리스도를 믿고 따르려면 먼저 베일을 벗어야 하는지 아니면 계속 착용하고 있어도 되는지 또는 그들의 친구가 되고자 하는 복음 사역자가 그들의 베일을 착용하여야 하는지에 관한 질문은 매우 실질적인 질문이다.

여성의 베일은 명예를 존중하는 이슬람권에서 여성과 그녀의 가족의 명예의 상징인 것이다. 일부 이슬람 국가에서 만일 무슬림 여성이 베일을 착용하지 않으면 가족의 명예를 더럽혔다고 여긴 가족에 의해 살해될 수 있다. 왜냐하면 이슬람에서 베일을 착용하지 않은 여성은 정숙치 못한 여성으로 간주하기 때문에 불명예스러운 것이다. 이슬람 세계에서 여성의 명예 훼손은 가족의 명예와 직결되며, 가족 전체와 사회에 대한 모독이 되기 때문이다. 명예살인이란 가족들에게 수치를 안겨줬다는 이유로 친인척이나 그 지시를 받은 제3자가 해당 여성을 살해하고 경미한 처벌을 받는 것을 말한다. 일부 이슬람 국가 중에서 무슬림 여성이 베일을 착용하지 않으면 외출을 할 수 없다. 이란, 사우디아라비아, 알제리와 아프가니스탄은 베일을 착용하지 않으면 길거리에 걸어다닐 수 없을 뿐만 아니라 살해도 당한다. 이른바 이슬람권에서 '명예를 위한 살인' (honour killing)[9]이 국

---

9) "부정한 여인 가족들이 처단 이슬람권 매년 1천여 명 희생" 뉴욕타임스는 아랍 사회에서 부정(간음)을 저지른 여성들이 가문의 명예를 지키려는 가족의 손에 살해되는 이른바 '명예살인'이 농촌과 저교육층을 중심으로 횡행하고 있다고 보고 있다. 명예살인은 대부분 요르단, 이집트, 시리아, 레바논, 예멘 등 중동을 비롯하여 인도, 파키스탄, 터키 등 이슬람교도 거주지역

제 사회의 인권 감시 대상에 올랐다. 그러므로 필자는 이슬람지역에 나가있는 선교사들이나 그들을 후원하고 있는 한국교회와 성도들이 베일에 대한 올바른 인식을 갖기를 바라며, 또한 21세기 지구촌시대에 한국인들이 이슬람 세계를 올바로 볼 수 있는 안목을 기르는 데 도움을 주려고 베일에 대한 연구를 하였다. 왜냐하면 베일은 이슬람을 아는 부호(code) 중 하나이기 때문이다.[10]

본 논문은 베일 착용에 대한 연구를 타문화 연구로부터 시작했으며, 베일을

을 중심으로 벌어지고 있다. 요르단에서는 95년 처음으로 '명예살인' 통계를 냈는데 전체 살인의 4분의 1인 25건에 이르는 것으로 보고되었다. 이집트에서는 95년 전체 살인 8백 19건 중 52건이 명예살인이었다. 예멘 사나 대학의 모하메드바 오바이드 교수(여성학)는 "인구 1천 6백만 명인 예멘에서 97년 한해 동안 4백 여건의 명예살인이 벌어졌다"고 밝히고, "아랍국가를 통틀어서는 매년 1천건 이상 발생하는 것으로 추산된다"고 말했다. 명예살인을 저지른 사람이 6개월 징역 이상의 처벌을 받는 경우는 거의 없다. 채인택, '아랍 명예살인.' "중앙일보", 1999년 6월 23일자, p. 12.

'명예를 위한 살인'이 국제사회의 인권 감시 대상에 올랐다. 제네바 유엔 인권위원회에 제출된 '명예살인' 실태보고서는 "점점 더 많은 나라에서 이런 살인이 자행되고 있다"고 밝혔다. 이 같은 범죄가 보고된 나라는 인도, 방글라데시, 터키, 페루, 요르단, 이스라엘, 레바논, 팔레스타인, 예멘, 이집트 등이며 영국과 노르웨이, 이탈리아에서도 발견되었다고 밝혔다. 매년 파키스탄에선 300여명이 '명예'를 위해 살해된다. 이중 90%는 희생자 가족들이 저지른 범죄지만, 대부분 범인들은 무죄 방면되거나 명목상의 경미한 처벌만을 받는다. 레바논에선 96-98년에 36건이 발생했다. 때로 18세 이하인 살인자는 마을에서 가족의 명예를 지킨 '영웅' 대우를 받기까지 한다. 팔레스타인 가자지구와 서안에서 작년 한해 동안 발생한 살인의 3분의 2 이상은 바로 '명예'를 위한 여성 살해였다. '명예살인' 건수는 한해 5000명, 작년 파키스탄에서만 1000명의 여성이 살해되었다. 이철민, '넌 가족의 수치 이슬람권 명예 살인 공포.' "조선일보", 2000년 4월 13일. p. 11; '가족 명예 더럽혔다. 여성 한해 5000명 피살.' "조선일보", 2000년 9월 22일. p. 10.

1985년 미국 미조리주 세인트루이스시(St. Louis, Missouri)에 이스라엘 예루살렘 근처 마을에서 태어난 팔레스타인 티나 이사(Tina Isa)의 가족이 미국으로 이민 왔다. 4년 후 1989년 그녀의 아버지는 이슬람 근본주의자로서 티나 이사가 16살 때 살해하였다. 그 이유는 딸이 학교 학우들과 같이 서구식으로 살기를 원했기 때문이다. 티나는 남자 친구와 데이트를 원했으며 패스트 후드(fast food) 음식점에서 아르바이트도 하고 싶어했다. 티나 이사가 패스트 후드 음식점에서 첫날 아르바이트를 하고 집에 돌아오자 그녀의 아버지는 딸이 가족의 명예를 부끄럽게 했다고 주장하며 딸을 살해하였다. Jan Goodwin, *Price of Honour*(London: Little, Brown and Company Ltd. 1994), p. 301.

10) 이슬람을 아는 12가지 부호는 베일, 사막, 알라, 무함마드, 꾸란, 모스크, 메카순례, 라마단, 지하드, 아랍어, 부족사회, 이슬람 원리주의이다.

사회 문화적 의사소통의 모델로서 분석함으로써 통찰력들을 끌어내었다. 특히 강조될 점은 이 논문의 초점은 단순히 베일 착용에 대한 이해를 돕고, 역사적이고 종교적인 유형들에 대한 전반적인 해석과 분석들을 하는 데 있지 않다. 오히려 문화적 구조에 소속된 사람들을 이해할 수 있도록 비교 자료를 제공하는 데 그 목적이 있다.

또한 이와 더불어 이 논문은 베일에 대한 편견과 잘못된 정보를 가지고 있는 서구적인 관점에 근거하여 베일을 무조건 억압과 격리의 상징으로만 여기지 말 것을 제안한다. 베일의 근원과 사회 문화적 상황에 관한 의미를 적절하게 이해함으로써 무슬림 여성과의 교제에 장애가 되는 편협함을 없애고자 한다. 동시에 본 논문은 베일의 상징에 대한 연구는 무슬림 여성의 여권신장을 위한 것이 아니고, 현대 무슬림 여성이 베일을 통하여 우리에게 말하고자 하는 것이 무엇이며, 베일이 어떤 영향력을 미치고 있으며 그것의 문제점을 드러내는 것이다. 즉, 무슬림의 입장에서 그들의 상징인 베일을 통하여 우리에게 이야기하고자 하는 것을 파악함으로써 무슬림 여성을 올바르게 이해하여 기독교 사역자들이 효과적인 사역을 하게 하는 데 궁극적인 목적이 있다.

2. 연구 방법 및 제한점

이 논문의 연구 방법에 있어서 먼저 이슬람 분포가 95%를 넘는 나라와 1%인 나라의 여성들의 옷차림은 매우 다르며, 베일의 모양과 색깔이 다양함을 전제로 한다. 또한 이 논문에서 베일이란 용어를 때때로 옷이란 단어로 사용한 이유는 베일이 옷의 한 부분이기 때문이다.

이 논문은 다음과 같은 연구 방법과 자료를 가지고 고찰하였다. 1차 자료는 현장 조사에 근거한 지역 연구 자료이며, 2차 자료는 민속학적 기록 자료로 책과 사진, 꾸란(Quran)[11], 하디스(Hadith)[12], 타프시르(Tafsir)[13] 등이다.

---

11) 꾸란(Qur'an)은 아랍식 발음, 코란(Koran)은 영어식 발음이다. 성서보다 600년 이상 이후에 쓰여진 꾸란은 알라의 메시지를 무함마드가 낭송하고 이를 추종자들이 기록한 책이다. 꾸란은 암송되는 책, 읽을 책, 읽기 등의 뜻을 가지며 전체 114장으로 되어 있다.

12) 하디스는 무함마드의 말, 행동, 묵인 사항을 기록한 언행록으로 처음에 구전으로 내려오던 무함마드의 언행록이 글로서 모아지자 하디스는 꾸란 다음으로 권위를 갖게 되었다. 모든 무

베일착용은 전세계적으로 나타나는 현상이나 본 연구에서는 유럽과 중동과 아시아를 연구지역으로 삼았다. 그러나 사례 연구(case study) 지역은 터키 이스탄불의 유럽 지역이다. 왜냐하면 무슬림 여성들이 베일로 얼굴을 가리는 풍속은 터키 민족이 속한 투르크족[14]에서부터 널리 전파되었기 때문이다.[15] 여성이 외출

슬림은 하디스의 중심 내용인 무함마드의 삶과 가르침을 모범으로 믿고 따르고 있다. 하디스는 꾸란과 함께 이슬람(Shari'ah, 법)을 구성하는 아주 중요한 요소이다. 많은 하디스 중에서 가장 정확성을 인정받고 있는 6권의 하디스는 다음과 같다.

(1) 『무스나드』는 이맘 아부 하니파(Iman Abu Hanifa, 767년 사망) 스스로 하디스를 편찬하지는 않았고 그의 제자들이 수록한 것이다. 그는 하니파의 창시자이다.

(2) 『알 무왓타(Al-Muwatta 평행로(平行路)』라 불리는 최초의 하디스는 이맘 말리크 이븐 아나스(Iman Maik Ibn Anas, 975년 사망)가 편찬하였다. 그는 메디나에서 태어났다. 말리키 파는 하나피파에 대립되는 한 파로, 이성(理性)을 배척하고 구전(口傳)에 의한 기록에 준할 것을 주장한다.

(3) 최초로 하디스 판정기준의 원칙론은 이맘 샤피(Iman Shafi, 815년 사망)가 기술하였다. 그는 767년 팔레스타인에서 태어났으며, 이맘 말리크의 제자이다. 그가 배출한 제자 중에는 한발리파의 창시자인 이맘 한발이 있다.

(4) 『무스나드 한발』(Musnad B. Hanbal)이라는 백과 사전은 이맘 아마드 이븐 한발(Iman Ahmad Hanbal, 855년 사망)이 무함마드의 전통을 모은 것이다. 그는 서기 780년 바그다드에서 출생하였으며 샤피파의 반대 입장을 고수했다.

(5) 『북하리의 하디스』(Sahih al-Bukhari)는 16년에 걸쳐서 이맘 북하리(Iman Bukhari 870년 사망)에 의해 완성되었다. 그는 서기 810년 북하라(Bukhara)지방에서 출생하였다. 그의 원명은 Muhammad Ibn Ismail Abu Abdullah Al-Dufi이다. 이상의 정통파 사대분파(四大分派)의 창시자들에 의한 하디스 편찬 외에 다음의 2대 편찬자의 것이 있다. 그가 편찬한 하디스에 대해 이슬람 학자들은 꾸란 다음가는, 지상에서 가장 훌륭하고 성실한 책이라는 찬사로 그 권위를 인정하고 있다. 북하리 하디스는 97권으로 분류된다.

(6) 『하디스 선집』은 이맘 무슬림(Iman Muslim 875년 사망)에 의하여 편찬되었다. 이것은 북하리 다음 가는 정확성과 권위를 인정받고 있다. 북하리의 뒤를 밟은 그는 9200의 하디스를 선집(選集)하였다. 하지사브리 서정길 편저자, 『하디스』(서울: 한국이슬람교 중앙연합회간, 1978), pp. 29-32.

13) 꾸란 주해.

14) 투르크계는 터키, 아제르바이잔, 투르크메니스탄, 우즈베키스탄, 키르키즈스탄, 위구르, 타타르, 흉노(훈, Hun)이다. 역사상 투르크족이 등장한 것은 6세기경 돌궐(Gök Turk)제국이 성립하면서이다. 초기 돌궐 제국은 중앙아시아 초원 지대의 주인이었고 멀리는 서쪽 카스피해를 넘어 흑해까지 세력을 확장하였다. 11세기 오늘날 터키공화국의 모태된 터키 셀주크족은 서아시아와 중앙아시아에서 아나톨리아(Anatolia) 반도로 이주하였다.

15) 박옥연 교수는 복식(服飾) 중에 포전(包纏 wrapping)형은 앞이 터지고 소매가 붙은 전신의(全身衣)를 입고 띠를 매는 착장법에 의한 복식의 총칭이라고 설명한다. 이형은 주로 동양

시 얼굴이나 머리를 가리는 관습은 사막의 흙먼지와 바람을 막기 위하여 발생한 것으로 지역에 따라 이슬람 이전부터 있어 왔다. 일반적으로 그것은 기원전부터 중근동 일부 지역에서 있어 온 관습으로 알려져 있다. 그러나 이슬람에서 여성 격리를 위한 한 방법으로 시작된 것은 투르크족(터키의 유목문화)의 영향으로 보고 있다. 문헌을 통하여 우리는 터키 복식이 이슬람 세계에 전파되듯이 얼굴을 가리는 풍습도 이슬람 세계로 전파되었음을 알 수 있다. 페르시아의 귀족들은 쿨라(kulah)라는 펠트천으로 만든 원통형의 모자를 썼으며 여자들은 베일을 둘러 썼다.[16] 페르시아인들이 소아시아(오늘날의 터키) 여러 민족의 복식문화를 계승하여 서양에 전한 것 중에 바지와 발달된 재단, 재봉법의 기술 등이 특기할 사항이다. 오늘날 이란, 중앙아시아, 남아시아 전역에는 전통적인 투르크 이슬람의 문화적 특성의 삶과 관습, 의상, 문학, 예술, 건축 등이 깊이 뿌리를 내렸다.[17] 그 외에 사우디아라비아, 요르단, 이집트, 이라크, 모로코, 튀니지 등 중근동 지역에서 터키 여성이 착용하는 베일용 스카프를 흔히 볼 수 있는데, 이는 위의 견해에 대한 증명이다.

터키가 세속화 국가이며 서구화된 나라로서, 전체 이슬람을 대표할 수는 없지만 지금까지의 역사를 살펴보면 대표성이 있다. 왜냐하면 역사적으로 터키는 이슬람 세계에 큰 영향력을 미치고 있다. 오스만 제국시대뿐만 아니라, 구소련이 해체된 이후 터키를 중심으로 한 투르크족의 힘을 결집한다는 명목 하에 중앙아시아에서 사우디아라비아와 이란과 이슬람 세력의 주도권을 확보하기 위해 다각적으로 경쟁을 펼치고 있다.[18] 터키는 오늘날에도 이슬람세계에 여전히 영향력을

풍에 많으며 전개형(쥔開型 kaftan〈caftan〉)이라고도 한다. 페르시아, 투르크, 중앙아시아, 몽고, 중국, 만주, 일본, 한국 등의 민족 복장이 대개 이 형식에 속한다. 박옥연, 『복장과 인간』 (부산: 경성대학교출판부, 1993), p. 81; 杉本正年, 『동양복장사논고』 문광희 역(서울: 도서출판 경춘사, 1997), p. 233.
 많은 아랍인들은 그들의 땅을 정복하였던 오스만 터키 사람들에 의하여 베일 착용이 강요되었다고 말한다. Nikki R. Keddie & Beth Baron, *Women in Middle Eastern History*(New Haven & London: Yale University Press, 1991), p. 12.
 16) 신상옥, 『서양복장사』(서울: 수학사, 2001), pp. 37-39.
 17) 최한우, '투르크-페르시아 문화권,' "중동연구"(한국외국어대학교 중동연구소) 제18-1권 (1999), p. 159.
 18) 터키는 아제르바이잔과 터키어를 쓰는 중앙아시아의 4개 공화국 우즈베키스탄, 투르크메

끼치고 있어 연구의 대상이 된다. 또한 터키는 이슬람국가 중에서 동서문화를 쉽게 접할 수 있는 지역에 위치하고 있다. 터키 이스탄불은 유럽 지역과 아시아 지역으로 크게 나누어져 있다. 필자는 이스탄불에서도 유럽지역의 명동이라는 탁심(Taksim)을 중심으로 중상, 중하의 지역으로[19] 나누어 연구하였다. 1989년 8월에 처음 터키를 방문하였고, 지역 연구와 논문자료를 위하여 2000년 8월과 2001년 7월 다시 방문하였다.

이스탄불이 좀더 다양한 문화적 상황에서 베일을 연구할 수 있는 곳이라고 생각하여 이 지역을 사례연구 지역으로 정하였다. 이뿐 아니라 필자는 지역 연구와 더불어 베일 착용을 연구하기 위해 중동, 북아프리카, 중앙아시아, 동남아시아, 북미, 중남미, 유럽의 여러 나라 등을 여행했다. 남미의 안데스산맥이 있는 페루나 볼리비아는 만년설과 더불어 모래사막이 공존하고 있다. 이곳에서도 베일용 스카프나 모자를 쓴 여성을 쉽게 발견할 수 있다. 여행은 필자에게 많은 분석과 통찰력을 제공해 주었다. 베일은 어떤 특정 종교나 지역에만 적용되어 사용되는 것이 아니고 전세계적으로 사용되고 있음을 눈으로 확인할 수 있었다. 그러나 무

니스탄, 카자흐스탄, 키르기즈스탄에 각별한 관심을 쏟았다. 터키와 이들 나라들은 역사적, 문화적, 언어적 동질성을 기초로 동일 민족 공동체(범투르크민족주의 Pan-Turkism) 개념 아래 매우 긴밀한 협력관계와 영향력을 행사하고 있다. 터키는 1992년 1월 중앙아시아 대통령들을 순회 초청하여 정상 회담을 개최하였고 그 한달 후 터키 수상 데미렐은 미국을 방문 중앙아시아 정책에 대한 미국의 적극적인 지지를 받아내었다. 1991년과 1992년에 터키는 중앙아시아 신생 공화국들과의 유대를 강화하여 터키의 영향력을 높이고자 15억 달러 규모의 장기 저리 융자, 7,900만 달러 규모의 직접 원조, 위성 방송(러시아어 방송을 대체하는), 전신망, 항공 서비스, 터키 정부가 수천 명의 유학생에게 지급하는 장학금, 중앙아시아와 아제르바이잔 출신 은행가, 기업인, 외교관, 군사 요원을 대상으로 실시하는 터키 연수 등이 포함된다. 이들 신생 공화국에서 터키어를 가르칠 교사들도 대규모로 파견되었으며 2천 개의 합작 회사가 문을 열었다. 새뮤얼 헌팅톤, 『문명의 충돌』, 이희재 역(서울: 김영사, 1997), p. 194.

이란은 이라크와의 오랜 전쟁에서 패배함으로 중동에서 이슬람 근본주의 시아파 운동이 좌절되자 같은 페르시아계 타직키스탄과 아프카니스탄과 중앙아시아의 투르크계 국가에서 세력 확보를 위해 서둘러 진출하였다.

19) 중상층지역: 에틸레르(Etiler 이스탄불에서 가장 큰 현대적 백화점이 있는 곳), 아타쿄이(Ataköy), 예실쿄이(Yeşilköy), 탁심(Taksim 이스탄불의 명동), 베야제트(Beyazet 이스탄불 대학교 근처), 베쉭타쉬(Beşiktaş), 바크르쿄이(Bakirköy), 중하류층 지역: 쇼큐크수(Soğuksu), 파티(Fatih 마호메드 II세의 묘가 있는 모스크), 제이틴부르느(Zeytinburnu 가죽 옷 공장, 추리닝, 면옷 공장 밀집 지역).

슬림 여성의 베일은 다른 의미를 지니고 있다.

이슬람 국가에서 베일 착용 관습은 나라별로 그 강도의 차이가 있다. 한 나라에서도 도시와 시골, 빈부, 교육에 따라 다르다. 본 논문은 여성의 베일 중에 얼굴을 가리는 용도의 베일과 머리를 덮어씌움으로써 머리카락이나 목을 가리는 기능을 하는 무슬림 여성의 베일을 모두 연구의 대상으로 한다.

그러나 무슬림들이 전세계에 흩어져 살고 있으므로 모든 나라를 직접 방문하여 연구한다는 것은 불가능하다. 따라서 다른 학자들의 연구 문헌도 참고하였다. 터키는 많은 이슬람 국가 중 한 나라이며, 터키 이스탄불의 유럽지역은 전체의 3%이므로 본 논문의 면접조사는 제한점을 가지고 있다. 또한 이 논문은 남성의 베일을 매우 간략하게 다루지만 여성의 베일에 중점을 두고 연구하기로 한다.

3. 연구 내용

본 논문은 무슬림 여성의 베일의 상징성에 관하여 다음과 같이 모두 여덟 장으로 구성되어 있다.

1장 서론은 연구 목적 및 방법 및 제한점을 대략 설명하고 그 연구의 한계를 다룬다. 2장은 이슬람의 여성관을 이해하기 위하여 꾸란의 여성관을 살펴본 후, 이것의 영향을 받은 전통적인 이슬람의 여성관과 무슬림 여성의 세계관을 고찰한다. 3장은 베일에 대한 일반적 이해로 베일의 어원 정의를 살펴봄으로써 다양한 어휘를 이해한다. 베일의 모양과 색깔 등이 다른 여러 이유를 보편적인 베일의 용도를 통하여 살펴보며, 베일의 종교적 역사, 무슬림 여성의 베일의 뿌리를 이해한다. 4장에서는 베일에 대한 아랍의 사회적 배경, 베일 착용에 대한 꾸란(Quran)·하디스(Hadith)·샤리아(Shari'ah) 해석을 살펴보며, 무슬림 여성의 행동 규범, 베일에 대한 전통 이슬람과 수피즘의 베일에 대한 견해, 베일을 만드는 조건, 베일의 유형, 베일 착탈의 결과를 설명함으로써 베일에 대한 이슬람의 이해를 고찰한다. 5장에서 베일의 상징성이 현대 이슬람권 여성에게 미치는 영향과 무슬림의 관점에서 베일의 착용이유들을 살펴본다. 또한 무슬림 여성세계가 변화하게 된 주요 요인 및 베일의 커뮤니케이션 기능을 통하여 무슬림 여성의 현실세계를 인식한다. 6장에서는 터키 무슬림 여성의 베일의 세계에 대하여 구체적으로 다룬다. 562명을 직접 면접 조사함으로써 사실에 근거한 평가를 하며, 현대 터키 여성의 삶을 통하여 이스탄불 유럽지역 여성의 세계관을 살펴본다. 7장은 베일에 대한 일반적인 평가 및 문제점을 지적하며, 기독교로 개종한 무슬림 여성의 생활을 살펴본다. 베일에 대한 성경적 이해를 고린도전서 11:4-6에 나타난 베일의 의미를 고찰하며, 베일을 착용한 무슬림 여성에 대한 선교적 접근을 제안하였다. 8장은 마지막으로 논문의 내용을 요약함으로 결론을 맺고자 한다.

● 무슬림 여성과 베일

제 2 장
무슬림 여성의 위치

오늘날 10/40창[1] 안에 있는 여성은 지구상에서 가장 복음화되지 않은 사람들이다. 이 세상에 30억 4천만이 여성이며 그 중 23%인 약 6-7억이 무슬림 여성이다. 무슬림 여성의 위치는 이슬람에서 특이하다. 그 특이성은 각 이슬람의 지역에 따라 상이하게 나타나기는 하지만 전반적인 공통점을 가지고 있다.

무슬림 여성의 베일을 구체적으로 고찰하기 위하여서는 이슬람의 여성관을 이해하는 것이 중요하다. 이는 이슬람의 여성관이 무슬림 여성의 베일 착용의 이론적 근거가 되기 때문이다. 일반적으로 이슬람권 나라의 여성관은 유목민적인 전통적 여성관과 무함마드의 여성관과 꾸란(Quran)의 여성관과, 주변문화의 여성관이 병존한다.[2] 이슬람의 여성관은 이슬람 초기와 그 이후가 다르며 꾸란에서 제시하는 여성관과 현실에서의 실제적인 여성관이 다르다. 우리는 꾸란에서 가르치는 여성의 위치가 이슬람 국가들의 헌법과는 다르므로 결코 혼돈해서는 안

---

1) 전세계의 미전도 종족이 집중적으로 살고 있는 서부아프리카에서 동아시아에 이르는 북위 10도에서 40도상의 직사각형의 지역을 '10/40창' 또는 미전도 지역이라 부른다. 이 지역의 면적은 세계의 3분의 1에 불과하지만 세계인구의 3분의 2가 살고 있는 곳으로서 세계 미전도 종족의 95%, 세계 빈민의 84%가 살고 있다.
2) 압 둘 마시흐, 『무슬림과의 대화』, 이동주 역(서울: 기독교문서선교회, 2001), p. 204. (각주 6 참조).

된다. 여성들이 베일을 착용하는 것은 그들의 국가법에 따라서가 아니라 이슬람의 규율에 따른 것이다.

1. 꾸란의 여성의 위치

꾸란에 나타난 여성에 관한 계시 구절들은 꾸란 계시 당시의 아랍 여성들이 처하였던 상황을 반영한다. 다른 한편 무함마드 자신이 아내들과의 관계에서 경험한 것들을 반영한 것으로 보인다.[3]

(1) 동격관

이슬람은 우선 남녀의 공동 창조를 믿는다. 이슬람은 이브가 아담에서 창조되었다는 창세기의 전언을 부정하지는 않는다. 그러나 아담의 "남아도는 뼈"(a super-numerary bone)로부터 만들어진 것은 아니고 인간 창조에서 불가결한 2대 요소의 하나로 당당하게 창조된 것이며, 창조된 후에는 공동으로 인간을 번식시켜 왔다고 믿는다; "백성들아! 한 영혼으로부터 너희를 창조하시고 그로부터 그의 배우자를 창조하신 주님을 경외하라. 그리고 그들로부터 많은 남자와 여자가 퍼졌으니"(꾸란 4:1).[4] 따라서 이브가 아담을 유혹하여 신의(神意)를 배반하도록 한 것이 아니라 둘이 함께 유혹을 받아 죄를 범했다고 본다. 바로 이 때문에 이슬람에서는 여성을 원죄인(原罪人)[5]으로 단죄하거나 혐오하지 않는다고 이

---

3) 김용선, '무슬림 여성의 지위,' "지역연구" 3권 1호(1994년 봄), p. 73.
4) 『성 꾸란』 의미의 한국 번역(파하드 국장성 꾸란 출판청). 이제부터는 『꾸란』으로 표기한다.
5) 성서보다 600년 이상 이후에 쓰여진 꾸란을 경전으로 믿는 이슬람과 기독교는 많은 공통 분모가 있음에도 불구하고 심각한 차이가 있다. 예를 들어, 성경 창세기 3장에 아담과 그의 아내 이름이 하와로 나와 있다(창 3:20). 그러나 꾸란에는 아담은 명시되었고 하와라는 말은 없고 아내로만 되어 있다(꾸란 2:35, 7:19).
성경과 꾸란에서 죄의 시작은 선악을 알게 하는 나무의 열매를 먹음으로써 하나님과 인간 사이에 있던 행위 언약 파괴에서 그 기원을 찾을 수가 있다. 이 행위 계약의 파괴와 인간으로의 죄의 유입에 있어 두 종교가 유사점을 가지나, 죄에 대한 기원과 처벌은 차이가 있다. 기독교에서 죄의 기원은 아담의 범죄에서 시작된다. 즉 아담이 하나님의 명령을 어겼고 그 결과로 사망에 이른다. 이는 아담의 행위로 말미암아 인간성이 전적으로 타락했음을 의미한다. 그러나 이슬람교에서는 죄의 근거를 인간이 연약하게 창조된 데 둔다. 그러므로 기독교에서 원죄와 죄들은 예수 그리스도 안에서 회복되어야 하지만, 이슬람교에서는 원죄의 개념이 없고, 자범죄만 인정한다.

슬람에서 주장한다.[6] 하나의 영혼으로부터 창조된 남성과 여성은 동종(同種)의 인류로서 동등하게 존재한다는 믿음으로부터 출발하여 이슬람은 남녀 서로가 보호자요 관리자라 생각한다.

이슬람은 권리의 부여와 행사에서 여성을 남성과 동격시한다. 여성은 신앙과 그로부터 오는 보상을 남성과 똑같이 받을 권리를 가지고 있다. 남녀는 알라 앞에서 동등한 인격체로서 신앙에 충실하기만 하면 성차(性差) 없이 필히 응보(應報)가 있게 마련이다; "남자든 여자든 너희들이 행한 선행은 결코 헛되지 아니할 것이다…알라의 보상으로 그대들을 냇물이 흐르는 낙원으로 들어가게 하리니" (꾸란 3:195).

무슬림 여인이 결혼할 수 있는 네 가지 이유는 재산, 출산, 미와 종교를 위해서이다. 이슬람에서 결혼은 사회적 의무일 뿐만 아니라 종교적 의무이기도 한다. 결혼은 남녀 당사자와 알라 간의 엄숙한 약속으로서 그 의의로 말하면 개인의 종교적 의무의 절반을 행한 것이 된다. 그리하여 결혼은 신성시되고 의무화되어 적극 권장된다. 혼인문제에 있어서도 여성은 자기의 주권을 행사할 수 있다. 여성은 남자의 청혼을 거절할 수 있으며 남자로부터의 마흐르(mahr, 신부값)는 신부가 소유하고, 마흐르뿐만 아니라 부인의 모든 사유재산에 대하여 남편은 간여할 권리가 없다. 결혼 후 부인이 남편의 성을 따르는 취성(取姓) 관행도 없다. 이혼문제도 남편이 가족 부양 등 소정의 의무를 다하지 않으면 아내가 주도적으로 이혼을 제기할 수 있다. 이 경우 아내가 결혼시 받은 마흐르에 상당하는 보상금을 남편에게 지불하면 된다.[7]

여성은 자기의 재산에 대하여 절대적인 권리를 행사한다. 재산의 취득 기회도 남성과 동등하므로 상속이나 증여, 본인의 노력에 의하여 임의로 취득하고 축재할 수 있다. 또한 상속권도 명시되어 있다; "남자에게는 부모와 가까운 친척이 남긴 재산의 몫이 있으며, 여자에게도 부모와 가까운 친척이 남긴 재산의 몫이 있나니 각자에게는 적건 많건 간에 규정된 몫이 차려지리라"(꾸란 4:7). 종교적 의무와 수행에서도 여성을 동격시한다. 종교적 의무인 다섯 가지[8] 실천에서 여

---

6) 무함마드 깐수, '이슬람의 여성관,' "한국이슬람학회논총" 제4집(1994), p. 136.
7) Ibid., pp. 137-138.
8) 신앙고백(샤하다, Shahadah), 기도(살랏 Salah), 자선(자캇 Zakah 또는 사다카

성의 생리적 특성을 고려해 극히 일부의 항목만이 조건부적으로 면제, 순연(順延)되는 외에는 모든 종교적 의무가 남성과 똑같이 부여된다.[9]

꾸란은 피조물로서의 여성이 본질적으로 남성과 같음을 인정한다. 알라의 창조로 인해서 두 성은 알라의 보살핌과 축복의 대상이 된다. 이와 같은 가르침은 그 당시의 아랍의 사회 문화적 상황에서 볼 때 비록 실제적인 면에서는 어려움이 있었지만 적어도 이론적인 면에서는 매우 현실적인 성격을 지닌 것이었다. 자힐리야 시대에 인간적 대우를 받지 못하고 법적 권리를 갖지 못했던 여성은 이슬람의 출현으로 이슬람 사회에서 남성의 동반자로 여겨졌다.[10]

(2) 차별관

꾸란에는 위의 동격관과 모순되는 엄격한 차별관도 "계시"되어 있다. 이슬람의 차별관은 남녀가 본질적으로 평등한 동격체이나 서로의 생물 생리적 사회 문화적 여건이 다르기 때문에 그들의 역할과 책임이나 기능이 공평할 수는 없다고 인정한다. 몇 가지 구체적인 내용은 다음과 같다:

첫 번째, 남자는 여자보다 "상위"(上位)에 있고(꾸란 2:228) 또 "위력"(偉力)하여 여자의 보호자가 된다(꾸란 4:34).[11] 여성은 외출시에는 호위자 없이 혼자는 나갈 수 없다. 여성은 남성의 보호와 주권 하에 있다. 아내는 남편의 명령에 순종할 의무가 있다. 남편은 아내를 처벌할 권리가 있다. 무슬림 여성에게 가장 요구되는 것은 남편에 대한 순종과 성적인 대상으로서의 역할이다. 여성은 남성

Sadaqah), 금식(소움, Sawm) 성지순례(하지, Hajj). 신앙고백은 알라 신 외에 다른 신은 없으며 무함마드는 그의 선지자이다. 기도는 메카를 향해 하루 다섯 번씩(아침기도, 낮기도, 늦은 오후 기도, 일몰기도, 밤기도)기도를 한다. 자선은 자발적으로 행하는 가난한 자를 위한 헌금(자카)에 의무적으로 헌금(사다카)을 수입의 1/40을 납부해야 한다. 금식은 라마단(이슬람력 9번째 달에 시작하여 10번째 달, 새달〈moon〉에 끝냄) 동안 해가 떠서 해가 질 때까지 금식한다. 성지순례는 사우디아라비아의 메카에 있는 성지 순례를 일생 동안 가능한 자는 누구나 한번씩 방문한다.

9) 무함마드 깐수, p. 139.
10) D. L. 카모디, 『여성과 종교』, 강돈구 역(서울: 서광사, 1992), p. 171.
11) 꾸란 4:34 "남자는 여자보다 우위에 있다. 알라께서 서로간의 사이에 우열을 붙인 것으로서 또한 남자가 생활에 필요한 돈을 대고 있기 때문에 이러한 점에서 남자가 여자보다 우위에 있으며 따라서 정숙한 여자는 남자에게 순종하고…."

의 우월함을 인정해야 한다. 남성은 성생활에서 절대적인 자유를 누린다. 여성은 남성의 성욕을 충족시켜야 한다(꾸란 2:223).[12] 이것에서 벗어날 경우에는 여성들에게 합법화된 제재가 따른다. 즉 여성을 때리거나 집에 가두는 등의 처벌이 따르게 된다(꾸란 4:15, 16).

두 번째, 남녀간의 상속액에는 차이가 있다. 남녀간의 상속액 배분 비율은 2대 1을 기준으로 한다. "남자에게는 여자의 두 배에 달하는 몫이 차려지느니라. 그러나 둘 이상의 여자가 있을 경우는 유산의 3분의 2를 취하고 여자 하나만 있을 때는 절반을 얻게 되느니라"(꾸란 4:11). 이것은 남성은 아내와 가족을 부양해야 할 책임을 지니고 있으나 여성에게는 그러한 책임이 없는 데에서 비롯된 것이다.

세 번째, 집단예배를 비롯해 남녀가 함께 예배를 드릴 때 여성들은 남성들의 뒤편에서 따로 예배드린다. 예배시 앉고 일어섬을 반복하는 경우 남녀가 육체적 접촉을 할 수도 있고, 서로가 한눈을 팔 가능성이 있다고 생각한 데에서 오는 유별 의식이다.[13]

네 번째, 남편은 아내를 부양할 의무가 있는 반면에 아내가 남편을 공경하고 남편의 명예를 지키는 것을 여성의 미덕으로 본다. 그러나 아내가 이러한 미덕을 저버리고 남편을 공경하지 않으며 고집을 피울 때는 충고, 집안에서 별거생활, 처벌을 할 수 있다. 그래도 안 고치면 남성은 이혼을 요구할 수 있다. 남성은 전적으로 여성보다 우월하다(꾸란 4:34, 35).[14]

---

12) 꾸란 2:223 "여성들은 너희들이 가꾸어야 할 경작지와 같나니 너희가 원할 때 너희의 경작지로 가까이 가라 그리하여 씨를 뿌리되 너희 스스로를 위해 조심스레 하고." 기타 참조 꾸란 7-37, 52:20, 2:25, 4:57, 3:15.

13) D. L. 카모디, p. 141.

14) 꾸란 4:34, 35 "남성은 여성의 보호자라 이는 하나님께서 여성들보다 강한 힘을 주었기 때문이다. 남성은 여성을 그들의 모든 수단으로써 부양하나니 건전한 여성은 헌신적으로 남성을 따를 것이며 남성이 부재시 남편의 명예와 자신의 순결을 보호할 것이라 순종치 아니하고 품행이 단정치 못하다고 생각되는 여성에게는 먼저 충고를 하고 그 다음으로는 잠자리를 같이 하지 말 것이며, 세 번째로는 가볍게 때려 줄 것이라. 그러나 다시 순종할 경우는 그들에게 해로운 어떠한 수단도 강구하지 말라. 진실로 하나님은 가장 위대하시니라. 너희 부부 사이에 헤어질 우려가 있다면 남자 가족에서 한 사람 중재자를 임명하라. 만일 화해를 원한다면 하나님은 그들을 다시 한마음으로 하시나니 하나님은 모든 일에 만사형통하심이라."

다섯 번째, 이슬람은 일부다처제를 인정한다. 꾸란 4:3에서는 "만일 너희가 고아들을 공평하게 대해 줄 수 없을 것 같은 두려움이 있다면 결혼을 할 것이니 너희 마음에 드는 여인으로 둘, 셋 또는 넷을 취할 것이다. 그러나 그녀들을 공정하게 대해 줄 수 없을 것 같은 두려움이 있다면 한 여인이나 아니면 너희 오른손이 소유한 것(노비)을 취할 것이다"라고 기록하고 있는데 이 꾸란 구절은 일부다처제를 합법화하고 있다. 이슬람 역사 1300년을 통하여 이슬람학자들은 "동등하게"라는 말의 의미를 한 남자가 모든 아내들을 물질적인 면에서 똑같이 취급해야 한다는 것으로 가르쳐 왔다. 만약 그가 한 여자에게 반지나 드레스를 주면 다른 여자에게도 같은 품질의 반지나 드레스를 줘야 한다.[15] "동등하게"는 네 명의 부인들 사이에 있는 동등함을 말한다. 그러나 한 남자가 네 명의 부인을 둘 수 있다는 것은 남녀의 차별이지 동등함이 아니다. 오늘날 일부다처제를 법적으로 금지시키는 나라는 튀니지와 터키이며, 일부다처제를 지키는 나라는 모로코, 레바논, 요르단, 이집트이다. 법정의 허락에 의해서만 가능한 나라는 시리아, 이란, 소말리아, 파키스탄, 인도 등이다.

여섯 번째, 남편들은 '나는 너와 이혼한다' 라는 단순한 문장을 세 번만 되풀이함으로써 어떠한 설명이나 이유 없이 부인에게 이혼을 요구할 수 있다(꾸란 65:1, 2). 왜냐하면 꾸란에서 "두 번의 이혼은 허락되나 그 후의 당사자는 동등한 조건으로 재결합을 하든지 아니면 이혼을 해야 되며…"(꾸란 2:229)라고 가르치기 때문이다.

일곱 번째, 여성은 반드시 머리부터 발끝까지 겉옷으로 가려야만 하며(꾸란 33:59), 그들의 가슴도 가려야 한다. 그들은 남편 외에는 장식물을 드러내지 않는다. 또한 남성이 여성에게 말할 때와 여성은 남성에게 말할 때에 시선을 아래로 향해야 한다(꾸란 24:31). 여성은 자신의 아버지, 시아버지, 남편과 아들 등 가족 이외의 남성에게 결코 자신을 보여서는 안 된다. 시아버지, 시형, 시동생, 아들 자신의 손위 남자형제, 자신의 손아래 남자 형제 앞에서의 행동은 각각 다르다. 여성은 가족 이외의 남자와는 절대로 이야기할 수 없다(꾸란 33:53).[16]

---

15) 존 엘더, 『무슬림을 향한 성경적 접근』, KTM 편집부 역(서울: 도서출판 펴내기, 1992). pp. 86-87.

16) 안와르 바시르, 『무슬림에게 복음을』, 김기드온 역(서울: 예루살렘, 1994). p. 69.

여덟 번째, 이슬람에서 결혼은 사회적 의무일 뿐 아니라 종교적인 의무이기도 하다. 결혼은 남녀 당사자와 알라간의 엄숙한 약속으로서 그 의의를 말하면 개인의 종교적 의무의 절반에 해당된다.[17] 이들은 어린아이의 결혼도 금하지 않는다. 결혼을 하는 것은 종교적 의무의 반을 실천하는 것이다(꾸란 4). 무슬림 남성은 기독교나 유대교 여성과 자유롭게 결혼할 수 있어도(꾸란 5:5) 무슬림 여성은 비무슬림과 결혼할 수 없다(꾸란 2:221). 왜냐하면 무슬림 여성이 비무슬림과 결혼을 통하여 기독교나 유대교로 개종하는 것을 막기 위해서이다.

아홉 번째, 꾸란은 남자들의 죽음과 그 후에 진행될 일들에 관해서 다음과 같이 이야기한다: 꾸란 37:48에서는 "그들 주위에는 순결한 부인들이 있나니 그녀들의 눈은 잘 보호되었고, 눈은 크고 아름다우매"라고 표현하였고, 꾸란 38:49-52에서는 위의 꾸란에 연이어서 이렇게 말하고 있다. "같은 나이의 눈을 내려감은 순결한 여성들이 그들 옆에서 시중을 들도다. 또한 꾸란 55:56에서는 "그 안에는 눈을 내려감은 어떤 인간과 진(영혼)도 접촉하여 보지 못한 배우자가 있나니"라고 묘사하고 있다.

따라서 자힐리야(Jāhilīyah)[18] 시대 부족들 사이에 늘 전쟁이 있어 남자들이 필요하여 남자를 선호했다. 그 당시 일부 부족 중에서 딸이 태어난 것을 자주 불행과 수치로 간주하였던 모순을 개선하여 여성의 사회적 지위를 높이는 데 공헌하였다. 그러나 꾸란은 전반적으로 여성에 대해 부정적인 경향을 나타내고 있으며, 그 영향은 아직도 이슬람 세계에 미치고 있다.

(3) 보호관

이슬람에서는 일부다처제를 개인의 욕망보다는 사회복지적 개념으로 해석하고 있다. "만일 너희가 고아들을 공평하게 대해 줄 수 없을 것 같은 두려움이 있다면 결혼을 할 것이니 너희 마음에 드는 여인으로 둘, 셋, 또는 넷을 취할 것이다. 그러나 그녀들을 공정하게 대해 줄 수 없을 것 같은 두려움이 있다면 한 여인이나 아니면 너희 오른손이 소유한 것(노비)을 취할 것이다. 그것이 너희가 부

---

17) 무함마드 깐수, p. 137.
18) 자힐리야의 시기에 관해 역사가들은 히즈라(헤지라) 원년(이슬람 원년)인 622년 이전을 모든 아랍 역사를 자힐리야 시대라고 칭한다.

정을 범하지 아니할 최선의 길이다"(꾸란 4:3). 이 구절은 624년과 625년 두 차례에 걸친 부족 군과의 전투에서 수많은 남자 군사들이 사상을 당한 후에 내려진 계시이다. 전투에서의 사상은 많은 과부들과 고아들을 배출하였으므로 이슬람 초기에는 일부 다처제가 전쟁과부나 미자립 여성에 대한 일종의 구제책이었다.

또한 무함마드는 어린 신생아가 여아일 경우 매장해 살해하는 당시의 폐습을 금지시킴으로써 여성의 인권을 옹호했다고 볼 수 있다. 베일 착용 관습은 여성을 사회에서 보호하는 것과 밀접한 상관성을 갖고 있다: "밖으로 나타내는 것 외에는 유혹하는 어떤 것도 보여서는 아니 되느니라…"(꾸란 24:31). 이는 여성으로 하여금 유혹하는 행동이나 꾸밈새를 삼가게 함으로써 여성 자신의 정숙함을 지키도록 한 것이다. 오늘날 일부 이슬람 국가에서는 이미 법적으로 이 관행을 폐지하고 있다. 대부분의 이슬람교 여인들은 베일이 예속이 아닌 보호로 간주한다.[19] 또한 이슬람 전통주의자들은 '베일'은 남성들로부터의 보호이자 방패이며, 남성의 입장에서는 여성에 의해 표시되는 유혹의 위험을 막는 것이라고 해석한다.

여성은 남편의 삶에 안락을 더해 주는 금이나 은과 같기 때문에 그러한 점에서 보호를 받아야 한다. 여성은 혼자서 자유롭게 메카 순례를 하지 못하며, 항상 남자 친척이나 인도자의 안내가 있어야만 그것이 가능하다.

무함마드의 여성에 관한 견해가 긍정적인 측면을 지니고 있다는 점에 종교학자들은 동의하고 있다. 꾸란을 이슬람 전(前) 아랍 시대와 비교해 볼 때 여성의 지위가 개선된 것을 알 수 있다. 부인들은 남편이 죽었을 때 재산을 상속받도록 허락되었다. 가혹한 이혼을 완화했고 일부다처제를 허용하되 아내의 수를 네 명으로 국한시켰다.

그러나 6세기 아랍 세계에서 여성들이 받던 비인간적 처우와 비교하면 꾸란의 여성에 대한 구절들이 그 당시의 상황에서 여성을 보호하고 존중하려는 의도의 가르침이 있다고 할지라도 구제책을 고아원이나 사회복지 시설을 건립하지 않고 한 남편에 네 명의 부인을 허락한 것은 자힐리야 문화가 여전히 이슬람 문화 안에 영향을 미치고 있는 것이며, 동시에 꾸란은 대체로 여성에 대해 부정적인 요소들을 나타내고 있다.

---

19) Anne Cooper, *Ishmael My Brother*(London: STL Books, 1988), p. 30.

2. 전통적인 무슬림 여성의 위치

이슬람 학자들은 무슬림 여성들의 지위가 무함마드가 죽은 뒤에 계속 하락하였다고 말한다. 또한 그들은 무슬림 여성들이 자유를 잃어버린 시기를 10세기에서 14세기에 걸친 기간이라고 주장한다. 여성은 결혼 전에는 아버지의 재산이고, 그 재산을 남편이 사면 여성은 완전히 남편의 소유물이 된다. 또한 꾸란에 기록되어 있던, 여성이 상속을 받을 수 있는 권리도 효력을 상실하였다. 많은 여성들이 꾸란 이전의 관습에 따라서 어릴 때 결혼을 하였으며, 어린 신부들은 결혼 풍습에 따라 팔리는 신세가 되었다. 팔려간 신부는 완전히 남편의 통제 밑에서 그에게 복종하는 감금된 생활을 하게 마련이었다. 그러나 어떤 사람들은 그 시기를 그 이전으로 보는 견해도 있다. 무슬림 여성들이 자유를 잃어버린 이유들 중에서 학자들이 가장 많이 언급하고 있는 것은 이슬람교가 아라비아 반도 밖으로 확산된 뒤 다른 문화와 접촉하는 과정에서 확립되었다는 것이다. 그 당시 아라비아 밖의 지역들에 여성 혐오적인 문화가 일반적인 것이었다. 또 다른 이유로는 남성들이 종교적인 권위를 완전히 독점하였다는 것과 무함마드의 언행록인 하디스(Hadith)의 영향을 들고 있다.[20]

하디스는 여성이 지옥에 많이 가는 이유로 육체적인 특성을 지적하고 있다. 여성은 정기적으로 생리를 하기 때문에 종종 금식과 기도를 할 수 없는 경우가 많다. 그리고 여성은 금식을 하면 남편에게 가까이 갈 수가 없고 건강에도 안 좋을 수 있기 때문에 무함마드는 금식을 하려는 여성은 남편의 허락을 받아야 한다고 말하였다. 많은 여성이 지옥에 가는 이유는 근본적으로 여성들이 남편의 은혜를 모르고 순종하지 않기 때문이다.[21] 하디스에는 천국에서의 여성들의 생활이 구원받은 남성들의 후르(hur, 천국에 있는 남성들의 동반자)로서 남성을 섬기며 그들을 즐겁게 하는 장면으로 묘사되어 있다. 이러한 전통적인 여성관은 21세기에도 여전히 영향력을 행사하고 있다.

---

20) D. L. 카모디, pp. 173-176.
21) Ibid., p. 178.

3. 무슬림 여성의 세계관

　한 사회 안에서 여성과 남성의 역할은 그 사회의 전통, 관습과 종교에 의하여 규정된다. 그렇기 때문에 무슬림 여성들은 단지 법의 개정만으로 자신들의 사회적인 지위를 얻을 수 없다. 한 사회 안에서 여성들과 모든 사람들의 세계관이 바뀌어야 행동을 변화시킬 근본적인 구조적 변화가 일어나게 되는 것이다. 여기에서는 무슬림 여성의 세계관을 살펴보고자 한다.
　이슬람은 정치, 경제, 사회, 종교, 문화 등 모든 생활에 있어서 개인적으로나 집단으로나 상관없이 완전한 삶의 질서이며 체계이다. 무슬림들은 이슬람교가 완전한 인생관 또는 세계관임을 자처하며 자부심을 가진다.[22] 그렇지만 이들의 세계관은 종교와 문화가 구별되지 않고 성과 속의 구별이 없는, 현세 중심적이고 세속화된 세계관이다.
　무슬림 여성의 세계관에서 고려해야 하는 것은 그들이 영의 세계를 믿는다는 점이다. 이들의 세계관은 정통 이슬람의 세계관과 민속 이슬람의 세계관으로 나눌 수 있다. 정통 이슬람은 결정론이나 숙명론으로 여겨질 정도로 알라의 주권을 매우 강조한다. 그러나 민속 이슬람의 세계관은 다양한 존재들과 영들로 가득 차 있으며, 이러한 세계관은 일반 무슬림들의 사고를 잘 반영하고 있다.[23] 전체 이슬람의 70% 이상이 민속 이슬람의 영향을 크게 받고 있는데,[24] 콜린 채프먼(Colin Chapman)은 실제로는 민속 이슬람이 이슬람의 심장부라고 말하고 있다.[25] 민속 이슬람은 현존하고 있으며, 대다수의 무슬림이 민속 이슬람적 환경에서 살고 있다. 이로 인하여 무슬림 여성들의 세계관은 민속 이슬람의 축복(祝福) 개념과 깊은 연관이 있다. 정통 이슬람에서는 복(baraka)을 중요하게 다루지 않으나, 민속 무슬림들은 알라가 내려주는 영적인 영향력을 복(blessing-baraka)으로 믿는다.[26] 무슬림 남자들은 문제 해결을 위해 이슬람 사원에 가지만, 무슬

---

22) 안점식, 『세계관을 분별하라』(서울: 죠이선교회출판부, 1998), p. 321.
23) Bill Musk, *The Unseen Face of Islam*(East Sussex: MARC, 1997), p. 16.
24) J. Dudley Woodberry, "Folk Islam requires new understanding and approaches"(1986): p. 3.
25) 전재옥 편역, 『무슬림 여성』(서울: 예영커뮤니케이션, 1997), p. 142.
26) Bill Musk, p. 55.

림 여성들은 결혼, 출산, 불임, 질병, 인간 관계에서의 갈등 등 일상의 삶에서 일어나는 사사로운 문제들을 해결하기 위해 이슬람 정통교리가 아닌 무슬림 무당[27]을 찾아가거나 다양한 해결 방법들을 추구한다. 이슬람이 정치와 결탁되어서 세속화되어 있고, 남성 위주이다 보니 여성들은 자신의 문제를 해결할 방법이 없다. 이처럼 자신의 삶의 모든 영역에서 무력감을 느끼는 무슬림 여성들이 민간신앙에 더욱 노출되어 있는 것은 무슬림 여성들의 세계관에 기인한다.

또한 무슬림 여성들이 갖는 세계관은 종교와 정치가 하나된 신정일치의 세계이므로 통치체제가 분리되어 있는 서구의 세속정부와 종교를 이해하지 못한다. 이러한 세계관으로 인해 미국에 의해 이루어지는 전쟁이나 폭격도 서구 기독교에 의한 이슬람 세계의 공격으로 이해한다. 무슬림 여성의 세계관이 근본적으로 변하지 않으면 서구세계는 그들의 적으로 남아 있게 된다.

---

27) 무당은 아랍어로 싸-히라(sāhira)이며 샤먼(shaman)보다 마법사(sorcerer) 쪽에 가깝다. 성경에서는 사도행전 13:6의 박수에 해당한다.

● 무슬림 여성과 베일

제3장
베일에 대한 일반적 이해

일반적으로 베일을 이해하는 데 있어서 역사적 발달, 문화의 차이점, 계급(class), 특별한 계층, 사회 정치적 상황이 고려되지 않았기 때문에, 베일은 막연하게 여성의 얼굴 덮개, 머리쓰개, 정교한 머리 옷 등으로 알려졌다.

베일 문화의 기원은 이슬람 발생 이전으로 소급된다. 여성들이 베일로 얼굴을 가리는 풍습은 동서양을 막론하고 과거부터 현재까지 존재하고 있다. 베일은 고대 셈 부족에서도 이미 사용되었으며 이슬람 사회로 그대로 전승되었다. 우리 나라에서도 개화기 이전까지 여성이 얼굴을 가리고 다녔다. 머리 베일과 긴 가운의 옷은 이슬람에 의해서 새롭게 소개된 것이 아니고 이미 옷이 존재하던 시대에 부분적으로 거의 있었다.

여기에서는 베일의 지역별 명칭과 형태, 그 발생 과정과 전파 경로를 고찰하고, 베일의 착용 동기와 유형을 분석하여 베일간의 상이점과 유사점을 발견하여 원인을 분석한다.

1. 베일의 어원 연구 및 정의

베일(또는 히잡, hijab)은 히브(hib)에 뿌리를 두며, 동사는 하자바(hajaba)이다. 동사를 번역하면 베일을 착용하기 위하여(to veil), 격리하기 위하여(to seclude), 가림새 용도로(to screen), 감추기 위하여(to conceal), 분리의 형태로서(to form a separation), 가면 용도로(to mask)이다. 동사로서 어떤 것 자체를 감추거나 시야로부터 감추는 것을 의미한다. 이슬람 샤리아(법)에서 이 단어는 결혼할 수 있는 성인 남자로부터 가리거나(to cover), 감추거나(conceal), 숨기는 것(hide)을 의미한다.[1] 명사 히잡(hijab)은 덮개(cover), 싸개(wrap), 커튼(curtain), 베일(veil), 스크린(screen), 간막이벽(partition)이란 뜻으로 쓰인다. 이 모든 복잡한 것이 베일이라는 한 단어로 서양에서 표현되며 반사되고 있다. 베일(히잡)의 다른 의미는 눈썹(eyebrow, 눈을 보호하는 것)이다. 많은 의미와 함께 히잡은 현재 여성들을 위한 정숙한 이슬람식 옷의 동의어로서 종종 사용되고 있다.[2]

오늘날 베일이 영어로 스카프(scarf)로 종종 번역되고 있다. 그러나 이것은 꾸란이나 하디스의 의미를 완전하게 전달하지 못한 것이다. 이와 같이 베일이란 말을 한 단어의 아랍어로 표현하기는 단순하지 않다. 베일에는 여러 다른 문화와 언어적 뿌리가 이슬람 문화에 전체적으로 통합되어 있다.

아랍어의 '베일' (히잡, hijab)은 영어의 베일(veil)과 똑같은 한 단어로 대치시킬 수 없다. 이슬람 백과 사전에서 '베일 또는 베일을 착용하고 있는 것'에 사용되는 '옷' 부분은 수백 개가 넘는 것으로 나타나고 있다.[3] 따라서 각 나라에서

---

1) Mohammed Ismail Memon Madani, *Hijab*(Virginia: Al-Saadawi Publications, 1995), p. iii.
2) Suha Sabbagh, ed., *Arab Women Between Defiance and Restraist*(New York: Olive Branch Press, 1996), p. 214.
3) 베일의 아랍어 단어들과 관련된 단어들은 브르꾸오 또는 부르콰(burqu-면사포, 너울, 베일), 아바야(abayab-외투로 소매는 없고 머리부터 발끝까지 가리는 품이 넓은 겉옷), 부르누스(burnus-모자가 달린 긴 옷), 질밥(jilbab-머리와 손을 제외한 모든 신체를 가리는 길고 품이 넓은 옷이나 코트), 질라비브(jellabab-질밥(jilbab)의 복수형), 바이크(bayik), 밀라야(milayab), 갈라비야(gallabiyyab-'잘라비야'⟨jalaːbiyah⟩, 잘을 갈로, 즉 /ㅈ/를 /ㄱ/으로 발음하는 것은 이집트 방언), 디쉬다샤(disbdasha-원피스형의 옷), 가르구쉬(gargush), 기나(gina), 문굽(mungub), 리쓰마(litbma), 야스브미크(yasbmik), 바바랍(babarab), 이자르(izar)이다. 얼굴을 가리는 것으로 사용되는 것은 몇 개밖에 없다. 키나(qina), 브루쿠(burqu), 니캅(niqab-눈을 제외한 얼굴 전체를 가리는 면사포 같은 머리쓰개로 눈 아래를 가리며, 혹은 가슴까지 가리거나 목까지 가리기도 한다. 주로 파키스탄과 모로코 여성들이 착용하며 색이 다양한게 특징), 리트브마(litbma)이다. 다른 것들은 머리쓰개이다. 시타라(sitara-막, 커텐), 임마브(immab)이다.

'베일'의 의미를 다르게 사용하므로 현재 베일이라는 한 단어로 베일을 착용하는 사람들의 다양한 이유를 설명하기는 쉽지 않다. 베일은 최근의 말이나 오래된 말이 아니고 점차적으로 발전되면서 의미를 가지게 된 복잡한 개념이다.[4]

영어단어 베일(veil)은 불어로 보와르(voile)이며, 중동과 남아시아에는 전통적으로 여성의 머리, 얼굴(눈, 코, 입) 또는 몸을 가리는 것을 의미한다. 명사 베일(veil)은 중세 영국과 고대 프랑스 북쪽을 거쳐서 라틴어 베라(vēla)로부터 기원을 찾을 수 있다.

베일 또는 베일 착용(veil or veiling)의 개념에는 세 가지 영역이 있다. 세 가지 영역은 서로 서로에게 연결되어 있다. 첫 번째, 베일은 눈에 보이는 것, 즉 시야로부터 무엇인가를 감추기 위한(to hide) 것이다. 두 번째, 베일은 장소의 분리, 분리대 표시, 출발점의 표시로 쓰인다. 세 번째, 베일은 윤리적으로 금지된 영역을 나타낸다.[5] 이상의 것을 정리하면 베일 개념은 광범위하며 일반적으로 서양에서 네 가지 영역, 즉 재료, 장소, 커뮤니케이션, 종교를 포함한다: 첫 번째, 베일은 옷과 제복의 재료이다. 예를 들어, 머리, 어깨, 얼굴 또는 눈 위 또는 머리에 착용하는 모자 달린 장식용 헝겊을 의미한다. 베일은 얼굴을 가리는 것이 아니고, 머리와 어깨를 덮는 것이다. 두 번째, 물리적 장소를 의미한다. 스크린 같은 베일은 감추거나 눈에 보이지 않게 하기 위한 것이다. 세 번째, 자기의 정체성을 나타내는 커뮤니케이션 의미로 사용한다. 베일은 자신의 신분이나 부족에 따라 모양과 색상이 다르다. 네 번째, 종교적 의미로 '베일'은 세상적인 생활과 성(sex)으로부터 격리하는 의미가 있다. 서양에서의 베일은 수녀의 삶이나 서원과 같은 기독교적 정의와 연결되어 있는데, 이슬람에서는 일반적으로 베일에 대한 이런 인식이 없다.[6]

오늘날 이슬람 사회에서 일반적으로 통용되는 베일은 국가와 민족에 따라 그 명칭과 모양이 다소 상이한데, 크게 히잡(hijab), 질밥(jilbab), 니깝(niqab)과 알키마(alqima) 등 네 가지 종류로 분류된다. 다른 이슬람 사회에서 부르콰

---

4) Hamdun Dagher, *The Position Of Women In Islam*(Villach: Light of Life, 1995), p. 113.
5) Fatima Mernissi, *Women and Islam*(England: Basil Blackwell Ltd, 1991), p. 93.
6) Fadwa El Guindi, *Veil Modesty, Privacy and Resistance*(Oxford & New York: Berg, 1999), p. 6.

(burqa)와 키나(qina)를 포함하여 다른 비슷한 단어를 사용하고 있다. 키나에서 파생한 단어는 무카나(muqanna)와 무타카나(mutaqanna)이다. 이 두 단어는 남녀의 성별 표시를 변화하는 데 사용되었다. 아랍 국가 외에 무슬림들이 착용하는 대표적인 베일 명칭은 다음과 같다. 파키스탄에서는 두파타(dupatta), 터키에서는 챠르샤프(çarşaf)또는 바쉬외르튀(başörtü)와 이란에서는 차도르(chador), 위그르족은 야글릭, 키르기즈스탄에서는 졸로꾸라고 부른다. 5세기에서부터 이슬람이 시작한 7세기 동안 남녀가 교차적으로 베일을 사용하였다.

아랍의 옷(arab dress)에는 크게 두 가지 종류가 있다. 첫 번째는 머리나 머리카락을 덮는 것(khimar-삼각형 혹은 원형의 머리를 가리는 스카프) 또는 몸을 가리거나 덮는 것이다(milayab, aba or izar). 두 번째는 얼굴을 가리는 것을 제외하고 부분적으로 또는 전체적으로 덮는 것이다(burqu, qina, litbma).

2. 베일의 보편적 용도

오늘날 일반적으로 베일이란 말은 무슬림 여성의 옷에 관련된 것으로 이해하고 있다. 베일은 무슬림 여성 생활에서 매우 중요한 것 중 하나이다. 베일은 특별히 머리쓰개 내지 스카프와 관련되어 있으며, 외적으로는 옷이지만 내적으로는 태도와 행동을 반영한다.[7] 이것은 베일 착용하는 자의 마음가짐을 의미한다. 우리가 머리에 착용하는 것에 대해 말할 때 보통은 얼굴을 가리는 베일(faceveil)이 아닌 여성의 모발이나 머리를 덮는 쇼올(shawl)을 말한다.

플루타르크(Plutarch)는 베일에 관하여 다음과 같이 말하였다. "왜 사람들은 신을 경배할 때 얼굴을 가리는가?" 대답은 간단하다. 속세로부터 자신을 분리하여 영적 세계에만 머무르고자 하기 때문이다. 왜냐하면 본다는 것은 샤마르(shammar)의 경우에서처럼 접촉의 한 형태이기 때문이다. 경배하고 제물을 바치고 결혼식을 행할 때 베일로 가리는 것은 일시적이다. 그러나 다른 경우에는 베일의 기능은 분리이거나 통합이다.[8] 예를 들어 무슬림 여성들은 스스로를 천

---

7) Huda Kattab, *The Muslim Woman's Handbook*(London: TA-HA Publishers, 1999), p. 15.

8) A. 반 겐넵, 『통과 의례』, 전경수 역(서울: 을유문화사, 1994), pp. 238-239.

으로 가림으로써 다른 세계로부터 자신을 분리시킨다. 격리는 베일을 착용하지 않고도 일어난다. 격리는 이슬람 사회보다는 기독교인의 문화를 묘사한다. 기독교인 문화에서 격리는 종교적으로 순결을 더 포함한다. 그러나 이슬람에는 이런 의미는 없다.

일반적으로 여성은 옷, 장신구, 화장품 등 여러 가지 재료를 사용하여 자신들을 꾸민다. 꾸미는 이유는 다양하다. 이리안 쟈야(Irian Jaya)인이 자신들을 꾸미는 표시로 그들의 몸에 페인트를 칠하는 것은 옷감이 없어서가 아니라 사회적 종교적 가치 때문이다. 일상적인 옷(clothing)과 전통의상(costume)은 차이가 있으나, 여성의 베일은 일상적인 옷과 전통의상 둘 다의 의미가 있다. 그 차이는 옷은 기후, 건강, 직조물 등과 관련이 있다. 이와 달리 전통의상은 종교적인 믿음, 마술, 미(美), 개인 신분 등에서 그의 동료나 다른 사람들과의 구별된 모습을 원하기 때문에 입는다.

로체(Roche)는 '옷(clothes)과 전통의상'(costume)을 나누었다. 옷은 사회신분을 나타낼 때나 외적인 문화에 가장 적합한 말이다. 전통의상은 이태리에서 나온 말로서 전통의상과 옷 또는 옷 입는 방법이라는 두 가지의 의미를 갖고 있어 매우 애매모호하다. 그러나 영어에서 옷과 전통의상이라는 단어는 같이 사용되고 있다.[9]

베일의 모양과 색깔은 지역, 종교적 성향, 계층, 연령, 취미 등 여러 요인에 따라 달라진다. 북아프리카 모로코, 튀니지 대도시에서 서구식 옷을 입은 여성을 베일 착용여성과 함께 흔히 볼 수 있다. 두 나라에서 베일을 착용하는 여성은 크게 두 종류의 베일을 착용한다. 하나는 전신을 가리는 흰색이나 베이지색 베일을 선호하며, 그 외에 다양한 색상의 베일용 스카프를 착용한다. 보수적 성향의 무슬림 여성들은 이란 여성들과 같은 검정계통의 어두운 색상을 선호한다.

옷은 자기의 지리적, 지역적인 정체성을 나타낸다. 예를 들어 미국의 로스엔젤로스(LA)와 뉴욕의 한국계 이민자들은 '한국의 날'에 한복을 입고 자기의 옷으로 정체성을 나타낸다. 젊은이들과 늙은이들의 옷차림이 다르다. 집안에 있을 때와 집밖에 나갈 때에 옷을 다르게 입는다. 무슬림 여성도 마찬가지로 자기 가족끼리만 있을 때에는 베일을 착용하지 않고 낯선 사람 앞에서와 외출 시에 착용

---

9) Fadwa El Guindi, p. 56.

한다.

　질레바(jellaba, 긴 겉옷)는 모로코의 전통의상으로 목부분에 모자가 달린 원피스 스타일의 긴 겉옷이며 남녀공동으로 사용한다. 질레바는 입기 쉽고 편안한 옷이며 길거리와 동네시장 어디서든지 질레바를 입은 여성을 쉽게 볼 수 있다.

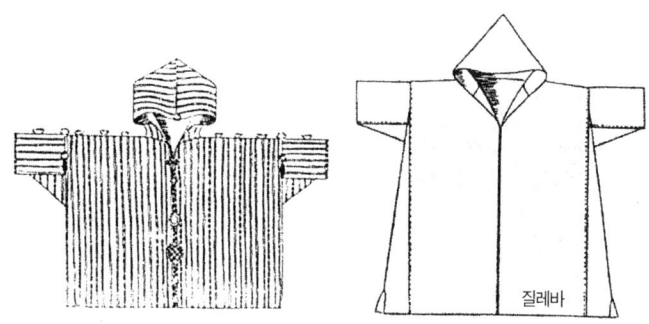

　모로코 여성은 밖에 나갈 때에 그들의 몸을 가리는 질레바 또는 베일 내지 하이크(haik)[10]를 입는다.

하이크의 착용방법(여성)

---

10) 모로코와 북아프리카인들이 손과 발이 보이도록 눈만 내놓고 가리는 옷 또는 머리와 몸에 두르는 보통 흰색의 사각형 천. 어깨에서 매듭을 짓는 고대 리비아(Lybia)의 망토가 변한

하이크의 착용방법(남성)

3. 베일 착용의 역사

아랍 문화 밖에서 오랫동안 베일이 존재해 왔던 증거가 확실히 보여지고 있음에도 불구하고, 일반적인 인식으로 베일은 아랍 여성이나 이슬람과 더 관계가 있는 것으로 알려지고 있다.

베일 착용은 중동과 지중해 연안 사산왕조(Sassanian 226-641) 사회와 기독교 공동체에서 일반적이었다. 또한 팔레스타인과 시리아의 상류층 여인들이 베일을 착용했으나 노예들에게는 금지되었다. 이런 관습은 섹슨(잉글랜드), 그리스, 로마, 유대인, 앗시리아인들 사이에 일반적이었다.[11]

베일과 베일 착용하는 행동은 각 시대마다 다른 기능과 의미를 가졌으며, 각기 다른 문화적 전통을 형성시킨 다섯 가지 특징이 있다. 베일은 유대교, 기독교, 이슬람교의 종교적 믿음보다는 문화적 전통에 기초하고 있다. 첫 번째, 베일

것. 모로코와 튀니지에서는 '하이크'(haik), 트리폴리에서는 '호리'(hauly) 또는 '유저러'(usera), 이집트의 베두인(Bedouin)족은 '하이람'(hiram)이라 부른다. 지역마다 하이크를 착용하는 방법이 조금씩 다르다.

11) Glory E. Dharmaraj & Jacob S. Dharmaraj, *Christianity and Islam*(Delhi: ISPCK, 1999), p. 254.

은 수메르인에게는 보충의 역할을 했으며 조절과 자치권의 상징의 핵심이었다 (머리쓰개와 머리끈). 두 번째, 페르시안과 메소포타미아인에게는 배척과 특권을 의미했다. 세 번째, 이집트에서는 평등주의를 나타냈다. 네 번째, 그리스 문화에서는 계급조직을, 그리고 비잔틴 문화 속에서는 격리를 의미했다. 이런 주제들은 철학, 신학, 법, 신비, 자민족 중심주의와 역사 안에서 원인을 제공받아 나타난다. 그러므로 베일을 여성에게만 특별한 의미를 두려는 전제를 반대한다.[12]

고대와 현대의 역사적 자료에 의하면 이슬람이 베일을 소개한 것이 아니다. 그러나 이슬람은 약 천 년 동안 무시되고 있던 베일의 존재를 체제화시키고 고정된 것으로 만들었다. 즉 메소포타미아와 지중해지역에서의 베일 착용은 이슬람에서 베일 착용을 채택하기 전에는 체제화되지 않았다. 그 후에 베일은 이슬람을 나타내는 상징이 되었다. 이와 같은 역사적 사실을 다음과 같이 고찰하여 보자.

(1) 수메리안의 베일의 역사

고대의 역사적 자료에 의하면 수메르는 유프라테스강 어귀의 옛지명, 옛 딜문 (Dilmun)으로 오늘날 바레인이다. 이곳의 베일 착용은 문화적 전통에 기초하고 있다. 수메르인의 가정에서 관리의 상징과 자치권과 핵심은 여성의 옷과 관련되어 있는데, 예를 들면 베일용 머리쓰개와 머리끈이다. 수메르 여성들은 간단한 의상을 입었지만 머리나 머리 장식에서는 그들의 창의력을 마음껏 발휘하여 단장하였다. 여인들은 베일(터번)을 착용하였다. 루브르 박물관에 있는 수메르 여인의 흉상에는 브이(V)형 네크의 술 장식이 된 의상이 입혀져 있다. 그녀의 의상은 가장자리를 묶고 장식을 달아서 마무리되어 있다. 그녀의 머리는 넓은 머리띠와 목 뒤의 쪽진 머리로 완전히 둘러싸인다. 신 수메르 시대(B.C. 2130-2016) 여인은 투명한 베일착용으로 머리카락을 감쌌다.[13]

(2) 앗시리안의 베일의 역사

앗시리아는 B.C. 14세기에 이슈르-우발리트 아래에서 처음으로 독립을 선언

---

[12] Fadwa El Guindi, p. 13.
[13] 블랑쉬 페인, 『복식의 역사』, 이종남·안혜준·김선영·정명숙 공역(서울: 까치글방, 1997), pp. 51-57.

하여, B.C. 12세기말에 이르러 강한 정치적 힘을 가지게 되었다. 앗시리아인들은 메소포타미아[14]를 지배하였고, 페르시아 만에서 지중해 그리고 남쪽으로는 이집트에 이르기까지 그들의 제국을 확장하여 갔다. B.C. 1200년에 기록된 앗시리아 법전(法典)은 모세의 출애굽기 사건이 일어난 B.C. 1300년과 동시대에 기록된 것으로 추정된다. 꾸란은 이보다 1800년 후에 기록된 것이다.

함무라비 법전(B.C. 1792-1750)은 아브라함이 우르를 떠나던 당시의 바벨론 여자들의 역할을 묘사하고 있다. 또한 그와 흡사한 중부 앗수르 법전(Middle Assyrian Law Code. B.C. 1450-1250)은 바벨론이나 구약성경에 나타나 있는 법보다 훨씬 더 엄격한 것이다. 앗수르 법은 창녀들과 노예와 소녀들, 결혼한 여자들, 첩들, 그리고 명문 출신의 독신 여성들을 구별하기 위해 베일을 착용하도록 지시했다. 즉 법전은 다음과 같은 규정을 두고 있다:

앗시리아의 여성복식에 대한 지식은 앗시리아 미술에서 나타나는 극소수의 초상화에서 얻을 수 있다. 여성들은 결혼 전까지는 아버지의 소유물이었다가 결혼하면 소유권이 남편에게로 넘어가게 되었다. 팔리스에 의하면 매춘부나 노예를 제외한 부인들은 남편의 권리를 보호하기 위해 베일을 착용했다.[15] 베일은 신분과 품위의 상징이었다. 결혼한(혹은 과부 혹은 앗수르) 여자들은 길거리에 나갈 때 그들의 머리에 베일을 착용해야만 했다. 창녀와 여자 노예는 베일을 착용해서는 안 되며 그 머리는 반드시 노출되어야만 한다. 베일을 착용한 창녀와 여자 노예를 본 자는 그녀들을 붙잡아야 한다. 창녀들이 베일을 착용할 수 없었던 것은 그것이 유혹의 도구로 사용될 수 있었기 때문이 아니라, 베일이 사람의 신분을 나타내 주는 것이기 때문이었다. 그런데 앗수르에서 사용된 베일이 어떤 종류의 것이었는지는 알 수 없다.

앗시리아 법전 I의 39장(5단, 49-105행)의 내용에서 다음과 같은 베일에 관한 조항을 찾아볼 수 있다.

> 아내들이나 딸들이나 첩들은 큰길에 나갈 때 머리를 덮어야 한다. 딸들은…외출복을 입었거나…또는 집에서의 복장을 하였거나 간에 베일을 착용해야 하며 그리고

---

14) 이라크(Iraq)의 옛 이름.
15) 블랑쉬 페인. p. 64.

머리를 덮지 않은 경우는 남자의 딸이건…또는…(두 줄이 완전히 빠져 있음) 베일을 착용해서는 안 된다. 여인이 낮에 거리로 외출할 때는 베일을 착용해야 한다. 집의 여주인 없이 길에 나가는 포로 여인은 베일을 착용해야 한다. 결혼 후 신전(神殿)에서 일하는 여자 노예는 외출할 때 베일을 착용해야 한다. 결혼하지 않은 여인은 외출시에 머리를 덮어서도 안 되며 스스로 베일을 착용해서도 안 된다. 창녀는 베일을 착용해서는 안 된다. 머리를 덮어서도 안 된다. 베일을 착용한 창녀를 본 사람은 누구든지 그녀를 체포해야 하며 증인을 부르고 그녀를 궁전 문 앞으로 데려와야 한다. 그녀의 장식물을 빼앗아서는 안 되지만 체포되었을 때 입은 옷은 빼앗는다. 그녀에게 매질을 하고 머리에 역청을 붓는다. 베일을 착용한 창녀를 보고도 그대로 내버려두고 궁전 문 앞으로 데려오지 않은 사람은 50대의 곤장을 맞는다. 그리고 그의 지팡이(바빌로니아 신사의 필수품)와 의복을 빼앗는다. 그의 귀는 송곳으로 뚫리우고 뚫은 송곳은 귀 뒤에 매단다. 그리고 그의 지팡이와 의복은 빼앗기고 한 달 동안 중노동을 해야 한다."16)

 앗시리안 법은 베일 착용과 사회계층 사이에 어떤 관계가 있음을 설명하고 있다. 즉 여성이 언제 베일을 착용하고 언제 착용하지 않는지에 관한 법이다. 그들의 법에 '여성과 첩, 자유스러운 여성과 노예, 결혼한 여성과 매춘부'에 대하여 묘사하고 있다. 요약하면 앗시리아에서 여성으로 태어난 결혼한 자와 과부는 외출 시에 베일을 착용해야 한다. 길거리에 나갈 때는 베일이나 긴 웃옷을 입어야 하며 머리를 가리지 않으면 안 된다. 다른 말로 하면 정숙한 여성은 베일을 착용한다는 것이다.
 이로써 왜 유부녀가 필수적으로 베일을 착용해야만 하는지 그 이유를 알 수 있다. 즉 정숙한 여성은 타인의 접근을 막는 경계의 표시로 베일을 착용한 것이다. 당시의 앗시리아는 수많은 원정으로 그들의 영토를 넓혔고 그에 따라 많은 포로가 있었는데 법전에는 포로가 된 여인을 아내로 합법화하는 방법에 관하여 기록하고 있다. 앗시리안 법 41조에 의하면, 만약 남자가 그의 첩에게 베일을 착용케 하려면, 그는 그의 이웃 5, 6명을 소환하여 그들 앞에서 첩에게 베일을 선물해야 하며, 그는 "그녀는 나의 아내이다"라고 말해야 한다. 첩은 베일을 착용하고 남자는 사람들 앞에서 "나의 아내"라고 말해야 하며 그렇지 않으면 계속 첩

---

16) 홍나영, 『여성쓰개의 역사』(서울: 학연문화사, 1995), pp. 33-34.

으로 남는다. 베일을 착용한 여성에 대한 남자의 행동이 여성의 위치를 옮기는 수단이 되기도 했다. 남자가 여자에게 베일을 씌어 줌으로써 그녀는 그 남자의 아내가 되었다.

이와 같이 앗시리안 법은 상류층 여성들이 베일을 착용하도록 격려하였으나 반면에 창녀들과 여자노예들에게는 허락하지 않았다. 그것은 베일을 착용한 여자와 남편의 관계를 나타내 주었으며 그녀에 대한 남편의 의무와 권위를 함축하였다. 또한 베일은 여자의 '열등한' 신분의 상징이 아니라 품위와 지위의 상징으로 인식되었다.

페르시아의 귀족들은 쿨라(kulah)라는 펠트천으로 만든 원통형의 모자를 썼으며 여자들은 베일을 착용했다.[17] 페르시안 상류층은 일반 대중으로부터 귀족사회를 구별하고자 베일착용을 유행시키기 시작했었다. 그 후에 베일은 유행이 되기도 하고 때로는 되지 않기도 했다.[18]

(3) 메소포타미아의 베일의 역사

메소포타미아는 티그리스(Tigris)강과 유프라테스(Euphrates)강 유역의 고대 국가로서 에덴 동산이 있었을 곳이고(창 2:8-14), 구약성경에 나오는 많은 일들이 있었던 곳이다. 이곳은 B.C. 3000년경 수메르인에 의한 도시국가에서 시작하여 바빌로니아, 아시리아, 신바벨로니아를 거쳐 페르시아(B.C. 550-B.C. 330)에 의해 멸망당했다. 그러나 그 때문에 이 지역에 그리스와 서아시아가 서로 영향 받은 데에서 생긴 역사적 현상인 헬레니즘 문화가 생겨났다.

메소포타미아에서 귀족의 상류층 부인과 딸들은 베일을 착용해야만 했다. 상류층 여인들은 베일을 착용함으로써 그들의 높은 신분과 법적인 정당성의 특권을 하류층의 남녀에게 보이는 것을 즐겼었다. 이런 상황에서 베일은 상류신분, 특권, 개인생활의 표시였다. 남편이 죽었을 때 베일을 착용한 부인이 아들이 없으면, 첩의 아들이 남편의 아들이 되어 유산을 나누어 가졌다.[19]

여성이 대중 앞에 베일을 착용하는 것은 아내로서 선포되는 것이며, 따라서

---

17) 신상옥, p. 39.
18) Jan Goodwin, p. 30.
19) Fadwa El Guindi, p. 16.

그녀의 위치는 존경받는 상류층이 되었다. 이런 상황에서 베일은 신분과 특권을 나타냈다. 이런 것들은 헬레니즘과 다른 경우이다.

(4) 헬레니즘 시대의 베일의 역사

베일은 이슬람 이전에 특별히 도시 안에 특별한 계층의 사람들에 의해 사용되었다. 그리스와 로마 여성들은 상류층 옷으로 머리를 가로질러 덮고 대중에 나타났다. 여성들은 쇼올을 머리에 착용하고 침묵하며 복종할 때 찬양을 받았으며, 이것은 헬레니즘사회[20] 속에서 가부장제도의 부조화를 나타내는 특징이었다.[21] 마카비 2서 4:12를 보면 머리에 착용하는 것은 굴욕을 상징한다. 왕이 유대를 정복했을 때 왕은 유대인들에게 머리를 가리도록 하였다. 유대 여성들이 베일을 착용했다는 증거들은 전통적으로 많은 학자들이 인정하고 있는 것보다 훨씬 더 많다. 그러나 헬라인들의 삶에서 이 관습의 증거를 찾기는 힘들다. 일반적으로 헬라여성들은 머리에 아무것도 쓰지 않은 채로 예배와 종교적 활동에 참석하였다.[22]

베일 착용 여부에 따라 남자들의 반응에 차이가 있었다. 예를 들어 그리스의 옛 도시국가인 스파르타(Sparta)에서는 다음과 같은 중요한 이유로 결혼한 여자들만 베일을 착용했다고 한다. "왜 소녀들은 베일을 착용하지 않고 결혼한 여자들은 베일을 착용하고 공공 장소에 가느냐"는 질문을 받으면, 그는 "소녀들은 남자를 찾아야 하지만, 결혼한 여자들은 자신의 남편들을 붙잡아야 하기 때문이다"라고 대답하였다. 그 당시 사람들이 보기에 머리에 아무 것도 쓰지 않은 여성들의 행동은 남자들의 정욕을 불러일으키는 것이었다. 이런 관점에서 고린도 교회의 문제는 정숙함과 관련된 문화적 가치의 붕괴일지도 모른다. 슬픔, 문둥병, 나실인의 서원, 간음, 혐의, 회개 등은 그러한 머리 모양을 요구하였다.[23]

(5) 1세기 유대, 그리스·로마[24]의 베일 착용 관습

앗시리아 문화에서는 베일이 계급과 존엄을 상징하는 역할을 했음을 살펴보았

---

20) 알렉산더(B.C. 356-323) 대왕 이후의 희랍 문화. 어풍.
21) Fadwa El Guindi, p. 18.
22) 크랙 S. 키너, 『바울과 여성』, 이은순 역(서울: 기독교문서선교회, 1997), pp. 58-60.
23) Ibid., p. 63.
24) 로마의 시대구분: 왕정(The Kingdom B.C. 750-B.C. 509), 공화정(The Republic

는데, 로마 여자들의 머리도 같은 역할을 했다. 그리스도 당시의 유대인들의 베일 착용 관습에 관하여 조사할 때, 조각이나 미술품과 같은 자료가 부족하며, 베일을 지칭하는 용어의 정확성이 결여된다. 그리고 후기 이슬람교의 관습으로 인하여 매우 어렵다. 유대 관습에 관한 증거의 대부분은 탈무드와 다른 후기 자료들에서 비롯된 것이다. 이 주제에 관하여 다음과 같이 분류하여 고찰한다. 첫 번째, 여자들의 은둔생활이다. 두 번째, 그리스도 시대의 베일 착용 관습에 대한 그리스-로마의 증거이다. 세 번째, 베일 착용 관습에 관한 유대의 증거이다. 네 번째, 증거로부터 도출해 낸 결론들을 살펴본다. 검토된 유대의 증거는 구약 시대부터 중세 초기의 기간에 속하는 자료들이다.

1세기경의 팔레스틴은 그때까지 거의 300년 동안 외국인들이 통치를 받아 오던 터였다. 알렉산더 대제의 후계자들의 통치 하에서, 팔레스틴에는 그리스의 생활 방식이 사회 여러 계층에 전래되었다. 로마인들은 주전 60년경부터 팔레스틴을 통치하기 시작했으며, 그들의 문화적인 영향력은 그리스인보다 훨씬 약하였다. 왜냐하면 유대인들은 그리스 문화를 받아들이듯이 로마 문화를 받아들이지는 않았기 때문이었다. 따라서 그리스나 로마의 관습들이 팔레스틴의 관습들에 그대로 옮겨졌다고 생각하기는 어렵다. 여기에서는 그리스와 로마의 유물들을 예수님의 탄생을 기점으로 그 이전 3세기에 걸친 기간의 것들로 제한하여 관찰한다. 베일을 착용하는 관습과 머리 모양은 그림에 그려져 있는 인물의 머리를 통해 살펴볼 수 있다. 그런 유적들은 그리스와 로마 문화권에 살던 여자들이 희생제물을 드릴 때 외에는 베일을 착용하지 않았음을 보여 준다. 신약 시대까지 두 문화는 매우 흡사하였다.

이탈리아 반도 문화를 선도한 에트루리아인(Etrurian)[25]의 의복의 기본은 소아시아(오늘날 터키)계의 튜닉과 그리스계의 키톤 및 쇼올이었다. 이러한 에트루리아의 경향은 로마의 의복에 영향을 주었다. 로마 의복의 큰 특징은 사회적 직업적 신분에 따라 큰 차이를 보인다는 점이다.[26] 전형적인 로마인의 외출 시의

B.C. 509-B.C. 30). 제정(The Empire B.C. 30-A.D. 476).

25) 옛 이탈리아 서부에 있었던 에트루리아(Etruria)나라 사람들로 상당히 고도의 문명을 가지고 있었다.

26) 『브리태니카 세계대백과사전』(브리태니카 & 동아일보공동출판. 1994). "의복" 항목.

외복(外衣)은 팔라(palla)나 쇼올이었다. 후대 근동의 풍습을 살펴보면, 남자와 여자 모두가 뜨거운 햇볕으로부터 자신들의 머리를 보호하기 위해 그런 덮개를 사용하였음을 알 수 있다. 실제 생활에서는 남녀 공히 팔라, 팔리움(palla, pallium)을 입었다. 이것은 로마인들이 외출할 때에 입는 외복(wrap)의 일종으로 그리스의 히메이션에서 유래된 의복이다. 그런 것들을 지칭하는 명칭 중 하나는 '주위에 두르는 것'을 뜻하는 그리스어 페리볼라이온(peribolaion)이다. 이 단어는 영어의 '랩'(wrap, 감싸다)이라는 단어와 그 의미가 비슷하다. 팔라는 여자들만이 입었고, 팔리움은 남자들이 입었다. 여자들은 팔라를 머리까지 둘러 입기도 하여 베일을 겸하였는데, 머리에 감아 착용하는 것을 팔리오름(palliolum)이라고 하였다.[27]

1세기의 베일 착용 관습은, 고린도전서 11:2-16에서 사도 바울이 머리에 착용하는 것을 언급한 것이다. 1세기에 베일이 그리스도인 여성의 정숙한 옷차림에 필수적인 것이었다. 그리고 옛 로마 가톨릭의 수녀 복장은 서구 기독교 전통으로 이어졌다. 조각과 그림에 나타나 있는 모습을 통하여 신분이 높은 그리스와 로마 여성들은 일반적으로 흰색의 커다란 베일을 착용하고 외출한 것을 알 수 있다. 예술품 속에 여인들은 종종 예술적인 포즈를 위해서 쇼올로 자신의 몸을 감싸기도 하였다. 1세기에 팔레스타인의 여자들은 발까지 내려오는 긴 옷에 얼굴만 내놓고 머리에 베일을 착용하고 다녔다.[28]

유대 팔레스타인에서 일반적으로 결혼한 여성은 상징으로 머리에 무언가를 착용했다. 그러므로 머리에 무언가를 쓰지 않았다는 것은 간단히 창녀임을 암시하거나, 또한 남편을 찾는 처녀라는 것을 나타낼 수도 있었다. 이러한 관습은 여성의 영역을 여러 면에서 가정으로 제한시키는 고대 그리스 전통과 관련되었다고 본다.

1세기 대부분의 제국들이 여성들에게 집에만 남아 있기를 요구하지는 않았다. 그러나 여성들은 공공활동에 있어서 남성들보다 훨씬 제한을 받았는데, 이는 종종 여성이 다른 남성에게 너무 매력적으로 보일까봐 우려하였기 때문인 것으로

---

27) 신상옥, p. 78.
28) 크리스틴 말루히, 『미니스커트, 어머니 그리고 모슬렘』, 예수전도단 역(서울: 도서출판 예수전도단, 1996), p. 74.

보인다. 고대의 어떤 저자들 특히 유대 선생들은 같은 근거를 가지고 여성이 머리에 무언가를 쓰도록 하였다.[29]

이스라엘 여인들에게 그 어느 것도 철저하게 얼굴을 가리도록 강요하지는 않았다. 그러나 머리는 잘 손질되었고 흔히 장식 끈으로 치장했으며 늘 베일을 착용했는데, 율법은 여인의 머리카락을 배우자 앞에서만 드러내도록 했다.[30]

팔레스타인 유대교와 모든 문화에서 정숙함은 머리에 쓴 것의 가장 중요한 목적이었음이 분명하다. 한 여성은 머리에 착용하는 것을 살 수 없을 정도로 너무나 가난해서 랍비 요하난 벤 자카이(Rabbi Johanan ben Zakkai)와 이야기하러 가기 전에 그녀의 머리카락으로 머리를 덮어야만 했다는 이야기도 있다. 1세기 말 한 유대 선생은 시장에서 여자가 머리에 쓰지 않았다는 이유로 중한 벌금을 가했다. 결혼한 여성이 베일을 착용하는 이러한 유대 풍습이 팔레스타인 밖 유대 사회에서도 역시 지켜졌다고 볼 수 있다. 애굽에서 나온 한 유대 문서는 "베일을 착용하지 않은 채로 목숨을 잃은" 여성들을 애도하고 있다. 그러나 이 문서의 의미가 아주 분명하지는 않다. 애굽의 유대인들이 베일을 착용하는 풍습과 또 다른 종류의 머리에 착용하는 것에 익숙하였던 것 같다 할지라도, 대부분의 유대 여성들이 고린도만큼 멀리 떨어진 곳에서 반드시 머리에 무언가 써야만 했을 것이라고 생각할 수는 없다.[31]

로마 시대의 초기에는 아내가 베일을 착용하지 않은 채로 사람들 앞에 나타났다는 이유로 이혼을 당했다. 왜냐하면 그들의 이런 모습은 다른 남자를 찾는다는 의심을 받을 수 있었기 때문이다. 머리에 아무것도 쓰지 않는 여자는 남자를 유혹하고 싶어 거의 발악을 하는 것에 가까운 것이라고 묘사된 적도 있었다.

애굽의 유대 소설에서 이상적인 처녀였던 아스낫(Asnath/Asenath)[32]은 남자들이 그녀를 쳐다보지 못하도록 처녀용 베일을 착용했던 것 같다. 그녀가 요셉 앞에 나아갔을 때에는 심지어 신부의 베일을 착용하기까지 하였다. 이는 정숙함의 표시였던 것 같다. 알렉산드리아 출신의 부유한 유대 철학자인 필로는 "여성이 머

---

29) 크렉 S. 키너, p. 53.
30) 앙드레 슈라키, 『성서시대 사람들』, 박종구 역(서울: 도서출판 부키, 1999), p. 122.
31) 크렉 S. 키너, pp. 57-59.
32) 온 제사장의 딸, 요셉의 아내(창세기 41:45, 50, 46:20)

리에 계속 아무것도 착용하지 않는다면, 그것은 자신이 정숙하지 못하다는 것을 말하는 것이다"라고 하였다.[33] 그의 글은 애굽의 유대적 정서를 나타내고 있다.

　1세기 팔레스타인의 머리 장식과 베일 착용에 대해 살펴보면 다음과 같다.[34] 1세기와 랍비 문헌의 자료들은 여자들의 은둔생활이 일부 부자들의 관습으로 1세기 팔레스타인의 일반적인 관습이라기보다는 특정한 부류의 것이며 경건한 자들의 이상이지 대중적인 것이 아니었다. 그리스-로마의 풍습은 여자들의 풀어 헤쳐진 머리는 슬픔의 표시이며, 문둥병, 나실인의 서원, 간음, 혐의, 회개 등은 그러한 머리 모양을 요구하였다. 풀어진 머리는 히브리 사람들 가운데 구별됨을 나타내 주는 표시였다. 반면에 여자들의 잘 치장된 머리는 존엄과 신분의 표시였다. 일반적으로 그들은 많은 공을 들여 머리를 치장하였으며, 때로 매우 값비싼 장식품으로 꾸미고 장식하였다. 구약성경에서 여자들에게 베일을 착용할 것을 요구하지 않았다. 구약성경의 기록은 얼굴 전체를 가리는 무슬림식 베일을 배제하고 있지만 머리 위에서 쇼올을 늘어뜨리는 것은 인정하고 있다 (창세기 24:65; 38:14).[35]

　산혜립(B.C. 705-681)의 기념비에서 얻은 증거도 그러한 베일을 입증하고 있다. 바울과 동시대 사람인 요세푸스는, 베일과 얇은 천 히마티온을 머리 위에 늘어뜨리던 관습이 있었음을 명백하게 입증해 주고 있다. 3세기와 6세기 사이에 여자들이 얼굴 전면을 베일로 가리는 것은 유대인들의 관습이 아니었지만, 머리에 쇼올을 늘어뜨리고 외출하는 것이 유대의 경건한 관습이었다. 탈무드는 베일을 벗기는 것과 푸는 것 두 가지 모두를 지칭하기 위해서 히브리 동사 pr'을 사용하였다. 이슬람 정복 이후 페시크타 랍바티 시대의 팔레스틴 지역의 유대인들은 베일을 얼굴 전면을 가리는 이슬람 관습으로 이해했으며, 과거의 문헌에 나오는 내용도 그런 식으로 이해하였다.[36]

---

33) 크렉 S. 키너, p. 62.
34) 제임스 헐리, 『성경이 말하는 남녀의 역할과 위치』, 김진우 역(서울: 여수룬, 1992), p. 412.
35) 창세기 24:65 "종에게 말하되 들에서 배회하다가 우리에게로 마주 오는 자가 누구뇨 종이 가로되 이는 내 주인이니이다 리브가가 면박을 취하여 스스로 가리우더라." 창세기 38:14 "그가 그 과부의 의복을 벗고 면박으로 얼굴을 가리고 몸을 휩싸고 담나 길 곁 에나임 문에 앉으니…."
36) 제임스 헐리, p. 413.

위의 고찰로부터 예수님 당시의 유대인들의 베일을 착용하는 관습에 대한 다섯 가지 결론을 내릴 수 있다. 첫 번째, 구약성경은 여자의 머리카락이 늘 단장되어 있었음을 암시하고 있다. 또한 구약 어디에서도 여자의 베일 착용과 머리를 쇼올로 가리는 것을 일반적인 관습으로 취급하지 않았다. 그러나 머리를 쇼올로 가리는 관습은 존재해 왔을 가능성이 있다. 두 번째, 예수님 시대의 유대 여자들이 이슬람식 얼굴 전면을 검정 베일로 가리는 관습을 실행했을 가능성은 거의 없다. 세 번째, 그 시대 유대 여자들이 외출할 때 머리 위에 쇼올을 걸치고 다니는 것은 경건한 관습이었을 수도 있다. 네 번째, 심한 가난 지역과 전통이 약한 지역일수록 경건은 더욱더 느슨해지며, 그리스나 로마의 영향력이 더욱더 증대되었을 것이다. 다섯 번째, 유대인, 그리스와 로마인들 모두 풀려진 머리를 고통의 상징이었지 일반적인 성인 여자들의 머리 모양은 아니었다. 이 세 사회의 모든 여자들은 머리를 다양한 방법으로 치장하였으며, 때로 매우 사치스런 방법으로 장식하였다. 이런 모양의 머리는 여성들의 존엄과 명예의 상징이었다.[37]

베일 착용의 관습들에 관하여 정리해 보면, 이슬람은 베일을 착용하는 관습에 관하여 구체적으로 말하고 있다. 그러나 유대교는 베일에 대한 어떤 구체적인 언급이 없다. 이러한 사실은 베일 착용에 관한 관심이 일반적이지 않았거나 문제가 되지 않았으며, 베일 착용이 머리 덮개에만 제한되었기 때문에 그에 대한 세부적인 사항을 기록하지 않았던 것으로 보인다.

(6) 비잔틴의 베일의 역사

오늘날의 중동지역인 비잔틴과 페르시안 지역 사이의 역사적 만남과 접촉을 연구하는 것이 중요하다. 특히 비잔틴 사회의 베일을 연구하는 것이 중요하다. 왜냐하면 이곳에서 이슬람 문명화의 전통이 형성되었기 때문이다. 이 시대에 그리스도인의 사상과 실천의 중요한 발달을 묘사하고 있다. 이 시대는 기독교 문화와 이슬람 문화 안에서의 베일 착용에 있어서 비슷한 것들 사이에 있는 차이점을 이해하는 데 도움을 준다. 비잔틴 제국 시대에는 많은 실로 짠 다양한 색상의 비싼 벨벳, 투명한 베일, 금줄 무늬 비단으로 짠 옷감을 볼 수 있다.[38]

---

37) Ibid., pp. 413-414.
38) Olga Talanova, ed., *Along the Great Silk Road*(Almata: Kramds, 1991), p. 60.

지중해 문화를 발전시키고 펼쳐 나가는 데 있어서 아리스토텔레스 학파[39]의 사람들은 중요한 역할을 하였다. 그들은 B.C. 9세기말까지 소아시아에서 이탈리아 반도로 이주해 왔고, 메소포타미아, 이집트, 크레타에서 문화유산을 가져왔으며, 그들은 로마인들에게 경제, 사회, 정치, 종교 등 생활의 모든 면에서 도움을 주었다.[40] 아리스토텔레스 학파의 여성들이 쇼올을 머리 위까지 올려서 착용하고 있는 모습은 역사를 통해서 전형적인 것으로 나타난다.[41] 아리스토텔레스 학파들은 비잔틴제국을 발전시키는 데 영향을 미쳤다. 고대 그리스 사회의 이념적 기초는 차후 비잔틴 성별의 구조가 되었고, 성별 관념론과 사회와 정부에 관한 헬레니즘 원리들은 서구사상과 사회적 기초가 되었다. 아리스토텔레스의 관점에 의하면 결혼의 기본적인 목적은 재생산이었다. 여성에게는 땅의 구입이나 판매가 허락되지 않았으며, 시장에 가서 손수 구입하는 것이 허락되지 않았다. 땅은 조상의 선물로서 여성에게 상속되나 남성보호자에 의하여 관리되어야 했다. 여성들은 쇼올을 머리에 착용했으며 그들의 침묵과 복종이 찬양을 받았다.[42]

아메드(Ahmed)는 특별히 미카엘 프셀로스(Michael Psellos)[43]가 쓴 초대교회의 관념에 대한 글에 나타나 있는 문화적 기후를 언급하고 있다. 베일 착용과 몸을 가리는 것에 대하여 프셀로스는 몇 가지 상황을 말하고 있다. 그 중의 하나는 딸의 장례식에서 처음으로 남자 앞에서 베일을 올린 여인의 예에서 나타난다. 그녀는 손까지 덮을 정도로 강박적으로 육체를 숨기고 있었다. 또 10세기 비잔

---

39) 640년경 아랍인이 비잔틴과 사산제국을 침략했을 때부터 이후 수세대 동안 이 중심지들은 중요성을 더해갔다. 시리아의 그리스도인들은 9세기에 아바스 왕조의 7번째 칼리프인 알 바문이 바그다드에 새로운 이슬람 제국의 학문 중심지를 세웠을 무렵 지식인 계급을 이루고 있었다. 그때 시리아 학자들은 아리스토텔레스의 저작 대부분을 입수 번역했으며, 아랍어로도 번역했다. 9세기 아랍인 알 칸다는 처음으로 아랍어를 사용하여 아리스토텔레스 개설서를 썼다. 10세기에 투르크(터키) 이슬람교도 알 파라비는 더 전문적인 연구를 통해 논리학 서적을 해설했고 철학과 이슬람교 사이의 관계를 정립하려 했다. 그러나 아리스토텔레스 사상이 아랍 문화의 필수부분이 된 것은 이븐 시나와 아베로에스(12세기)의 저작을 통해서였다. 『브리태니카 세계대백과사전』, "아리스토텔레스주의" 항목.
40) 블랑쉬 페인, p. 107.
41) Ibid., p. 113.
42) Fadwa El Guindi, p. 18.
43) 11세기 비잔틴 작가이며 정계 인사.

틴시대에는 딸이 목욕을 갈 때 어머니가 딸에게 베일을 착용시켜 샤프론(여성의 보호자)과 함께 보냈다. 여성의 복식은 동시대 남성의 복식을 그대로 모방하였다. 여성의 겉옷은 사용된 천의 폭에 따라 벨트를 할 수도, 하지 않을 수도 있었다. 여성은 길다란 천으로 만든 베일을 착용한 것으로 묘사되어 있는데, 뒤로 넘겨 늘어뜨리거나 앞으로 내려 팔뚝 위에 걸치기도 했다.[44] 머리 장식은 비잔틴 여인들의 가장 눈에 띄는 장신구였다. 4세기말에는 타이어와 같은 롤 위에 부드럽고 둥근 왕관을 얹은 터번 모양이 되었으며 머리를 완전히 감쌌다. 보석으로 장식된 왕관은 그녀의 고상함을 더해 주며 동시에 발목까지 내려오는 움직이는 길고 흰 베일을 안정되게 하였다.[45]

비잔틴 시대는 청교도의 영향으로 육체적인 것보다 영적인 것에 관심을 가졌으며, 육체를 드러내지 않기 위하여 여성들은 베일로 몸을 가렸다. 이러한 비잔틴 시대의 관행은 후에 이슬람 문명의 전통을 형성하는 데 깊은 영향을 끼쳤다.

(7) 남자 베일의 역사

여성의 베일에 대하여 본 논문은 중점을 두고 있지만, 베일이 여성의 전유물만이 아니며, 역사적으로 과거와 현재에도 남성들이 베일을 착용하고 있다는 것을 인식시키고자 매우 간략하게 서술하고자 한다. 베일을 여성의 현상만으로 고립시키기보다는 남녀 둘 다의 머리나 얼굴 가리개로 보는 것이 더 생산적이다. 이집트의 제16왕조 때부터 왕자들은 넓고 투명한 천으로 된 베일을 착용했는데, 몸통 둘레에 길게 늘어뜨리고 목에서 한 번 매듭을 지어 묶었다. 이 길고 헐렁한 옷은 왕족의 하이크(haik)로 알려졌다.[46]

메소포타미아 평야 이외의 이란, 이라크, 사우디아라비아, 터키, 파키스탄의 대부분 지역은 고원과 사막으로 이루어졌다. 사막성 기후는 건조하며 밤낮의 기온 차이가 매우 심하다. 생활 방식은 유목으로 거친 풍토에 대항하며 투쟁적 문화를 이룩하였다. 이런 자연 환경 하에서 남성의 터번과 여성의 베일은 사막의

---

44) J. 애더슨 블랙 & 매쥐 가랜드, 『세계패션사』, 윤길순 역(서울: 자작 아카데미, 1997), p. 92.
45) 블랑쉬 페인, p. 153.
46) J. 애더슨 블랙 & 매쥐 가랜드, p. 42.

모래 바람, 낮의 햇빛, 밤의 추위를 막기 위하여 발달되었다. 햇볕이 몹시 따갑고 모래바람이 수시로 불어대므로 천으로 얼굴과 몸을 가리는 것이 자신을 보호할 수 있는 가장 경제적이며 효과적인 방법일 수 있다. 이런 이유로 남자들은 터번으로 머리에 천을 둘렀다.[47]

남자들이 메카에 갈 때 그들은 머리를 밀고 이쓰람(ithram)[48]이라고 부르는 흰옷을 입었다. 이러한 의식적인 옷은 이슬람 이전 아라비아 지역에 살았던 베드윈의 풍습에서 나온 것이다. 그러나 여성은 특별한 옷을 입지 않았다. 그들은 긴 옷을 입어 그들의 머리를 가리고 머리카락을 감추었으나 얼굴을 가리는 베일을 착용하지 않았다. 그러나 그들의 몸은 손목과 발목까지는 가려야 했다.[49]

남자의 터번 색깔은 십자군 운동 전에는 여러 색깔 흰색, 흑색, 노랑, 빨강이었다. 십자군 운동 이후에는 그리스도인은 청색, 유태인은 노랑, 무슬림은 검정이나 흰색을 사용하였다. 남자의 터번은 국기와 같은 상징적 역할을 하였다.[50]

아랍 자힐리야 시대의 시인들 아부둘 라만(Abdul Rahman), 와달(Waddah), 아부 자이드 알타이(Abu Zaid al-Ta'i), 알 마카리아 알킨디(Al- Makri'a al-Kindi)들은 그들 자신들이 축제에 참석할 때에 베일을 착용하였다. 남자들은 터번을 두름으로 그들의 얼굴과 입을 베일로 가리었다. 웨스터 마르크(Wester Marck 1926)는 베일로 가리는 이유는 '악마의 눈으로부터 보호하기 위하여' 라는 관점을 채택했다. 크라워리(Crawly)는 초기 아랍시대에 잘생긴 남자들은 악마의 눈으로부터 그들 자신을 보호하기 위하여 베일을 착용했다고 주장하였다. 그러나 하디스 어디에도 '여성이 악마의 눈으로부터 보호하기 위하여' 베일을 착용했다는 말은 없다. '악마의 눈'에 관한 이야기는 남성의 베일에 관하여서만 오직 관련되어 온 것 같다. 남성의 베일 착용에 관해 크라워리(Crawly), 벨하우젠(Wellhausen), 스트렌(Stren)은 악마의 눈으로부터의 보호로 보았으며, 자힐리야 시대 시인 주보우리(Jubouri)는 남자가 베일을 착용하고 대중적인 장소에 갔으며 전쟁터에서 싸움을 했다고 주장했다. 카브 빈 주바이르(Ka'b bin Zubair)

---

47) 권삼윤, 『차도르를 벗고 노르웨이 숲으로』(서울: 개마고원, 2001), p. 62.
48) 바느질한 옷감 두 쪽의 솔기(이음새) 없는 조각으로 만든다.
49) Glory E. Dharmaraj & Jacob S. Dharmaraj, p. 124.
50) Fadwa El Guindi, p. 106.

는 무함마드가 리트브마(litbma)를 터번 가장자리에 또는 얼굴에 베일을 착용하고 아침기도회에 참석하기 위하여 모스크에 도착하는 것을 보았다고 언급한다.[51]

그러나 무함마드 자신이 얼굴에 베일을 착용했다는 사실이 잘 알려지지 않았다. 무함마드는 아부 바크(Abu-Bakr)집에 도착했을 때에 베일을 하고 있었다. 이븐 아바스(Ibn Abbas)는 "무함마드가 그의 머리에 검정 터번을 하고 나왔다"고 말했다. 아나스 빈 매크(Anas bin Maik)는 "무함마드가 긴 외투의 끝자락을 머리에 둘렀다"고 말했다.[52] 또한 하디스에는 그가 옷으로 얼굴을 가리고 아이샤에 들어갔다고 기록하고 있다. 무함마드는 장인이 있을 때에는 그의 부인의 텐트에 들어갈 때에 베일을 착용했다.[53]

베일에 관하여 중요한 사실은 아랍 사회에서 남성의 베일 착용에 관한 분명한 증거가 있다는 점이다. 북아프리카의 베르베르(Berber)[54] 남자들은 베일을 착용했다는 것이 인류학자들에 의하여 알려졌다. 이슬람 이전 여러 세기 동안 적어도 아랍 남자들은 베일을 착용했다는 것이 명백하게 증명된다.

북아프리카 모로코의 투아레그(Tuareg)의 가장 구별되고 눈에 띄는 모습은 베일을 착용한 남자이다. 투아레그의 방언에서는 이것을 테겔모우스트(tegelmoust)라고 불렀다. 투아레그의 옷은 어깨부터 발목까지 내려오는 내복과 헐렁한 겉옷으로 구성되어 있다. 투아레그인들 사이에서 베일은 그룹의 한 일원이라는 표시이며 성숙했다는 표시이다. 17세가 되면 성숙한 젊은이로서 베일을 착용한다. 투아레그인은 베일을 생식기처럼 에로틱한 것으로 인식되는 입을 가리는 데 사용된다.[55] 베일은 남자들에 의하여 집에서, 여행할 때, 저녁과 낮, 밥을 먹을 때나 담배를 피울 때, 잠잘 때도 계속적으로 착용되었다. 투아레그인들은 음식을 먹을 수 있을 만큼만 베일을 위로 올린다. 왜냐하면 그의 입이 다른

---

51) Ibid., pp. 120-121.
52) Muhamand Muhsin Khan, *The Translation of the Meanings of Sahih Al-Bukhari*, Vol. VII.(Lahore, Pakistan, 1986), p. 469.
53) Fadwa El Guindi, p. 128.
54) 베르베르(Berber)란 고대 그리스인들이 이민족이라는 뜻에서 붙인 말로서 그들은 땅의 주인이란 뜻으로 '이마지겐'(imazighen)이라 부른다.
55) 수잔 카이저, 『복식사회심리학』, 김진구 감수, 김순심 외 3인 공역(서울: 도서출판 경춘사, 1995), p. 44.

이에게 보이는 것은 그의 신분의 낮음을 나타내는 것이기 때문이다. 그들은 그들의 입을 다른 사람들에게 보이면 존경받지 못한다고 생각하고 있다. 그러나 투아레그 여성들은 얼굴을 가리는 베일을 결코 착용하지 않는다. 투아레그 여성들이 얼굴을 가리는 베일을 착용하지 않는 이유는 얼굴을 가림에도 불구하고 서로 알아보기 때문이다. 베일을 착용한 개인들의 정체성은 몸짓과 몸의 다른 부분들을 통하여 나타난다. 베일은 투아레그인들 사이에 정교한 커뮤니케이션의 수단이 된다.[56] 투아레그족 어린이가 성인이 되면 받는 푸른색 베일은 평생 착용한다. 투아레그인의 베일 착용은 베일을 머리에 둘러 터번형태를 만들고 눈썹과 얼굴 부분을 가리며 식사시 들고 먹을 수 있도록 입쪽이 느슨하다. 다음의 사진들은 투아레그족 남성과 전형적인 베르베르인의 모습이다.[57]

오늘날 이슬람 국가에서 남성들의 베일 착용을 흔히 볼 수 있다. 사우디아라비아에서 목을 덮을 정도로 착용하는 남성들의 베일은 쿠피아(kufiyah) 또는

투아레그 남성

베르베르 남성

케피야라고 부르며, 요르단에서는 쉼마그(shimmagh)라고 부른다. 남성들의 베

---

56) Fadwa El Guindi, p. 124.
57) http://www.sfi.co.kr/Virtual_Libraries/Folklore/contents/Mor-II-A.html.

일은 지역에 따라 다르게 부르고 있다. 사우디아라비아에서 사우디 왕가는 빨간 점박이, 일반인들은 흰색 니트로 짠 타기야(tagiyah)를 쓰며 그 위에 구트라(ghutra)라는 넓은 사각형 베일용 스카프를 대각선으로 착용한 후 그 위에 아갈(agal)이라고 불리는 검정 끈을 두 줄로 얽어맨 것을 두른다. 이런 모습을 한 대표적인 실례는 팔레스타인(PLO)의 아랍파트 자치 정부수반을 들 수 있다. 검은 점박이 무늬가 있는 쿠피아를 착용한 그의 이런 모습을 텔레비전에서 흔히 볼 수 있다. 현대 무슬림 남성들은 서구식 정장을 입고 그 위에 쿠피아를 착용하기도 한다. 필자가 요르단 암만에서 홍해바다(Red Sea)까지 장거리 여행할 때 미니버스 운전사는 운전하는 동안 베일을 착용하지 않았지만 무슬림의 기도시간이 되면 여행 중에도 길거리에 버스를 세웠다. 사막을 가로질러 감으로 물이 없어 운전사는 기도 전에 모래로 손을 씻고 기도하기 위하여 베일(타키야와 구트라, 아갈)을 꺼내어 착용하였다.

튀니지의 남부 마트마타(Matmata)의 여름은 햇볕이 몹시 따가워 남자들은 외출시 모자가 달린 질레바를 입는다.[58] 아프가니스탄 남성들은 한쪽 끝을 길게 늘어뜨린 형태의 쿠피아의 변형을 착용하며 주로 탈레반은 종교적 엄숙함을 강조하기 위해 검은색을 주로 착용한다.

페즈(fez)는 챙없는 모자이다. 이 모자만 착용해도 되고 그 위에 터번을 두르기도 한다. 터키와 모로코 남성들이 주로 착용하며 말레이시아와 인도네시아의 남성모자도 페즈의 변형이다. 남성들의 터번은 천을 둘둘 말아 쓰며 주로 이란 남성들이 애용한다.

과거에 비하여 젊은 무슬림 남성들의 베일 착용이 줄어드는 것은 모자의 모양이 다양하게 발전하며 가격이 비싸지 않으므로 경제적 부담이 없으며, 젊은이들이 새로운 패션을 선호하기 때문이라 필자는 생각한다.

(8) 한국의 베일의 역사

베일 착용은 중동지역뿐만 아니라 전세계 여러 나라에서 사용하고 있는 현상이라고 앞에서 언급하였다. 한국의 베일은 모양이 달랐지만 예외는 아니었으며,

---

58) 필자는 1997년 여름 이집트, 요르단, 이스라엘을 방문하였으며, 2000년 여름 모로코, 튀니지, 터키 등을 방문하였다.

베일 착용이 일반적이었던 시절이 있었다. 한국에서 베일처럼 사용된 여성의 쓰개에는 너울, 면사(面紗), 장옷, 쓰개치마 등이 있다. 이것들의 형태적 특징과 착용 사례 등이 다양하나, 때로는 장옷을 쓰개치마 또는 덮치마라고도 했다. 이것들 중에 대표적으로 장옷에 대하여 간략하게 고찰하고자 한다.

장옷은 원래 왕 이하의 남자의 평상복이었으나 세조 때(1417-1468)부터 여자들이 입었으며 남자 장옷(장의)을 내외용으로 쓰게 되었다. 세조 2년 양성지의 상소문에 "대개 의복이란 남녀, 귀천의 구별이 있는 법인데 지금 여인들은 남자와 같이 장의를 입는 것이 유행"이라는 글이 있다. 장의와 두루마기 등을 입던 내외 법이 강화된 조선 후기에는 장옷을 머리에 착용하게 되었다.[59] 장옷은 조선 초기에는 서민 부녀들만 사용하였고, 후대에 오면서 사족(士族)의 부녀들도 착용하였다. 조선 후기에는 일반적으로 통용되었으나 개화기 이후 사용하지 않았다. 장옷은 반신을 감싸는 치마가 아니라 머리 위부터 둘러씀으로써 얼굴과 상반신을 가리는, 상체의 치마이다. 따라서 한복의 치마는 서양의 스커트와는 달리 싸는 문화의 대표적인 의상이라고 할 수 있다.[60] 이러한 장옷은 도학풍토(道學風土)의 정도에 따라 길이가 길어지기도 하고 짧아지기도 하여 때로 맥시화하고 미니화하였다. 안동, 의성 지방의 장옷은 타지방보다 더 길고, 해안 지방이나 관북 지방은 매우 짧아 치마의 길이가 가슴까지만 닿았다. 그러나 장옷은 한말 여성해방 운동 때에 처음으로 지탄의 대상이 되었다.[61]

4. 베일의 종교적 역사

유대교, 기독교와 이슬람교를 중심으로 종교와 관계된 베일 착용에 대하여 문헌을 중심으로 살펴보고자 한다.

(1) 요세푸스의 저작에 나타나 있는 베일 착용 관습
요세푸스는 그의 저서 『고대사』(Antiquities)에서 쓴 물 의식에 관한 내용을

---

59) 권오창, 『인물화로 보는 조선시대 우리 옷』(서울: 현암사, 2000), p. 124.
60) 김영숙 편저, 『한국복식문화사전』(서울: 미술문화, 1998), '장옷' 항목.
61) 오희선, 『재미있는 패션이야기』(경남 김해: 교학연구사, 2000), p. 63.

제공해 주고 있다. 요세푸스는 그의 작품 제1판을 예루살렘 성전 파괴 후 20년이 훨씬 지난 시기인 A.D. 93-94 사이에 출간했다. 본 장의 주제와 연관되어 있는 구절은 다음과 같다.

> 제사장 중 하나가 (의심받고 있는) 여자를 성전을 향한 문에 세우고 머리에서 베일 (히마티온)을 벗긴 후에 가죽(양피지) 위에 하나님의 이름을 새겨 넣는다. 그런 연후에 그녀가 남편에게 잘못을 행하지 않았다는 맹세를 외치게 한다….[62]

요세푸스의 기록은 민수기 5장의 규례에 나오는 여러 가지 요소들에 대하여 언급하지 않는다. 예를 들어 그는 민수기와 다른 기사들에 기록된 머리카락을 푸는 것에 관해 언급하지 않고 있다. 그러나 여기에 언급된 여자의 머리에서 벗겨진 의복이 로마의 파라와 직사각형의 쇼울인 히마티온이다. 그러므로 요세푸스의 본문은 얼굴을 가리는 베일이 아닌 머리 위에 착용하는 베일을 말하는 것이다.

(2) 탈무드에 나타나 있는 베일 착용 관습

탈무드는 B.C. 300-A.D. 500년 사이에 쓰여진 것으로 구약성경의 주석이다. 바벨론 탈무드는 대체로 A.D. 5-6세기 말엽에 완성되었다. 탈무드는 히브리어 원문인 미쉬나(Mishna)와 히브리 원문의 아람어 주석인 게마라(Gemara) 부분으로 되어 있다. 미쉬나의 "소논문들"은 A.D. 2세기 말경 족장이었던 랍비 유다(Judah)가 집대성한 유대인의 생활 규칙들의 요약을 담고 있다. 그의 가르침의 대부분은 앞선 시대의 것이었으며, 어떤 규정들은 A.D. 70년의 성전 파괴 이전이나, 아마도 예수님 시대 이전에 생겨난 것들이다.

미쉬나는 일곱 군데에 걸쳐서 베일과 머리카락에 대해 언급하고 있다. 미쉬나는 베일을 착용하는 관습에 관해서는 분명하게 이야기하고 있지는 않으나, 결혼한 여자의 머리 모양이나 베일에 대해서는 진지한 관심을 나타내고 있다.[63] 이것은 그 시대의 관습에 대한 부분적인 통찰을 주고 있다. 미쉬나는 베일을 머리에 착용하지 않고 외출하는 것을 유대 관습을 범하는 예로서 들고 있다. 미쉬나의

---

62) H. St. Thackeray, trans., *Antiquities*, iii(London, 1930), p. 270; 제임스 헐리, p. 402. 재인용.
63) Ibid., p. 403.

관점에 의하면 머리에 베일을 착용하지 않고 외출하는 것은 모세오경보다는 유대인의 관습을 범한 것이다. 이것은 탈무드의 관점과 비교해 볼 때 특히 중요하다. 미쉬나의 내용을 인용한 후 탈무드는 다음과 같이 언급하고 있다.

> 머리에 쓰지 않고 밖에 나가는 것을 금하는 규정은 모세오경에 근거한 것인가? 민수기 5:18에는 '그리고 그는 그 여자의 머리를 벗길 것이며'라고 기록되어 랍비 이스마엘 학파(The School of Rabbi Ismael)의 가르침은 이스라엘의 딸들에게 맨머리로 나가지 말라고 경고하고 있다. 하지만 모세오경에 의하면(만일 그녀가 바구니로 가려져 있다면) 그것은 문제가 안 된다. 그러나 유대인의 관습에 따르면 머리에 바구니를 얹었더라도 머리에 쓰지 않은 채 외출하는 것은 금하고 있다.[64]

(3) 성경에 나타나 있는 베일

베일 착용에 관하여 구약을 중심으로 고찰하여 보고자 한다. 창세기 12장에서 사라는 애굽에 들어갈 때 아름다운 여성으로 묘사되어 있다. 이를 통해 사라가 얼굴과 온 몸을 두꺼운 베일로 가리우지 않았다는 것을 알 수 있다. 아브라함의 종이 우물가에서 리브가를 만났을 때에도 동일한 사실이 나타난다. 리브가는 베일을 착용하지 않았으므로 그녀의 아름다움이 자연스럽게 노출되었다(창 24:16).[65] 야곱이 라헬의 언니 레아보다 그녀의 곱고 아리따운 모습 때문에 사랑했던 사실을 통해서 레아 역시 베일로 얼굴을 가리지 않았음을 추정해 볼 수 있다(창 29:17, 18). 엘리는 사무엘의 어머니 한나가 실로에서 기도하는 중에 입술이 움직이는 모습을 볼 수 있었다(삼상 1:12, 13). 만일 사라와 리브가가 온 몸을 베일로 감싸고 있었다면 아리따운 모습이 나타날 수 없었고, 한나가 베일을 착용하고 있었다면 엘리 제사장은 한나가 기도하는 중에 그녀의 움직이는 입술을 볼 수 없었을 것이다.

그러나 위의 여인들이 일상생활에서 베일을 착용하지 않았다고 해서 이스라엘에 베일을 착용하는 관습이 없었다고 단정하여 말하기는 어렵다. 리브가는 아브라함의 종으로부터 이삭이 마주 오고 있었다는 사실을 들었을 때 면박(베

---

64) Ibid., pp. 404-405.
65) 창세기 24:16 "그 소녀는 보기에 심히 아리땁고 지금까지 남자가 가까이 하지 아니한 처녀더라 그가 우물에 내려가서 물을 그 물 항아리에 채워가지고 올라오는지라."

일)을 착용하고 스스로를 가렸다(창 24:65).[66] 리브가가 처녀로서 낯선 남자를 만나는 것에 대한 부끄러움과 정숙함과 겸손의 표현으로 면박으로 가리웠음을 짐작할 수 있다. 또한 이사야는 당시의 풍습은 아니었다 하더라도 교만하고 부유한 예루살렘 여성들을 비난하면서 그들에게 면박(베일)을 벗을 것을 요구하였다(사 47:2).[67]

그러나 본문에 보면 여성들은 일부러 베일을 벗고 다니기도 하였다. 왜냐하면 베일 속의 장식들을 나타내고 싶었기 때문이다. 어쨌든 이사야가 언급하고 있는 베일은 관습 때문이 아닌 장식용이었을 것이다.[68] 이와 같이 구약의 실제적인 증거를 고려해 볼 때, 구약성경 전체에 베일을 통한 여성 격리에 대한 명령이나 요구는 찾아볼 수 없다. 구약에 나오는 여자들의 얼굴은 일반적으로 남자들에게 노출되었다. 이 사실을 통해 그들은 이슬람교도들과는 다른 종류의 베일을 착용하고 있었음을 추론할 수 있다. 그러나 유다에게 매춘 행위를 한 다말의 경우는 유일한 예외이다(창 38:14, 15).[69] 그녀가 손님을 유혹하기 위해 길가에 앉아 있을 때, 그녀의 얼굴이 가리웠으며, 유다는 그녀를 보고 매춘부로 알았으며 성관계를 가졌지만 그녀의 얼굴을 보지 못하였다.

구약은 베일 착용에 대하여 어떤 규정도 언급하지 않고 있다. 이 같은 사실

---

66) 창세기 24:65 "종에게 말하되 들에서 배회하다가 우리에게로 마주 오는 자가 누구뇨 종이 가로되 이는 내 주인이니이다 리브가가 면박을 취하여 스스로 가리우더라."
"For she had said unto the servant, What man is this that walketh in the field to meet us? And the servant had said, It is my master: therefore she took a veil, and covered herself"(King James Version); "and saked the servant, Who is that man in the field coming to meet us? He is my master, the servant answered. So she took her veil and covered herself"(New International Version).
위의 영어성경에서 Therefore와 So는 그런 까닭에, 그 결과, 그래서 등으로 리브가가 이삭을 만나기 전에 면박(veil)을 취한 것이 아니고, 이삭을 알아본 후에 면박을 취한 것을 의미한다.
67) 이사야 47:2 "맷돌을 취하여 가루를 갈라 면박을 벗으며 치마를 걷어 다리를 드러내고 강을 건너라."
68) 『기독교대백과사전』(서울: 기독교문사, 1982), "베일" 항목.
69) 창세기 38:14, 15 "그가 그 과부의 의복을 벗고 면박으로 얼굴을 가리고 몸을 휩싸고 딤나 길 곁에 나임 문에 앉으니 이는 셀라가 장성함을 보았어도 자기를 그의 아내로 주지 않음을 인함이라 그가 얼굴을 가리웠으므로 유다가 그를 보고 창녀로 여겨."

은 여자들의 베일 착용 행위가 일반적인 것이 아니었음을 증거하는 것이다. 또한 실제로 베일 착용은 성경의 요구라기보다는 관습의 문제였다.

(4) 이슬람의 베일 착용 배경

아랍 문화 밖에서 오랫동안 베일이 존재하여 왔던 증거가 확실히 보여지고 있음에도 불구하고, 사람들은 일반적으로 베일을 아랍여성이나 이슬람과 더 관계가 있는 것으로 알고 있다. 현재까지 살펴본 대로 이슬람이 베일을 착용하는 관습을 고안하거나 소개하지 않았으며, 남녀가 베일을 착용하는 것은 이슬람 이전에 존재했었다. 이슬람의 베일 착용에 관한 역사적 배경에 대하여 여러 가지 이야기가 있다.

그리스-로마 제국의 영향이 미치지 않았던 아라비아 여자들은 무함마드의 부인들이 외적인 영예의 표시로서 베일을 두르라는 지시를 받기 전까지는 베일을 착용하지 않았다. 베일이 채택된 제도는 아랍인들이 정복으로 접촉케 된 신대륙, 즉 비잔틴(동로마제국)[70]과 페르시아 관습의 영향을 받아 발전된 것이다.[71]

베일의 계시와 관련된 꾸란 33:53에 대한 해석은 여러 가지가 있다.

첫 번째, 무함마드의 부인들은 무함마드가 무슬림들을 위하여 메디나안에 첫 번째로 설립한 모스크 안뜰 지역에 거주하고 있었다. 그의 부인들의 집들은 모스크 한쪽 옆에 있었는데, 그 중에 아이샤(Aisha's)의 오두막집은 모스크의 입구에 있었다. 움 살라마흐(Umm Salamah)는 모스크에 가는 사람들과 아시야 사이에 장벽을 만들기 위하여 그녀의 집에 칸막이 스크린(screen)을 세웠다. 이 하디스가 널리 퍼진 이유는 무함마드와 함께 하였던 아나스 이븐 말리크(Anas Ibn Malik)가 히즈라 90년, 또는 이후까지 살았기에 다음 세대들에 접촉하게 되었기 때문이다.

두 번째, 우마르(Umar, 무함마드의 동역자, 2대 정통 칼리프)의 손이 식사시간 동안 무함마드의 부인들 중에 한 명의 손에 닿았으며, 그 결과로 베일이 규정되었다.

세 번째, 아이샤의 또 다른 전승에 의하면, 밤에 그녀와 사우다(Saudah, 무

---

70) 비잔틴의 수도는 오늘날 터키의 이스탄불이다.
71) 전완경, 『아랍의 관습과 매너』(부산외국어대학교출판부, 1999), p. 122.

함마드의 부인)가 나갔다. 키가 큰 사우다를 우마르가 알아보고 큰 소리로 그녀를 부른 후에 베일 구절이 계시되었다.[72]

네 번째, 무함마드와 자이납 빈트 자흐쉬(Zainab bint Jahsh)의 결혼식 축제 후에 방문객들이 자이납(Zainab)의 집에 오래 머물러 있었다. 자이납과 함께 하고 싶어 했던 무함마드의 인내심은 한계에 다다랐고 그는 인내심을 갖고 방문객들이 떠나기를 그의 다른 부인들 집에서 기다렸다. 그가 다시 자이납의 집에 방문했을 때에 방문객들은 여전히 남아 있었고 그는 다시 다른 부인의 집에 갔다. 그가 다시 자이납의 집에 돌아왔을 때에 그들이 떠났으며 그 후 베일에 대한 계시가 내려왔다는 것이다.[73] 이 결혼식은 히즈라 5년에 있었다. 네 번째 해석에 근거하여 대부분 이슬람 학자들은 베일이 히즈라 5년에 계시되었다고 본다. 당시는 불안한 시대였으므로 긴 가운으로 온 몸을 두르거나 망토로 목과 가슴을 덮도록 하였다. 그 이유는 여성의 자유를 제한하려는 것이 아니라 그 시대 아라비아의 상황 아래에서 위험과 방해로부터 여성들을 보호하고자 하였던 것이다. 동서 고금을 막론하고 모든 남녀에게는 위엄과 구별됨의 표시로써 항상 공적인 자리에서 입는 복장이 분명히 정해졌다.

무함마드의 생애 후반기에 그의 부인들은[74] 베일을 착용하도록 명령되었으나 후에는 베일 착용이 무함마드 부인들의 특별한 지위를 강조하기 위하여 사용되었다. 그러나 무함마드 죽음 이후 이슬람이 확장된 중동 전지역에서 다른 종교적 문화의 상류층 여성들이 하는 것처럼 모든 무슬림 여성들도 정숙과 경건함의 표시로서 베일을 착용하기 시작했다. 이미 여러 무슬림 공동체에서 소녀가 8-9살이면 베일을 착용하도록 격려하고 있다.[75]

초기 이슬람 법률을 인용하면서 모하메드 나스리 알 딘 알바니는 초기 이슬람 지배자들이 아일 알 드마(무슬림 지배하의 비무슬림들)에 대한 규정을 만들었다고 말하였다. 비무슬림들의 아내는 존경받는 무슬림 여인과 같은 복장을 할 수

---

72) Fadwa el Guindi, pp. 153-154.
73) Muhammed Ismail Memon Madani, p. 7.
74) 무함마드는 그의 첫 번째 부인 카디자가 살아 있는 동안은 일부일처로 살았다. 그녀가 죽은 후에 11명의 부인을 더 두었다. 그들 중에 아시야(Aishah, 첫 번째 칼리프 아부 바크르의 딸)만이 처녀였고 그 외는 미망인이나 이혼녀였다.
75) Glory E. Dharmaraj & Jacob S. Dharmaraj, p. 255.

없었다. 다리가 드러나는 옷을 입어야 하였고 머리를 드러내야만 하였다.[76)]

오늘날 베일 착용이 19세기 전보다 더 광범위하게 확산되게 되었다. 베일이 식민지 시대에 이슬람 사회들의 상징으로서 촉진된 이후 무슬림들은 알라의 이름으로 베일을 정당화하였다.

---

76) Khalf Al, *Hijab*(Cario, Egypt: Sana' Al Masri Sinai Publishing House, 1989), p. 98.

제4장
베일에 대한 이슬람의 이해

헬라, 유대, 비잔틴, 발칸, 아랍 문화에서 체험된 베일 착용은 북지중해 연안에서 구별된 기능, 특징적 의미를 가진 것으로 이슬람에서 발전되었다. 그 발전과정에서 이슬람 학파들과 학자들은 베일 착용에 관계된 꾸란·하디스·샤리아를 다양하게 해석하였으므로 이것들을 고찰하고자 한다.

1. 자힐리야 베일에 대한 고찰

자힐리야(Jāhilīyah) 여성의 위치와 문헌을 통하여 그 당시의 사회를 이해하고자 한다. 이것은 무슬림 여성의 베일착용의 발전과정을 이해하는 데 기초가 된다.

(1) 자힐리야 여성의 위치

이슬람 이전의 아랍 사회(자힐리야) 시대에서 여성의 지위를 결정하기는 어렵다. 아랍초기 전통에서 여성은 부족과 가족에게 큰 영향을 주는 것으로 나타난다. 그 당시 일부 부족 중에서 딸이 태어난 것은 자주 불행과 수치로 간주되었으며 딸보다 아들을 선호하였다(꾸란 16:57). 이런 태도에는 그럴 만한 이유가 많이 있다. 첫 번째 이슬람 이전 시대에는 늘 부족 상호간에 전쟁이 있었다. 부족을 방어하기 위해서 남자들이 필요했고 결과적으로 남성들은 여성보다 우선했다. 이런 이유로 여성에게는 어떤 재산도 상속되지 않았다. 그 이유는 여성들은 말을 타지도 않았고 전투에도 참여하지 않았기 때문에 어떤 노획물도 얻지 못했다. 또한 상대 부족들은 무거운 배상금으로 염소와 낙타 등을 거둬들이기 위해 포로로 잡힌 여성을 감옥에 가두었고 배상금을 가져오지 않으면 살해했다. 두 가지 경우 다 여성들은 부족에게 부담이 되었다. 때문에 아랍인들은 딸을 명백한 자원 낭비로 여겼다.

딸을 싫어한 또 다른 이유는 만약 딸이 살아 있다면 그녀를 어떤 남자와 결혼시킴으로써 친정과 멀리 떨어진 곳에 가서 살게 해야 하는데, 그 자체가 아랍인들에게는 문제가 되었다. 특히 미개한 시대에 귀족과 족장들은 '장인'이라 불리는 것을 수치로 여겼다. 그러므로 이런 재난을 피하는 가장 간단한 방법은 갓 태어난 여자아이를 태어나자마자 죽이거나, 산채로 매장하였고 이것이 관습이 되었다(꾸란 16:58, 59, 꾸란 81:8, 9). 이외에도 여자아이를 언덕 꼭대기에서 떨어뜨려 죽이기도 하였다.[1]

어떤 학자들은 여아살해를 아라비아에서 희생의 기본적인 형태가 실행된 것으로 보기도 한다. 다른 학자들은 아버지들이 딸들이 다른 부족들의 첩이나 신분이 낮은 신분의 사람들의 아내가 되는 것을 두려워하여 딸들이 살아 있을 때에 매장했다고 생각하기도 한다.[2] 꾸란은 유아 살해에 대해 16:60; 81:8; 6:152; 17:33에서 언급하고 있다.

또 다른 이유는 그 당시 아랍 지역의 일반적인 상황인 가난이었다. 아랍 지역에서 대부분의 거주지는 모래사막 가운데에 있었기 때문에 그들은 매우 생활이 어려웠다. 그들은 소녀들을 그들의 빈약한 자원을 낭비하는 존재로 여겼다. 그러므로 소녀들을 살아 있도록 할 필요가 없었다. 부모가 너무 가난하여 딸은 양육할 수 없거나, 그들이 더 큰 가난에 빠질까봐 두려워하는 부모에게 가장 좋은 방법은 그들이 갓난아이일 때 죽이는 것이었다(꾸란 6:152; 17:31).

아랍 역사에 의하면, 이 끔찍한 관습이 바니 아사드(Bani Asad) 부족에 의하여 처음 채택되었다. 후에 바누 라비아(Banu Rabyia), 바누 쿤다(Banu

---

1) Malik Ram Baveja, *Women in Islam*(India: Renaissance Publishing House, 1988), pp. 1-3.
2) Glory E. Dharmaraj & Jacob S. Dharmaraj, p. 223.

Kunda)와 바누 타민(Banu Tamin)의 귀족들이 따라서 행했다. 불행하게도 이 악한 실행이 귀족들에게만 한정되지 않았고, 하류 계층에게까지도 널리 행해졌다. 점성가들과 종교 지도자들은 여자아이는 치욕의 원인이므로 살아 있도록 허락해서는 안 된다고 선포하였다. 하류층의 사람들은 기꺼이 이 일을 동의하지 않았지만 그들의 상전들을 모방했다. 결국 아이들을 죽이는 풍습은 아랍 전체에 널리 퍼졌다.[3]

이슬람 이전 아라비아 도시 여성들은 베일을 착용했다. 이런 관습은 메카에서도 일반적이었다. 여성노예들과 성장한 여성들은 그들의 얼굴을 가리지 않고 카바 주위에 모인 군중들에게 그들을 보였다. 성장한 여성들은 적당한 중매쟁이를 만난 후에 베일을 다시 착용했다.

(2) 자힐리야 문학에 나타난 베일

자힐리야 시대 시리아와 팔레스타인 지역과 인접한 도시의 특정 계급 여성들 사이에서 비잔틴과 사산 제국의 영향을 받아 베일이 사용 된 것으로 전해진다.

베일은 부계사회에서 존중받는 여성과 그와 반대로 사회적으로 낮은 계층의 여성을 구별하기 위한 것이지, 상류사회에 소속된 여성을 표시하기 위한 것이 아니었다. 베일은 여성이 남편의 보호 하에 있다는 것을 나타내는 것이었다. 성장한 딸이나 여성 노예들은 그들의 얼굴을 가리지 않고 카바 주위에 모인 군중들에게 그들을 보였다가 결혼한 후에 여성은 베일을 다시 착용했다. 자힐리야 시인들 가운데도 임루 알 까이스, 아이샤, 따라파 같은 시인들의 시에는 베일을 착용하지 않은 여성이 묘사되어 있으나, 안타라나 라비드 같은 시인들의 시에는 남성과 격리된 베일 속의 여인이 주로 묘사되었다. 큰 불행이 닥칠 경우, 베일을 착용한 여성들조차 슬픔을 주체하지 못하고 베일을 벗었던 사실이 쿨라임(Kulaib)에 대한 무할힐의 애도시에 나타난다. 전쟁에서 패배가 확실해질 때, 여성들이 포로로 잡힐까봐 베일을 벗고 여종으로 가장하였다는 기록은 당시 여종들이 베일을 착용 않았다는 것을 증거해 준다.[4]

자힐리야 시대의 베일에 관한 많은 이야기는 시와 소설에서 찾아볼 수 있다.

---

3) Malik Ram Baveja, p. 4.
4) 조희선, 『아랍문학의 이해』(서울: 명지 출판사, 1999), p. 122.

『노래의 시』⁵⁾에는 꾸라쉬와 키나나(Kinanah) 부족 젊은이들이 오카즈 시장에서 아미르('Amir) 부족의 처녀에게 베일을 벗으라고 희롱함으로써 양 부족 사이에 전쟁이 일어났다는 내용이 있다. 이 시대의 시에 베일을 착용한 신비로운 여인에 대한 묘사가 자주 등장한다. 또한 여성을 애도하는 시에서 부족원들에게 복수를 촉구하며 만약 복수하지 않을 경우 여자처럼 베일을 착용하고 다녀야 한다는 내용에서 당시 여성들의 베일을 사용했다는 것을 알 수 있다. 자힐리야 시대의 자유인 여성들은 지역과 부족에 따라 베일을 착용하기도 하고 또는 착용하지 않기도 하였다.⁶⁾

(3) 자힐리야 이후 문학에 나타난 베일

히즈라⁷⁾ 2세기에 알-무하드달 무바마드(Al-Mufaddal B-Mubammad)가 편집한 아라비아 시집인 『무하달리얄』(*Mufaddaiyal*)에서 베일은 기나(gina), 히마르(himar) 혹은 나시프(nasif)라고 불렸다. 그 베일은 백색(白色)일 수도 있다고 여겨지는데 왜냐하면 시인이 노년의 머리카락을 연상하기 때문이다.⁸⁾ 좋은 가문의 여자들은 결혼 적령기가 되자마자 베일을 착용했다.⁹⁾ 한 시인은 자신의 여자 친구를 "히마르를 착용한 여자들 중에서 가장 아름다운 여자"로 노래하고 있으며, 주석은 "즉 여자들 중에서 가장 아름다운 여자"라고 해석하였다.¹⁰⁾ 또한 소설 속에 "정숙한 여자는 기나를 흐트리지 않고 조용히 걷는다. 베일과 가마는 좋은 가문의 여자들에게 강요하는 엄격한 울타리인 동시에 배려의 증거가 된다"¹¹⁾는 문장이 있다.

9세기 아랍 송가집인 『키타브알-아가니』(*Kitab al-Aghani*)에 있는 두 가지

---

5) Ibid., p. 123.
6) Ibid.
7) A.D. 622년 무함마드가 메카에서 메디나로 이주한 것을 말한다. 이날을 '헤지라'(Hegira) 혹은 '히즈라'(Hijrah)라고 하는데, 이슬람에서는 이를 기원 1년으로 삼는다. 예를 들어, A.H. 200이라는 말은 히즈라로부터 200년 되는 해가 된다.
8) Rabi'ah b. Maqrum, 6세기 초, M. XXXIV p. 3. 홍나영, p. 46. 재인용.
9) Mu'aawiyah b. Malik, 6세기, M. CV. 4. Ibid.
10) Al. Marrar, 7세기 초, M. XVI 62. Ibid.
11) Vaux, R. de(1935), 401-2. Ibid.

시를 보면 여러 부류의 반란자들과 종파, 정치적 파벌, 그리고 때때로 개인에 의해 시가 선전용으로 이용되었음을 알 수 있다. 이것은 최초의 상인의 노래인데 그 내용은 다음과 같다.

> 한 상인이 베일을 착용하고 쿠파에서 메디나로 왔다. 그는 다른 것은 다 팔았는데 검은 베일은 아직 남아 있었다. 그는 알-다리미라는 친구에게 이 사실을 불평했다. 그 당시 알-다리미는 수도자가 되어 음악과 시를 멀리한 상태였다. 그는 상인 친구에게 말했다. "걱정하지마. 내가 너를 위해서 그것들을 팔아주겠어. 너는 모두 팔게 될 거야." 그리고 나서 그는 이런 시를 지었다. "검은 베일을 착용한 사람에게 가서 물어보라. 경건한 수도승을 위해서 당신은 무엇을 했는가? 그는 이미 예배를 드리기 위해서 그의 의복을 차려입었다. 당신이 사원의 문가에 있는 그 앞에 나타났을 때, 그는 이것을 음악에 맞추었고, 문관인 시난도 이것을 음악에 맞추었다." 이 시는 인기를 얻었다. 사람들이 "알-다리미가 다시 그의 수도직을 포기했다"고 말하자, 메디나에서 검은 베일을 사지 않은 품위 있는 여자는 없었으며, 그 이라크 상인은 그가 가지고 있던 모든 물건을 다 팔았다. 알-다리미가 이 말을 듣고, 그의 수도 생활로 돌아와서 그의 여생을 사원에서 보냈다.[12]

2. 베일 착용에 대한 꾸란의 해석

꾸란에 의하면 베일은 이슬람에서 알라(하나님)가 사람들에게 그의 메시지를 전달하는 세 가지 방법, 즉 '계시, 선지자, 베일' 중의 하나이다: "하나님의 말씀은 인간을 통해서가 아니라 계시(inspiration)를 통해서 또는 가리개(veil) 뒤에서 사자(messenger)를 통하여 계시되었으며, 이는 그분께서 뜻을 두고 허락하신 것이라 실로 그분은 높이 계시며 지혜로운 분이시라"(꾸란 42:51).

꾸란에서 '베일'(히잡, hijab)은 일곱[13] 번 언급되지만, 여성의 옷에 관계되어

---

12) 버나드 루이스, 『중동의 역사』, 이희수 역(서울: 까치글방, 2000), pp. 275-276.

13) Muhammad Fuwaad 'Abd al-Baaqii, al-Mu'jam al-Mufahras li-'AlfaaZ al-Qur'aan al-Kariim bi-Hashiyat al-MuShaf al-Shariif(Cairo: Daar al-Hadith, 1988) s. v "Hijaabun", "Hijaaban"; B. Lewis, V. L. M̈nage, Ch. Pellet and J. Schacht, *The Encyclopaedia of Islam*, new edition, Vol. III.(London: Luza & Co, 1971) "Hijab," 항목. 히잡(hijab)이 나오는 꾸란 구절 7:46, 33:53, 38:32, 41:5, 42:51, 17:45,

베일을 언급한 구절은 오직 한 구절(꾸란 33::53)이다. 꾸란 33:53은 쿠르드족 무슬림 여성[14]을 제외하고 전세계 무슬림 여성들에게 지대한 영향을 주며, 이에 따라 세계 이슬람권 나라의 많은 여성들은 베일을 착용하고 있다.

이슬람에서 베일 착용에 대한 꾸란의 해석은 다양하다. 그 이유 중에 하나는

19:17이다. "꾸란" 영문 꾸란은 Abdullah Yusuf Ali, *The Quran*(New York, Tahrike Tarsile Qur'an, Ine. 1997)을 사용하였다.

꾸란 7:46 "그들 사이에 베일이 있고 천국의 사람과 지옥의 사람들을 상징으로 아는 이들이 높은 곳에 있으니 이들은 천국의 사람들에게 그대들 위에 평온함이 있으니라 말하나 그들은 천국에 들지 않고 그들도 들어가길 원하더라."

꾸란 33:53 "믿는 자들이여 예언자의 가정을 들어가되 이때는 식사를 위해 너희에게 허용되었을 때이며 식사가 완료되기를 기다려서는 아니 되노라. 그러나 너희가 초대되었을 때는 들어가라 그리고 식사를 마치면 자리에서 일어설 것이며 서로가 이야기를 들으려 하지 말라. 실로 이것은 선지자를 괴롭히는 일이라 예언자는 너희를 보냄에 수줍어 하사 하나님은 진리를 말하심에 주저하지 아니하심이라. 그리고 너희는 선지자의 부인으로부터 무엇을 요구할 때 가림새(screen)를 사이에 두고 하라 그렇게 함이 너희 마음과 선지자 부인들의 마음을 위해 순결한 것이라. 너희는 하나님의 선지자를 괴롭히지 아니하도록 처신하라. 너희는 이 부인들과 결혼할 수 없노라 이것은 실로 하나님 앞에 큰 죄악이라."

꾸란 38:32 "그가 말하기 실로 나는 나의 주님을 염원하는 것같이 그것을 사랑했으니 태양이 밤의 베일 속으로 숨을 때까지였더라."

꾸란 41:5 "말하길 우리의 마음이 닫혀져 있어 그대가 초대하는 것이 우리에게 이르지 못하며 우리의 귀가 막혀 이해하지 못하니 우리와 그대 사이에는 장벽(veils)이 있도다. 그러므로 그대는 그대의 일을 하라 우리는 우리의 일을 하리라 말하더라."

꾸란 42:51 "하나님이 말씀으로 보낸 것은 인간을 통해서가 아니라 계시를 통해서 또는 가리개(veil) 뒤에서 사자를 통하여 계시되었으며 이는 그분께서 뜻을 두고 허락하신 것이라 실로 그분은 높이 계시며 지혜로운 분이시라."

꾸란 17:45 "그대가 꾸란을 낭송할 때 하나님은 그대와 내세를 믿지 않는 자들 사이에 보이지 않는 베일을 두었노라."

꾸란 19:17 "그들이 보지 아니하도록 그녀가 얼굴을 가리었을 때 하나님이 그녀에게 천사를 보내니 그는 그녀 앞에 사람처럼 나타났더라."

14) 고대에서부터 현대까지 많은 사회가 그들의 여성이 베일을 착용해 오고 있는 것을 가치 있게 기억하고 있다. 얼굴을 가리는 식의 베일(검정 망토식 베일) 착용은 베일을 착용하지 않고 외출하는 쿠르즈 여성을 제외하고 주로 이슬람권에서 지속되어 오고 있다.

시골지역의 쿠르드 여성들은 화려하게 나염된 소리나는 층진 치마, 밝게 채색된 헐렁한 바지(샬바르)를 입는다. 남자들은 일반적으로 목둘레가 없는 셔츠 및 상의와 조화를 이루는 헐렁한 옷을 입는다. 이들의 의복은 민족 특유의 상징이다. 쿠르드족 여성들은 이슬람식 옷보다는 쿠르드 전통 의상을 입기를 선호한다. 그러나 터키 쿠르드족 여성들 중에는 베일용 스카프를 착용하

이슬람은 기독교보다 더 많은 분파가 있는데 아마 150개 정도는 되기 때문이다.[15] 또한 수세기 동안 이슬람 세계에서 베일 착용의 관습은 문화와 언어적 뿌리 등 전반적인 이슬람 문화가 통합되어 있으며, 인종집단들에 의하여 다양하게 해석되었다. 이에 따라 베일 착용에 관계된 여러 꾸란의 의미도 이슬람 학파들과 학자들에 따라 해석이 다르다. 여기에서 이들의 다양한 해석을 고찰하고자 한다.

(1) 꾸란 33:59 해석

예언자여 그대의 아내들과 딸들과 믿는 여성들에게 베일을 쓰라고 이르라 그때는 외출할 때라 그렇게 함이 가장 편리한 것으로 그렇게 알려져 간음되지 않도록 함이라 실로 하나님은 관용과 자비로 충만하심이라(꾸란 33:59).

꾸란 33:59에 대한 이슬람 여러 학자들의 해석은 다음과 같다. 현대 이슬람교 부흥의 주도 세력인 파키스탄 사상가이며 법학자인 마우두디(S. Abul Ala Maududi)는 "예언자여 그대의 아내들과 딸들과 믿는 여성들에게 베일을 쓰라고 일러라 그때는 외출할 때니라 그렇게 함이 가장 편리한 것으로 그렇게 알려져 간음되지 않도록 함이니 실로 하나님은 관용과 자비로 충만하시도다"는 꾸란 33:59의 내용을 그의 원리주의 사상에 입각하여 아래와 같이 해석한다. 마우두디는 외투로 몸을 감추라는 것과 얼굴을 가리라는 것을 같은 명령형으로 해석한다. 그는 꾸란의 해석학자들이 이 구절을 얼굴을 포함한 몸 전체를 가리는 것으로 동일하게 해석한다고 말한다. 또한 마우두디는 이 꾸란 구절을 해석하면서 하

는 여성들도 있으며 밝은 색은 색깔로 수놓은 두툼한 옷을 입는다. 이란과 이라크에 사는 쿠르즈족 여성들은 그 나라의 상황에 따라 베일을 착용한다. Juliette Minces, *The House of Obedience*(London: Zed Press, 1982), 49: http://kcm.co.kr/bethany/p-code/1951.html
  참고로, 쿠르드족은 인종적으로 이란계 백인이고, 언어적으로는 페르시아어에 가장 근접한 인도-유럽 어족에 속한다. 현재 터키 동부에 거주하는 1천여만 명과 이란, 이라크, 시리아, 아르메니아, 아제르바이잔 등에 합쳐 전체 인구가 2천 5백만 정도다. 쿠르드족들은 이란인과 함께 최초로 이슬람교를 받아들인 비아랍계 종족이다. 쿠르드족은 한번도 정치적으로 단일국가를 이룬 적이 없다. 터키의 쿠르드 지역은 가장 낙후된 곳이다. 이 지역에 대한 국가의 투자는 전체 개발 투자의 10%에 불과하다. 그나마 상업 투자는 2%에 지나지 않는다. 쿠르드인들 사이에 터키어에 대한 문맹률은 80%에 달한다. 이미라, '쿠르드족,' "중동선교" 1999년 5, 6월호, p. 6.
  15) 잭버드, 『이슬람이란 무엇인가?』, 중동선교회 역(서울: 예루살렘, 1992), p. 30.

디스를 인용하여 여성의 의상으로 얼굴, 손 그리고 몸을 가리는 전통을 높이고 있다. 그러면서도 불가피한 상황에 따라 얼굴 노출이 허용됨을 지적한다. 또 여성의 일정 부분, 특히 얼굴과 손의 노출은 여성의 매력과 허영을 위해 허용될 수 없으나 여성이 불가피하게 해야 하는 일을 위해서는 정당화되기 때문에 무슬림 여성의 의상 규범은 합리적이라고 마우두디는 주장한다.[16]

마우두디의 원리주의 운동은 현대 파키스탄 지도자, 이스라르 아흐마드를 통해 이어졌다. 파키스탄의 원리주의는 매스컴을 이용하여 여성의 베일과 가족법에 대하여 꾸란으로 되돌아가자는 캠페인을 텔레비전 프로그램을 통해 활발하게 벌이고 있다. 이 운동의 대표적인 인물인 이스라르 아흐마드는 꾸란 아카데미라는 기구를 설치하여 정기 간행물을 발간하고 있다. 그는 전통의상인 '차드르'(chadr: 여성의 얼굴과 몸을 덮는 의상)와 '차르디와르'(chardiwar: 사면의 벽)라는 개념을 사용하여 여성이 온 몸을 가리는 의상을 입고 네 벽 안에 있을 때 그 존재를 확인받고 보호받는다고 주장한다. 이스라르에게 있어서 이상적 이슬람공화국 그리고 이슬람공동체(움마)는 여성이 베일을 착용하는 것이며 남성의 시선을 끄는 자리에 서지 않는 것이다.[17]

현대 이슬람교의 동향에 중요한 역할을 한 아미르 알리(Ameer Ali 1849-1928)와 무함마드 이끄발(Muhammad Iqbal 1873-1938)은 이슬람교를 부흥시키면서, 동시에 현대화에 적응시키고자 한 사람들이다: 아미르 알리는 의상 규범(쿠무르)의 해석을 여성의 격리와 베일 의상(꾸란 33:59, 꾸란 24:3)이 여성을 존중하고 사회의 혼란을 방지하기 위한 것이라고 했다. 그러나 아미르 알리는 이슬람 역사에 나타난 여성의 활동을 언급하였다. 즉 아이샤는 군대 대장으로 활약하기도 했고, 무함마드의 딸 화띠마는 '천국의 숙녀'라 칭함을 받았다고 하였다. 무함마드의 첫 부인 카디자는 무함마드와 결혼하기 전부터 이미 메카의 능력 있는 사업가였다는 것을 지적하면서 격리와 베일이 사회와 국가를 위한 여성의 활동의 장애요소로 해석되어서는 안 된다고 주장한다.[18]

꾸란 33:59에 대한 정통주의자들의 견해는 세 가지이다. 첫 번째, 잘라빕

---

16) 전재옥 편역, pp. 20-22.
17) Ibid., p. 28.
18) Ibid., p. 32.

(jalabib)은 얼굴을 포함하여, 몸 전체를 가리는 것으로 해석한다. 두 번째, 베일 착용은 무함마드의 부인에게만 해당된다고 본다. 세 번째, 꾸란의 초기 해석가들 예를 들어, 이븐 압바스(Ibn 'Abbas)는 얼굴이 베일 착용에 포함된다고 생각했다. 이슬람 초기 사회에서는 베일로 얼굴을 가리는 것은 보편화되었다. 남자들이 여성들의 주위를 지나가면 얼굴을 가리고, 남자들이 없으면 얼굴을 가리지 않았다.[19]

그래서 이슬람 정통주의자인 알 아흐자브(Al-Ahzab)는 33:59에 대한 온건주의자의 해석에 다음과 같은 이유로 반박한다. 첫 번째, 초기 주석가들은 얼굴을 가리는 것으로 해석했다. 두 번째, 무함마드의 시대에 베일을 얼굴에 착용하는 것은 일반적인 규율이 아니다. 세 번째, 얼굴을 덮기 위한 명령은 훈령이나 명령이 아닌 제안이다. 네 번째, 무함마드의 부인들에게만 베일을 쓰도록 제한되었다고 주장할 수 없다. 왜냐하면 모든 무슬림 여성들에게 대중적인 연설을 하도록 명백하게 되어 있기 때문이다.[20]

꾸란 33:59에 대한 그 외의 해석을 좀더 살펴보자. 꾸란 33:59에서 무함마드의 부인, 딸들, 모든 무슬림 여성에게 외출시 그들을 치근거림으로부터 보호하기 위해 베일 착용을 명령했다고 보는 견해가 있다. 이에 의하면 이 구절은 무슬림들이 여성에게 베일을 강요할 수 있는 근거를 제시하고 있다. 여성은 밖에 나갈 때 농락당하지 않기 위해서 얼굴을 가려야 한다는 꾸란 33:59의 내용은 무함마드 당시 메카 지방의 특성을 감안한 것이다. 그러나 이 구절이 나중에는 여성이 베일을 써야 한다는 주장을 정당화시켜 주는 역할을 하고 말았다.

꾸란 33:59에서 우리는 외출자의 필요와 조건에 따라 다른 사회의 다양한 상황을 만난다. 예를 들어, 바람 때문에 베일이 날려 장식품이 저절로 보일 때 어떻게 할 것인지에 대해 연구한 사람도 초기 이슬람 학자들 중에 있었다.

꾸란 33:59에서 말하는 외투는 온몸을 감싸는 긴 옷, 머리에서 발끝까지 가리는 겉옷이다. 대개 무슬림들이 고온의 사막 지방에 많이 분포되어 있기에 그들은 섭씨 35-40도를 오르내리는 기온에서 살지만 그래도 이 의상을 반드시 입어야

---

19) *Muhammad-Encyclopaedia of Seerah*(1993), s.v. "Hijab"(Veiling of the face), by Afzalur Rahman.
20) Ibid.

한다. 종교의 문제가 나라의 법으로 정해져 있으므로 입지 않으면 불법을 행하는 것이기 때문이다. 그것은 꾸란의 가르침이며 무함마드의 아내들의 의상에 대한 그의 교훈의 중요한 부분이었다.

꾸란 33:59는 여성이 의상으로 얼굴과 손과 몸을 가리는 전통을 높이고 있다. 그러나 얼굴 노출이 불가피한 상황에 따라 허용됨을 지적한다. 또한 이슬람법이 여성의 보다 나은 도덕적 생활과 사회질서를 위한 것이므로, 무슬림 여성은 이슬람법에 순종해야 한다고 주장한다.

또한 베일을 착용하라고 촉구하는 다음의 꾸란 구절은 당시의 일부 여성들이 베일을 사용하지 않았음을 반증해 준다.

> …밖으로 나타나는 것(얼굴, 손) 외에는 유혹하는 어떤 것도 보여서는 아니되느니라. 그리고 가슴을 가리는 머리수건을 써서…(꾸란 24:31). 그대의 아내들과 딸들과 믿는 여성들에게 베일을 쓰라고 이르라. 그때는 외출할 때라. 그렇게 함이 가장 편리한 것으로 그렇게 알려져 간음되지 않도록 함이라…(꾸란 33:59). 일부 자유여성들이 지나치게 노출하고 밖으로 나다니자, 무함 마드의 부인들에게 다음과 같은 계시가 내려졌다: 너희 가정에서 머무르고, 옛 무지의 시대처럼 장식하여 내보이지 말며…(꾸란 33:33).

꾸란 33:59를 근거로 대부분의 무슬림 여성들이 베일로 얼굴을 가리는 전통을 고수하는 나라들은 사우디아라비아, 북예멘, 걸프지역, 아프가니스탄이다. 그 외 이슬람권 나라에서는 주로 이슬람 근본주의자들이 베일로 얼굴을 가린다.

(2) 꾸란 33:32, 33 해석

> 예언자의 아내들이여 너희는 다른 여성들과 같지 않나니 만일 너희가 하나님을 두려워한다면 남성들에게 나약한 말을 하지 말라 마음에 병든 남성들이 너희에게 욕정을 갖노라 필요하고 정당한 말만 함이 좋으니라. 너희 가정에서 머무르고 옛무지의 시대처럼 장식하여 내보이지 말며 예배를 행하고 이슬람 세를 내며 하나님과 선지자께 순종하라. 실로 하나님께서는 예언자 가문의 모든 불결함을 제거하여 한 점의 티도 없이 순결케 하셨노라(꾸란 33:32, 33).

근본적으로 베일에 대한 꾸란의 명령(33:32, 33)은 무함마드의 부인들에게 해당되는 말이며,[21] 그의 동역자들의 부인들에게 해당되는 말이 아니다. 그러나 많은 이슬람 법학자들과 주석가들은 베일이 선지자의 부인들에게만 해당되는 것이 아니고 모든 부인들에게 해당되는 말이라고 해석한다.

『이슬람백과사전』에서 무함마드의 부인들이 일반여성들과 다른 점에 대해 꾸란 33:32을 근거로 하여 언급한 것은, 무함마드의 부인들은 그가 죽은 후에까지도 여러 해 동안 다와(dawah, 이슬람식 선교, 꾸란 33:50)를 실행해야 할 특별한 책임과 기능을 가지고 있다는 점이다. 그러므로 이 조항은 무함마드의 아내들에게 해당되는 것이지 다른 무슬림 여성들에게 세계적으로 적용할 것이 아님을 다음과 같이 제시한다: 첫 번째, 꾸란 24:27, 30, 31, 58, 61은 분명하게 무함마드의 아내들에게 일반여성들과는 다른 독특한 지위를 부여한다. 왜냐하면 무함마드의 부인들에게는 고상한 사역을 감당할 특별한 기능이 알라의 말씀에 의해 주어졌기 때문이다. 그들은 생활 속에서 우세한 역할로 다와를 행한다. 두 번째, 무함마드가 사람 중에서 가장 강한 사람일지라도 사람이기 때문에 육체적, 정신적으로 상처를 받는다. 그러므로 알라는 그의 짐을 덜어 주고 그가 압력을 덜(꾸란 33:5) 받도록 하기 위해 선지자와 그의 부인들 사이에 특별한 것을 허락했다.[22] 세 번째, 무함마드의 짐을 덜기 위하여, 그의 부인들에게 통치하고 결정하는 특별한 지위와 역할을 확고하게 부여한다. 무함마드의 다양한 결혼은 "신적 지시"에 의한 것이며, 그것의 중요한 이유는 다와를 실행하기 위한 것이다. 즉 무함마드 집안의 이런 팀들에 의해 그가 죽은 후 몇 년 동안 알라의 메시지가 매우 성공적으로 여성들 사이에 전해질 수 있었던 것이다. 여성들은 성공적으로 알라의 메시지를 전할 수 있는 중요한 위치에 있었다. 네 번째, 무함마드의 부인들은 '믿는 자들의 어머니들'(꾸란 33:6)이라는 사실이 확인되었다. 이로써 믿는 자들이 그들에게 결혼하는 것이 금지되었다(꾸란 33:53). 이것은 무함마드 부인들이 특별한 기능을 수행하는 위치에 있음을 나타낸다. 다섯 번째, 이 특별한 기능과 역할은 다음과 같다(꾸란 33:28, 29). 선지자의 부인들은 그들의 행동이 선하든지 나쁘든지 그들을 따르는 주요 사람들의 리더가 되었다(꾸란 33:30, 31).[23]

---

21) Ibid.
22) Ibid.
23) Ibid.

요약하면, 무함마드의 부인들에게는 특별한 지위뿐만 아니라 다와를 행해야 하는 특별한 의무가 주워졌다. 그들은 베일을 좀더 분명하게 지키도록 명령을 받았다. 그런데 무함마드 부인들이 다와를 행할 때 능률적이며 효과적으로 일하도록 하기 위하여 약간의 예외의 규칙을 만들었다(꾸란 33:28-31). 무슬림 여성들에게 일반적으로 주어진(꾸란 33:59; 24:30, 31) 이 규칙들은 전세계에 알라의 다와를 전파하는 데 성공적인 도움을 주었을 뿐만 아니라, 선지자의 아내들로 하여금 주어진 임무를 효과적으로 감당하게 하였다. 무함마드의 부인들에게 베일의 영역과 범위 조건은 다른 일반 무슬림 여성들과는 전적으로 달랐다.[24] 그럼에도 불구하고 무함마드 시대에 무슬림 여성들은 베일을 모방했고 그 후 지금까지도 계속되어 전 이슬람권 사회에 영향을 미치고 있다.

(3) 꾸란 24:31 해석

믿는 여성들에게 일러 가로되 그녀들의 시선을 낮추고 순결을 지키며 밖으로 나타내는 것 외에는 유혹하는 어떤 것도 보여서는 아니 되느니라 그리고 가슴을 가리는 머리수건을 써서 남편과 그녀의 아버지 남편의 아버지 그녀의 아들 남편의 아들 그녀의 형제 그녀 형제의 아들 그녀 자매의 아들 여성 무슬림 그녀가 소유하고 있는 하녀 성욕을 가지 못한 하인 그리고 성에 대한 부끄러움을 알지 못하는 어린이 외에는 드러내지 않도록 하라 또한 여성이 발걸음 소리를 내어 유혹함을 보여서는 아니 되나니 믿는 사람들이여 모두 하나님께 회개하라 그리하면 너희가 번성하리라(꾸란 24:31).

꾸란 24:31이 계시되자 부인들이 옷을 잘라 베일을 만들었다고 전해진다. 꾸란 24:31은 여성이 성적으로 위험한 존재라는 점을 명백히 하고 있는 구절로 해석되고 있다. 그리고 꾸란 24:31은 베일을 고려하여 샤리아의 요구의 어려운 부분과 최대한의 제한을 나타낸다. 예를 들어 어떤 여성들은 베일을 자원하여 스스로 선택하였으며 그들의 머리, 가슴과 등을 완전히 가리도록 베일을 착용했다. 그러나 실내에서 업무를 보는 직장여성에게는 얼굴을 가리는 것이 특별히 필요하지 않았다.

꾸란 24:31은 다음의 명령을 포함하고 있다: 첫 번째, 아래로 눈을 응시한다.

---

24) Ibid.

이것은 금지된 모든 것으로부터 눈을 멀리 하라는 의미이다. 여자를 나쁜 의도를 갖고 쳐다본다거나 또는 구체적인 의도 없이 쳐다보는 것도 이에 해당한다. 이것은 남녀 몸의 개인적인 부분을 쳐다보는 것을 포함한다. 두 번째, 정숙함을 보호해야 한다. 이것은 개인의 성적 욕망을 만족시키려는, 모든 금지된 것으로부터 자신을 지키기 위한 적용이다. 이것은 간음, 강탈, 동성연애 등을 포함한다.[25] 세 번째, 여성의 아름다움과 장식품을 가려야 한다. 이 구절의 앞부분은 여성들은 그들의 아름다움을 나타내지 않도록 요구받았으며, 그들의 자연미도 가리도록 명령받았다. 그러나 꾸란 24:31에서는 여성이 얼마나 가려야 한다고 구체적으로 말하지 않는다.

(4) 꾸란 33:53 해석

믿는 자들이여 예언자의 가정에 들어가되 이때는 식사를 위해 너희에게 허용되었을 때이며 식사가 완료되기를 기다려서는 아니 되노라. 그러나 너희가 초대되었을 때는 들어가라. 그리고 식사를 마치면 자리에서 일어설 것이며 서로가 이야기를 들으려 하지 말라. 실로 이것은 선지자를 괴롭히는 일이라 예언자는 너희를 보냄에 수줍어 하사 하나님은 진리를 말하심에 주저하지 아니 하심이라. 그리고 너희는 선지자의 부인으로부터 무엇을 요구할 때 가림새(screen)를 사이에 두고 하라. 그렇게 함이 너희 마음과 선지자 부인들의 마음을 위해 순결한 것이라. 너희는 하나님의 선지자를 괴롭히지 아니하도록 처신하라. 너희는 이 부인들과 결혼할 수 없노라 이것은 실로 하나님 앞에 큰 죄악이라(꾸란 33:53).

무함마드는 이슬람 공동체가 시작될 때에 옷 입는 것에 대해 많은 관심을 나타냈다. 특별히 남자들이 기도하는 동안의 육체적 정숙과 옷에 초점을 두었다. 꾸란 33:53은 남자 방문객들의 수가 증가하자 무함마드의 부인들의 사생활을 보호하고 특별한 지위와 기능을 부여하는 관점에서 의무적으로 베일 착용을 하도록 교훈을 주었다.

스테느(Stern)는 꾸란 33:53에 명시된, 무함마드의 부인들이 커튼 뒤에서 남자들에게 말할 것을 명령한 법적 규칙에 대하여 두 가지로 설명하고 있다. 첫 번

---

25) Mohammed Ismail Memon Madani, p. 21.

째, 무함마드가 처음 계시를 받을 때는 그의 부인들에게 격리에 관한 어떤 결정적인 계획이 없었다. 그러나 자이납의 결혼식과 몇 개의 다른 사건들로 인해 괴롭힘[26]을 받은 후 이런 명령을 내렸다.[27] 두 번째, 무함마드가 무슬림 공동체 내에서 그의 부인들에게 높은 지위를 주기 위한 뚜렷한 계획을 가지고 있었기 때문이었다. 꾸란 33:53을 보면 무함마드는 그의 부인들이 다른 여인들과는 다르게 그가 죽은 이후에 재혼하는 것을 금지했으며, 그들이 말을 너무 나약하게 하지 않도록 지도했다. 그는 그의 부인들을 '믿는 자들의 어머니'라 불렀다. 부인들은 사생활이 보호받으며, 필요할 때만 외출하며, 경솔하지 않아야 했다. 이런 상황에서 사용된 단어가 베일(히잡)이다. 또한 꾸란 33:32을 보면 그는 자기 부인들이 자힐리야 시대의 여성같이 자기 선전을 하는 스타일의 옷 입는 것을 금지했다. 그런데 무함마드의 생애 후반에 그의 부인들이 물질의 획득을 갈망하기 시작했고 쾌락과 호화스러운 생활 스타일을 적용하여 그에게 긴장을 일으키기 시작했다(꾸란 33:28-32).

지금까지 살펴본 대로 베일을 착용하라는 명령은 무함마드의 부인들에게만 주어졌다. 일반적인 여성(꾸란 33:32)에게는 베일 착용의 의무가 없었다. 베일은 무함마드가 죽은 후 계시의 메시지와 지혜를 계속해서 전파하려는 궁극적 목적을 위하여 알라에 의하여 선택되었다. 무함마드 부인들은 심한 시험과 믿음의 연단과 성실함 뒤에 선택되었으며, 그들에게 이혼은 금지되었고 다른 사람과 결혼도 금지되었다. 그들은 '믿는 자들의 어머니'라 불리어졌으며, 집안에 제한되어 어떤 방해나 간섭 없이 알라의 딘(din)[28]을 전파하는 데 집중하였다. 베일은 무함마드 부인들의 특별한 지위와 기능의 관점에서 그들만을 보존하기 위해서 의

---

26) 꾸란 33:50 "예언자여, 실로 하나님이 그대에게 허용하였나니, 그대가 이미 지참금을 지불한 부인들, 하나님께서 전쟁의 포로로써 그대에게 부여한 자들로 그대의 오른손이 소유하고 있는 이들과, 삼촌의 딸들과, 고모의 딸들과, 외삼촌의 딸들과, 이주하여 온 외숙모의 딸들과, 예언자에게 스스로를 의탁하고자 하는 믿음을 가진 여성들과, 예언자가 결혼하고자 원할 경우 그대에게는 허용되나 아니함이라."

27) Fadwa El Guindi, p. 156.

28) 종교, 이슬람의 기둥들, 그 의미가 '종교'를 가리키지 않고 오히려 '징벌, 심판'을 가리킨다. 무함마드와 무슬림들은 그들의 종교로서의 이슬람을 가리키는데 '딘'이라는 단어를 썼다. 전통적인 이슬람 학자들은 영적 생활을 규정하는 '딘'과 세상적인 매일의 생활을 규정하는 '둔야'(Dunya)로 이슬람을 구분했다.

무적으로 착용하였다.

꾸란 33:53는 남자 방문객들의 수가 증가하므로 무함마드의 부인들의 사생활을 보호하기 위하여 다른 사람들과 모든 신앙인들과 신분을 구별하기 위한 것이다.

(5) 꾸란 7:26, 27 해석

꾸란 7:20,[29] 7:26, 2:187[30]은 옷에 대한 최초의 역사를 말하고 있다. 이 중에 베일의 역할에 대하여는 꾸란 7:26, 27에 나와 있다:

> 자손들이여 너희들에게 의상을 주었으니 너희의 부끄러운 곳을 감추고 아름답게 꾸미라. 그러나 하나님을 공경하는 의상이 제일이니라. 그것이 곧 하나님의 증표이거늘 그들은 기억하리라. 아담의 자손들이여 사탄이 너희들의 선조를 유혹하여 그들의 의상을 빼앗아 그들의 부끄러운 곳을 드러내게 하여 너희 부모를 천국으로부터 속박하였으니 그가 너희를 유혹하지 아니하도록 하라. 그와 그리고 그의 무리는 너희가 그들을 볼 수 없는 곳에서 너희를 보고 있노라. 실로 하나님은 믿음이 없는 그들에게만 사탄을 적으로 두었노라(꾸란 7:26, 27).

이 구절에 옷의 세 가지 의미가 표현되어 있다. 첫 번째, 옷은 정숙과 보호를 위하여 몸을 가리는 의미가 있다. 두 번째, 옷은 장식으로서 미적(美的) 의미가 있다. 세 번째, 옷은 윤리성을 존중하는 인간의 암호를 은유적으로 표현하는 의미가 있다. 또한 꾸란 7:26에 하나님은 인간에게 두 가지 종류의 의상을 주셨다. 하나는 인간 신체의 부끄러운 곳을 가리는 것이요, 다른 하나는 아름답게 장식하

---

29) 꾸란 7:20 "이때 사탄이 그들에게 속삭여 유혹하고 숨겨진 그들의 부끄러운 곳을 드러내며 그대의 주님께서 이 나무를 금기함은 너희가 천사가 되지 아니 하도록 함이거나 영원히 사는 존재가 되지 못하도록 함이라 말하며 유혹하였더라."

30) 꾸란 2:187 "단식날 밤 너희 아내에게 다가가는 것을 허락하노라 그녀들은 너희들을 위한 의상이요 너희들은 그녀들을 위한 의상이니라 하나님께서는 너희들이 은밀히 행하는 것을 알고 계시나 너희들에게 용서를 베풀고 은혜를 베푸셨노라 그러나 지금은 그녀들과 잠자리를 같이 하되 하나님이 명하신 것을 추구하고 하얀 실이 검은 실과 구별되는 아침 새벽까지 먹고 마시라 그런 다음 밤이 올 때까지 단식을 지키고 그녀들과 잠자리를 같이 하지 말 것이며 사원에서 경건한 신앙 생활을 할 것이라 이것이 하나님께서 제한한 것이니 가까이 하지 말라 이렇듯 하나님은 인간들이 자제함을 배울 수 있도록 계시하였노라."

는 것이다.[31]

　창세기에서 옷의 기원은 아담과 하와가 에덴동산에서 그들의 몸이 벌거벗었음을 알고, 성별에 관한 부끄러움을 느낀 것과 연관되어 있다(창 2:9, 10, 12). 꾸란과 성경 사이에 비슷한 점이 있지만, 차이점은 더욱 뚜렷하다. 성경에서 아담은 인류의 대표로 나와 있으나, 대부분의 꾸란에서 아담은 인류의 대표로 나와있지 않다(꾸란 2:35, 36).

　옷은 구약과 꾸란 양쪽에서 신성함(sacred)이 시작되게 하는 구성요소이다. 성경에서 옷은 타락 이후 '피부'를 덮는 옷으로 사용되었다. 이슬람에서 옷은 재료함축(connotation)에 따라서 성별, 성, 신성, 개인의 세속성을 나타내는 개념으로 은유적으로 쓰였다. 꾸란에서 옷은 베일을 포함한다.

(6) 꾸란 2:125 해석

> 상기하라 하나님은 그 집을[32] 인류의 안식처 및 성역으로 만들었으니 기도를 드리기 위해 아브라함이 멈춘 그곳을 경배의 장소로 택하라 또한 신전을 도는 사람과 엎드려 경배하는 자들을 위해 나의 집을 정화할 것을 아브라함과 이스마엘에게 명령하였노라(꾸란 2:125).

　이에 대하여 우마르 화루크(Umar Farūq)가 말한 것이 하디스에서 세 가지로 표현되어 있다: 첫 번째, 내가 "알라의 선지자여, 나는 우리의 기도하는 장소로 선지자 아브라함의 장소를 원하나이다"라고 기도한 후에 신적 영감이 내려왔다. 두 번째, 여성들의 베일 착용에 관련하여 나는 말했다, "알라의 선지자여! 나는 당신의 부인들에게 남자들로부터 그들 자신을 가리도록 명령합니다. 왜냐하면 선한 사람이나 악한 사람이나 둘 다 그들에게 말을 합니다"; 그래서 여성을 위한 베일이 계시되었다. 세 번째, 무함마드의 부인들이 서로에게 질투가 일어났

---

31) 『꾸란』 7:26 주석 참조.
32) 사우디아라비아의 메카에 있는 '카바'(Ka'ba)를 말한다. 메카에 있는 입방체 구조물로 검은 천을 씌워 놓았다. 무슬림들은 '카바' 건축을 아브라함의 시대로 거슬러 올라간다. 카바는 하나님을 경배하는 장소였으며 오늘날까지도 아브라함이 예배를 드렸던 장소로 보이는 아브라함 신전이 남아 있다고 무슬림들은 생각한다. 『꾸란』 2:125 주석 참조.

다. 그 후 무함마드에 대하여 공동의 결의를 하였다. 그때 나는 그들에게 말했다 "만약 그가(무함마드) 너희 모두에게 이혼하면, 알라께서 너희들 대신 너희들보다 더 나은 여성을 그에게 줄 것이다." 그래서 이 구절이 정확하게 같은 말로 계시되었다.[33]

3. 베일에 관한 하디스(Hadith)의 해석

하디스에 베일에 대한 구절이 계시될 때의 상황에 대해 아나스(Anas)가 말한 이야기가 있다. "나는 여성의 베일 착용이 계시되었을 때에 그 어느 누구보다도 베일 착용에 대한 명령에 관하여 알고 있었다. 무함마드가 자이납 빈트 자흐쉬(Zainab Bint Jahsh)와 결혼을 완성했을 때에 처음 계시가 되었다. 날이 밝았을 때, 신랑 무함마드는 사람들을 결혼 피로연에 초대했다. 그리하여 그들은 와서 먹었고 무함마드와 긴 대화를 나누기 위하여 남았던 몇몇 사람들을 제외하고 모두 떠나갔다. 무함마드는 일어나서 나갔다. 그리고 나도 그와 함께 나갔다. 그 후에 사람들도 역시 떠났다. 무함마드가 떠났다가 다시 돌아왔을 때에 모든 사람들이 떠난 줄 알았는데 아직 남아 있는 사람들을 발견했다. 나 역시 그와 함께 돌아왔다. 이때 베일에 대한 구절이 계시되었다."[34]

이슬람에서 베일은 하나님과 세상을 구분짓는다는 뜻에서 연유됐다. 사우디아라비아의 메카의 카바(Ka'ba)에는 베일이 씌워져 있는데 이것은 대중들에게 카바의 신성함을 은유적으로 표현한 것이다.[35] 하디스에는 우리가 하나님을 볼 수 없도록 방해하는 베일은 빛의 찬란함 그 자체라고 말하고 있다. 무함마드는 "하나님의 베일은 빛이다"라고 말했다. 이러한 생각은 "하나님은 빛과 어두움의 70개의 베일을 가지고 있다"는 기록에 암시되어 있다.[36]

대부분 여성들이 지옥에 가는 것이 면제된 이유는 여자의 뺨에 약간 혈색이 없고 그녀의 얼굴 외에의 부분은 베일을 착용함으로써 몸 전체를 더 어둡게 보이

---

33) Mohammed Ismail Memon Madani, p. 6.
34) Ibid., p. 7.
35) Fadwa El Guindi, p. 126.
36) Sachiko Murata & William C. Chittick, *The Vision of Islam* (London: I.B.Tauris Publishers, 1996), p. 221.

게 하기 때문이라고 주장한다.[37]

처음에 베일 착용은 도덕적으로 완전함을 얻고, 건강하고 경건한 사회를 창조하는 데 도움이 되었다. 그러나 시간이 지날수록 본래의 의도를 상실했고 이러한 규칙들은 그들의 근본 의도와 다른 목적 하에 과도하게 강요되었다. 무슬림 여성들의 베일 착용은 매우 바람직하지 않은 결과를 낳았다. 무슬림 여성들이 사회에서 활동하는 것을 억제했던 것이다.

(1) 베일의 최대 요구

베일이 몸의 어느 부분까지 가리는 것인지에 대하여서는 학파[38]들 사이에 많은 토론이 있다. 한발의 추종자들(Hanbalite)과 샤피 추종자(Shafi'ites)들은 손과 얼굴을 포함하여 몸 전체를 가려야 한다고 생각한다.[39] 아흐마드 이븐 한발(Ahmad Ibn Hanbal)은 손톱까지도 가려 할 대상으로 여겼다.[40]

하나피(Hanafis)와 말리키(Maliki)학파는 얼굴과 손바닥을 벗은 것으로 여기지 않았다. 하나피는 후에 하나피 학파들이 발을 가리지 않는 것을 허락하였다. 그러나 다른 학파들은 이것은 발견되지 않은 판결이라고 제시하고 있다. 이것에서 우리는 무슬림 여성이 베일로 최소한의 범위인 손과 얼굴을 제외한 몸 전체를

---

37) Zakaria Bashier, *Muslim Women In The Midst of Change*(London: Joseph Ball LTD, 1990), p. 30.
38) 샤리아는 통일된 단일 법체계는 아니다. 이슬람법 안에는 여러 가지 다른 법학파가 있고, 정통파 순니(Sunni)파 안에는 4개의 법학파가 있다. 이중에서 가장 널리 퍼져 있는 학파는 하나피(Hanafi) 학파로 주로 시리아, 요르단, 이라크, 레바논, 아프가니스탄, 인도, 파키스탄에 존재한다. 가장 융통성이 넓다고 알려졌다. 법규는 불변이 아니라는 명제 하에 여건이 변하면 법이 변화될 수 있다고 본다. 두 번째 큰 학파는 말리키(Maliki)로 북아프리카에 퍼져 있는데, 알제리, 모로코, 튀니지, 이집트, 서부아프리카, 쿠웨이트이다. 이 학파는 넷 중에서 가장 오래된 학파이며, 말리크 이븐 아나스(795년 사망)가 창건했다. 샤피이(Shafi)는 샤피이(820년 사망)가 창립하였으며, 세 번째로 큰 학파이며, 인도네시아, 말레시아, 이집트 북부, 동부아프리카, 중동의 여러 곳에 퍼져 있다. 마지막으로 한발리학파는 아흐 마드 븐 한발(855년)이 세웠으며, 사우디아라비아, 카타르에서 우세하다. 네 학파 중에서 가장 엄격하며, 무함마드 통치 하에 있던 순수한 이슬람으로 돌아가자는 주장이다.
39) P. Newton & M. Rafiqul Haqq, *The Place of Women in Pure Islam*(London: T. M. F. M. T, 1993), p. 9.
40) Hamdun Dagher, p. 116.

가려야 함을 알 수 있다.

베일의 규율에 대해 또 다른 설명을 주는 전통이 있다. 예를 들어, 우마르(무함마드의 동역자-Umar, Muhammad's Companion)의 손이 식사시간 동안에 무함마드의 부인들 중에서 한 사람의 손을 만진 후에 베일이 묘사되었다고 생각하였다.

여성의 자유를 주장하는 꾸란 33:53은 앞에서 설명한 바와 같이 오직 무함마드의 부인들에게만 적용된다고 하며, 그러므로 이 구절은 모든 여성들에게 적용되지 않는다고 말한다. 그러나 만약 이 구절 전체를 읽으면, 이 구절 안에 제시된 다섯 가지 명령[41] 중에 어느 것도 무함마드의 부인들에게만 제한된 것이 아니라는 점이 분명하다.[42] 이만 아부 바크르 자사스(Imān Abū Bakr Jassās)는 이 구절에 대한 번역을 이렇게 썼다: 무함마드의 부인들에게 베일 착용이 계시되었다. 모든 무슬림 여성들에게 이러한 명령들을 따를 것이 요구되었다(Jassās, vol. 5, p. 230). 알라마흐 이븐 카쓰르(Allāmah Ibn Kathīr)는 이것들은 알라가 무함마드의 부인들에게 가르쳐주신 예절이며, 모든 무슬림 여성들은 그들의 예를 따르도록 요구되었으며, 이 명령은 모든 무슬림 여성들에게 적용된다고 해석했다(Ibn Kathīr, vol. 3, p. 483).

여인들은 베일 착용의 명령을 수행하기 위해 잘밥(jalbāb)을 사용했다. 잘밥의 복수형은 잘라빕(jalābīb)이다. 잘밥은 '낯선 사람의 눈'으로부터 자신을 감추기 위해 여성이 그녀의 겉옷 주위를 포장하는 천조각이다(Al-Muhalla, vol. 3, p. 217).[43] 이븐 마스드(Ibn Mas'ūd)는 잘밥은 "스카프 위에 착용하는 옷감의 천이다"라고 설명한다. 즉 잘밥은 알라가 무슬림 여성들에게 그들이 집 밖에 나와야만 할 필요가 있을 때에 한 쪽 눈만 제외하고 그들의 몸을 가리기 위해 옷 위에 착용하라고 한 천을 말한다(Ibn Kathīr). 이만 무함마드 빈 시린(Imān Mohammed Bin Sirīn)은 "내가 우다이드 살마니(Udaidah Salmani)에게 이 구절(꾸란 5:59)의 의미와 잘밥을 어떻게 사용하는지 물었을 때에 그는 그의 왼

---

41) 첫 번째 남편에게 예의 바르게 말한다. 두 번째 여성은 집안에 머물러 있어야 한다. 세 번째 매일 다섯 번 기도한다. 네 번째 종교적 의무의 재산과세(회사금, 종교세, 구빈세, 자선)를 납부한다. 다섯 번째 알라와 무함마드에 순종해야 한다.

42) Mohammed Ismail Memon Madani, p. 12.

43) Ibid., pp. 13-16.

쪽 눈만 가리지 않고 그의 머리부터 몸까지 옷감을 잡아당겨 내리면서 나에게 시범을 보여 주었다"고 말했다. 이 구절에 의하면 잘밥은 얼굴을 가릴 것을 요구한다. 많은 번역에 대해 토론한 후에 알라마 알우시(Allāmah Ālūsī)는 다음과 같이 결론을 내렸다: "어떤 이들은 잘밥에 대해 머리와 얼굴을 가리는 것으로 해석하지만 사실은 몸 전체를 완전히 가리는 것이다. 왜냐하면 무지의 시대(자힐리야) 여성들은 그들의 얼굴을 가리지 않았기 때문이다.[44]

아이샤(Āishah)는 다음과 같이 말했다: "어느날 나의 여동생 아스마(Asma)가 나를 방문했다. 그녀는 사파크(saffak)라고 불리는 약간 얇은 시리아의 재료로 만든 옷을 입고 있었다. 무함마드가 그녀를 보았을 때에 그는 말했다. '이런 것들은 꾸란 24장[45]에서 금지하고 있는 옷의 종류들이다. 그런 옷들은 너의 아름다움을 자랑하는 것이다.' 그리고 나서 그는 아스마에게 어떤 다른 옷으로 갈아 입도록 요구했다"(Baihaqī, vol. 7, p. 86). 어느 날 아이샤의 사촌 하프사 빈트 압둘 라흐만(Hafsah Bint Abdul Rahmān)이 그녀를 방문하였다. 그녀는 얇은 천으로 만든 스카프를 착용하고 있었다. 아이샤는 그것을 빼앗아서 찢고 그녀에게 좀더 두꺼운 천으로 만든 자신의 스카프 중에서 하나를 주었다(Mu'attā Imān Mālik).[46]

꾸란의 일곱 구절과 하디스의 수많은 구절의 기본적인 목적은 여성들로 하여금 몸을 감추게 하기 위한 것이다. 베일 착용의 방법은 필요와 환경에 따라 다르게 요구되었다.

부카리 하디스(Bukhārī Hadith)에 타이프(Ta'if)의 전쟁터에 관한 이야기가 있다. 여기에서는 베일이 커튼의 의미로 사용되었다. 무함마드가 항아리 물로 그의 입을 헹구고 그 물을 아부 무사(Abū Mūsa)와 빌랄(Bilāl)에게 주어 마시고 그들의 얼굴을 닦도록 하였다. 움물 무미닌 움미 살라마(Ummul Mu'minīn Ummi Salamah)는 커튼 뒤에서 이것을 바라보고 있었다. 그녀는 또한 두 동반자들에게 그물을 그녀를 위하여 조금 남겨달라고 부탁했다. 베일의 계시가 내려

---

44) Ibid., pp. 17-18.
45) 아이샤는 무함마드의 부인으로서 그 당시에는 꾸란이 없었다. 꾸란은 나중에 편집된 것이다. 현재 우리가 사용하는 꾸란은 오스만 시대에 편집된 것으로 시대적으로 모순이 있다.
46) Mohammed Ismail Memon Madani, pp. 74-75.

진 이후, 무함마드의 집에는 다른 무슬림 가정들과 마찬가지로 커튼들이 걸려져 있었다(Darsi Qur'ān, vol. 7, p. 631).[47] 베일의 두 번째 범주는 외출 시에 몸 전체를 감싸는 것이다.

요약하면 하나피(Hanafi), 말리키(Maliki), 샤피이(Shafi), 한발리(Hanbal) 학파, 이 4학파는 성인 남자 앞에서 여성들이 그들의 얼굴을 가리도록 했다. 네 학파 중에 하나피 학파 외에 세 학파는 절대적으로 금지하였다.

(2) 베일의 최소 요구

무함마드의 부인들은 베일로 얼굴과 몸 전체를 가리는 것이 의무화되었으며, 집안에서조차도 매우 엄격하게 규칙을 지켜야 했다. 그들은 어떤 남자에게도 자신들을 보일 수 없었다. 무함마드의 부인들은 집 밖에 외출할 때와 순례를 할 때에도 무함마드와 함께 길을 떠나야 했다. 그러나 이런 명령은 선지자들의 부인들에게만 해당된다. 다른 무슬림 여성들은 샤리아(이슬람법)의 최소한의 요구를 지키는 것만으로도 집 밖에 자유롭게 나갈 수 있었다. 최소한의 요구란 얼굴, 손과 발을 가리지 않고 나머지는 가리는 것을 말한다.[48]

무슬림 여성들은 집 바깥에서도 옷과 행동에서 그들의 예절의 표준을 보존할 것을 요구받았다. 그들은 결코 남자와 또는 남자들과 혼합된 그룹과 함께 섞여 있으면 안 된다. 무함마드는 어떤 경우이든 사회, 정치적 또는 종교적 일로 여자가 남자와 섞이는 것을 엄격히 금지하였다. 이것은 이슬람 사회의 윤리, 정숙, 선함의 높은 수준을 유지하기 위함이다. 남녀의 구별은 다른 종교와 세속 사회로부터 구별된 모습이지, 산업과 기술혁명과 과학적 진보를 방해하거나 제한하고자 하는 것이 아니다.

① 고통 중의 베일 착용

하디스에 의하면 베일의 명령은 슬프거나 행복하거나 환경에 관계없이 중요하다. 장례식이나 결혼식, 여행 시에도 베일 착용이 금지되지 않았다.[49]

---

47) Ibid., pp. 91-96.
48) Ibid.
49) Ibid., pp. 38-39.

② 병원치료를 하는 동안의 베일 착용

가능한 한 병원치료를 하는 동안에도 베일이 착용되어져야 한다. 샤리아의 중요한 원리에 따라 병원 치료를 받는 동안에도 절대 필요한 만큼만 베일 착용을 하지 않는 것을 허락한다. 배꼽과 무릎 사이에 있는 여성의 몸의 어떤 부분도 다른 사람 앞에 보이는 것을 허락하지 않는다.[50]

③ 기도시간의 베일 착용

기도 시간에는 얼굴, 손, 발 이외의 나머지 부분도 아버지와 삼촌, 형제, 아들에게도 보이는 것을 허락하지 않는다.

④ 순례(Ihram-during Haji)할 때의 베일 착용

순례를 할 때에도 여자는 베일이 필요하다. 하디스에서는 하지(Haji)[51] 때에도 베일을 쓰게 했다는 내용이 있다: "아이샤(Aishah)는 우리가 하지 때에 무함마드와 같이 있었다. 남자들이 우리를 지나갈 때에 우리는 우리의 얼굴 앞면을 쇼올을 당기어 내려 가렸다. 그들이 우리를 지나간 후 우리는 쇼올을 위로 올렸다"(Abū Dāwūd, vol.1, p. 254).

하지 동안의 베일에 대하여 약간 다른 의견이 있다. 예를 들어, 모자가 펄럭이도록 만들어진 것을 쓴다거나 베일이 얼굴을 닿지 않는 방법으로 얼굴 위에 베일을 착용하는 것이다. 이것은 하지 동안에 많은 여성들이 베일을 착용하는 방법

---

50) Ibid., p. 44.
51) 무슬림의 신앙의 실천사항 다섯 기둥(신앙고백, 기도, 구제, 금식, 순례) 중에 순례를 말한다. 성인이며 온전하고 건강한 무슬림들은 일생에 한번 메카를 순례하는 것이 의무로 되어 있다. 이 동안에는 손톱 발톱을 자르지 않으며 면도를 하지 않는 등 금기 사항을 지켜야 한다. 첫날엔 메카 북쪽의 '미나' 평원에서, 두 번째 날은 632년 무함마드가 운명하기 석달 전에 마지막으로 설교했다는 '아라파트'산에서 기도한다. 세 번째 날은 메카로 돌아와 메카 대사원내 검은 돌 '카바' 주위를 돈다. 네 번째 날은 악마를 내쫓는 뜻에서 미나 평원으로 나가 돌기둥에 돌을 던지고, 다섯 번째날 메카로 돌아와 카바를 도는 것으로 순례를 끝난다. 순례는 이슬람력으로 12월 8-12일에 행해진다. 순례를 마친 사람에게는 "하지"(Haji)라는 명칭이 주어지는데, 예를 들어 하지 무함마드 화라(Haji Muhammad Farra)처럼 미스터(Mr.)나 미스(Miss.) 대신에 붙여서 부른다. 머리와 수염을 혹은 둘 중의 하나를 적갈색으로 물들이는 것은 순례를 행했다는 표시 중의 하나이다.

이다. 무함마드의 부인들도 하지 동안 성인 남자 앞에서 쇼올로 그들의 얼굴을 가리었다. 또 다른 하디스에서 언급되는 여자는 그녀의 얼굴 앞을 가리고 하지 때에 걸어야 했다고 이야기하고 있다(Fath-ul Bāri, Book of Haji).[52]

⑤ 시숙이나 시동생 앞에서의 베일 착용
여성은 시숙이나 시동생 앞에서는 베일 착용에 더 조심해야 한다. 무함마드는 시숙이나 시동생은 형제의 부인들과 자유롭게 섞여 있지 않도록 교훈되어야 하며, 이 여성들을 바라보지 않아야 한다고 주장했다. 정숙과 그 사람의 명예를 유지하는 것은 어느 사회의 도덕적 성질을 보존하는 데 기본적으로 중요하다.[53]

⑥ 공공 장소에 갈 때의 베일 착용
알라에 의해 저주를 받을 남자와 여자의 행동은 베일을 착용하지 않고 시장이나 공공 장소에 나가는 것, 성인 남자가 쳐다볼 수 있도록 발코니나 창가 또는 갑판 등에 나가는 것, 결혼식에서 신랑이 신부 쪽으로 가서 다른 사람을 보려고 한다거나 다른 여성에게 보여지도록 하는 것 등이 이에 속한다.[54]

⑦ 남자를 바라보지 않도록 베일 착용
우무르 무미닌 사라마흐(Ummul Mu'minīn Salamah)는 남자를 바라보는 것에 대해 기록했다: 어느 날 아둘라흐 빈 우미 마크툼(Addullah Bin Ummi Maktūm)이 무함마드의 집에 들어올 때 나와 마이무나흐(Maimūnah)가 무함마드와 함께 있었다. '아둘라흐(Addullah)는 맹인이며 우리는 베일을 착용하지 않고 계속해서 거기에 앉아 있었다. 선지자 무함마드는 말했다. "그 앞에서 베일을 착용하라." 나는 물었다. "알라의 선지자여, 그는 맹인이지 않습니까?" 그는 대답했다. "너희 양쪽이 맹인이 아니지 않니? 너는 그를 볼 수 있지 않느냐?" (Ahman, Tirmizī, Abū Dāwūd)[55]며 베일 착용을 격려했다.

---

52) Mohammed Ismail Memon Madani, p. 46.
53) Ibid., pp. 48-49.
54) Ibid., p. 63.
55) Ibid., p. 68.

⑧ 도시와 시골 여성의 베일

이슬람권 나라에서 일반적으로 베일은 한 사회에서 도시 여성과 시골 여성 사이, 그리고 가정 주부와 직장 여성 사이에서 조차도 다양하게 고려되고 있다. 이를 좀더 나누어 살펴보고자 한다.

첫 번째, 도시의 지성인 여성에 관한 것이다. 도시 지성인 여성들과 가정 부인들은 그들의 이마 중간까지 내려오는 스카프를 베일 대신 착용하여 가슴과 다른 장식품을 가림으로써 꾸란의 최소한의 요구를 이행한다.

두 번째, 도시근로자 여성들에 관한 것이다. 교육받지 못한 자, 부분적으로 문맹여성들은 그들의 남편의 수입을 공급하기 위해 일해야 한다. 또는 그들의 노후 부양할 부모를 보호하기 위하여, 그들 중에 어떤 이는 청소부, 실험실, 학교, 병원, 공항, 사무실 등에서 일해야 하므로 베일착용을 하지 않아도 된다.

세 번째, 시골 주부들에 관한 것이다. 가정에서 일반적인 여성이 하는 일은 매우 단순하다. 그들 생활은 도시의 비싸고 화려한 생활에 익숙하지 못하고, 도시 지성 여성들같이 많은 사회활동을 하지도 못한다. 그들의 옷은 단순하고 간단한 티셔츠나 바지와 그들의 머리와 가슴을 가리기 위해 두파타를 착용하고 간단한 것을 입는다.

네 번째, 시골과 베드윈의 일하는 여성들에 관한 것이다. 다른 농부와 장인(공예가)보다 평범한 사람과 여성 일꾼의 경우는 매우 다르다. 그들은 그들의 고용주의 집안에서 일해야 하며, 그들과 그들의 야외에서 일해야만 한다. 이런 경우에는 그들을 위해 가능한 베일을 엄격히 지켜야 한다. 엄격히 말해서 도시 여성의 베일에 대한 요구 조건은 시골들판에서 일하는 여성이나 베드윈 여성들에게는 적용되지 않는다.

4. 베일에 대한 샤리아(Shari'ah)

이슬람 샤리아[56]의 옷에 관한 명령은 베일과 관계가 있기 때문에 이에 대해 간

---

56) 이슬람 율법은 아랍어로 샤리아(Shari'ah)라고 한다. 이것은 '낙타가 물웅덩이로 가는 길'이라는 뜻이다. 절대 유일신에게 무조건 순종하는 것이 이슬람교리이다. 따라서 이슬람법은 이슬람 공동체에 내린 알라의 계명을 표현한 것이고 이슬람 신앙을 믿는 이슬람교도들에게는 당연

단하게 살펴보기로 한다. 이슬람 샤리아에는 남자와 여자의 신체의 개인적인 부분은 가리도록 요구하고 있다. 금지된 나무의 열매를 맛보지 말라는 알라의 명령에 불순종한 아담과 하와로부터 천국의 옷을 빼앗아 올 때, 그들 둘 다 나뭇잎으로 그들의 개인적인 부분을 가리었다.[57] 샤리아의 중요 목적으로 베일의 첫번 범주는 여성들이 그들의 집에 머물러 있는 것이다.

샤리아는 모든 사람이 입어야 할 옷의 구체적인 모양은 정하지 않았다. 사람들은 기후조건과 다른 필요에 따라 그들의 옷을 선택할 수 있다. 그러나 이슬람의 주요 에티켓은 옷의 부호에 대하여 다음과 같이 말하고 있다. 옷은 그들의 몸의 개인적인 부분을 완전하게 가려야 한다. 몸이 비치는 재료로 만들어진 옷은 안 된다. 몸매가 드러나는 꽉 조이는 옷도 안 된다. 그러한 옷은 자존감을 유지하며 개인적인 부분을 가리는 대신, 몸을 드러내므로 성적 흥분을 일으킨다. 남자는 실크로 만든 옷을 입어서는 안 된다. 남자는 여자, 여자는 남자의 옷을 입어서는 안 된다.[58]

꾸란 24:31에 근거한 샤리아는 한정된 사람들을 제외하고는 그들의 장식을 다른 사람에게 보이는 것을 금하고 있다.[59] 여성의 베일에 관한 샤리아를 좀더 구체적으로 해석한 것이 다음의 무슬림 여성의 행동 규범이다.

5. 무슬림 여성의 행동 규범

무슬림 여성들의 행동 규범은 그들이 베일을 착용하는 이유와 관련되어 있다.

히 지켜야 할 의무체계인 것이다. 샤리아와 서구법 사이에는 두 가지의 근본적인 차이가 있다. 우선 샤리아의 범위가 더 넓다. 샤리아는 한 개인과 국가아의 관계뿐만 아니라 절대신과 인간 양심과의 관계도 포괄하고 있다. 두 번째 샤리아는 서구법과는 달리 절대신이 만들었다는 점이다. 이슬람 법학에서는 법을 형성변화시키는 것이 아니라 법이 사회를 조정 규정한다고 생각한다. 샤리아는 꾸란(Quran), 하디스(Hadith), 이즈마(Ijma, 합의), 키아스(Qiyas, 유추)에 근거한 이슬람 율법으로 법적인 내용과 종교적인 내용 둘 다 갖는다. 가령 결혼과 식사 방법, 기도하는 방법과 시간을 정해 주는 내용 등이 들어 있다.

57) Mohammed Ismail Memon Madani, p. 70.
58) Ibid., p. 73.
59) Abdur Rahmn I. Doi, *Women in Shari'ah*(Kuala Lumper: Academe Art & Printing Services Sdn. Bhd, 1992), p. 24.

정숙한 무슬림 여성들에게 요구되는 행동은 다음과 같다: 첫 번째, 눈을 아래로 응시하라(24:31). 두 번째, 남자가 여자를 접촉할 수 있는 영화관, 대학의 강의실, 강당, 버스, 전차 같은 곳에서 남자와 섞여서는 안 된다. 세 번째, 이슬람 샤리아의 지시대로 옷을 입는 것이 표준이 된다: 여성의 옷은 얼굴과 손을 제외하고 몸, 전체를 가려야 한다. 속옷이 비치는 투명한 것은 안 된다. 무함마드는 "지옥에 거하는 자들은 옷을 입었으나 벗은 것 같은 옷을 입는다. 유혹하거나 유혹을 당한 것 같은 옷은 안 된다." 여성의 옷이 투명한 옷이 아닐지라도 그녀 몸의 곡선이나 몸이 드러나는 것같이 꽉 조이는 옷은 안 된다. 네 번째, 여성은 오늘날 바지나 특히 남성복을 입어서는 안 된다. 다섯 번째, 무슬림 여성이 옷을 선택할 때 비무슬림을 모방하는 유대인, 기독교인 또는 이방인의 옷은 안 된다. 왜냐하면 이슬람은 비무슬림의 형식에 찬성하지 않기 때문이다. 이슬람을 따르는 자들은 그들 자신의 구별된 성품을 신앙과 행동과 외모로 나타내야 한다.[60] 이슬람법을 일반 규범화 한 것으로 무슬림들은 그들의 관행과 외모로서 무신론자들과 식별되어야 한다는 것이다.[61]

위의 규범에 합당한 것이 베일이다. 따라서 무슬림들은 베일 착용을 무슬림 여성에게 당연한 것으로 간주한다. 또한 이슬람 전통주의자들은 베일을 남성들로부터의 보호이자 방패이며, 남성의 입장에서는 여성에 의해 표시되는 유혹의 위험을 막는 것이라고 해석한다.

6. 베일에 대한 전통 이슬람의 견해

무슬림 여성들이 베일을 착용하도록 격려하는 이슬람 학자의 내용을 살펴봄으로써 베일에 대한 전통 이슬람의 견해를 알 수 있다.

> 여성들이여. 이슬람을 받아들이면 이슬람 옷의 부호(code)를 받아들이고. 여성다움이 외국 여성의 문화에 떠밀리는 문화를 거절하라. 베일은 감옥이 아니다. 이것은 예의와 정숙의 성소이며 메시지이다. 이것은 무기이며. 요새이며. 예의와 정숙

---

60) Ibid.
61) 최영길, 『이슬람 문화』(서울: 도서출판 알림, 1999). p. 317.

의 성소이다. 베일은 모욕과 굴욕과 악습의 여러 형태에 대항하여 여자를 보호하는 것이다. 베일과 더불어 이슬람은 여성에게 새로운 기준을 제공하며, 그 결과 여성은 여성 자신을 더 잘 알게 될 것이다. 베일 그 자체만으로는 가치가 없다. 만약 여성이 베일에 대한 꾸란의 가르침을 단지 외형적으로 즉, 정치적, 사회적, 경제적으로 받아들이면, 그것은 의미 없는 의복이 되고, 깊이도 없고 단지, 옷차림의 습관이나 전통에 불과하다. 만약 여성이 베일을 거짓 지식주의와 거짓 헌신에 기초하여 받아들이면 베일은 외형적으로 꾸미는 것에 불과하다. 무슬림 여성들이여, 너의 베일로 네 조국과 전세계 모든 사람들에게 이슬람의 메시지를 전파하라.[62]

무슬림 부인들은 그들의 남편을 제외한 모든 남성 앞에서 베일로 얼굴을 가려야 한다. 왜냐하면 부분적인 이유지만 이슬람교에서 여성들의 구원은 그들 남편에 대한 복종에 의해 가능한 것이지 알라에 대한 복종이 아니기 때문이다.[63] 또한 무함마드가 성숙한 여성은 그녀의 얼굴과 손을 제외 하고는 노출시키는 것이 아니라는 전통을 남겼기 때문이다.

여성이 전신을 가리도록 착용하는 외출복의 형태는 무슬림 공동사회의 관습, 습관, 사회적 지위, 집안 전통, 각종 계층 등에 따라 다르다. 집안에서 행하는 베일에 관한 계명은 생계를 위하여 여성도 일을 해야 하는 일부 무슬림 계층의 경우 상점, 들판, 기타에서도 적용된다. 이 경우에 여성이 얼굴을 망으로 가리지 않아도 되며, 가까운 남성 친척이 방문하였을 때 여성이 집안에서 자기 모습과 장식과 치장을 가리기만 하면 된다. 이슬람에서 이러한 모든 것을 여성의 구속을 위한 것이 아니라 여성의 보호를 위한 전통으로 여겼다. 이후 이슬람에서 여성의 옷의 정숙함에 대한 의미는 보여서는 안 되고 들려서도 안 되고 전체가 덮어지고 격리되어야 했다.

파키스탄의 이슬람 이론가 마우두디는 이슬람 전통 보수주의자들의 베일에 대한 견해를 다음과 같이 요약했다. 첫 번째, 남자는 가족의 생계를 책임져야 하고 여자는 평화와 기쁨의 천국으로서의 가정을 만들어야 한다. 이를 위해 여성은 자기의 의무를 다하기 위한 교육과 훈련을 받아야 한다. 두 번째, 여성은 집밖의

---

62) Zahra Rahnavard, *The Message of Hijab* (London: The Open Press Limited, 1990), pp. 8-12.
63) D. L. 카모디, p. 20.

일을 수행하기에는 적당치 않으며 신체적으로도 중노동이나 경제, 정치, 행정 등의 일에 적합하지 않다. 그러므로 가정적인 일에 종사하여야 한다.[64]

베일은 이슬람의 가치 체제로서 역할을 하고 있는데, 영혼과 마찬가지로 육체의 정숙과 순결의 문제에 높은 포상금을 둔다. 베일은 사회적 모델을 대표하는 행동 부호이다. 이것은 무슬림 여성의 대중적 외모와 대중적 행동을 이슬람의 위치에서 특별히 제한하는 상징이다. 무슬림 여성들은 베일 착용을 종교적 의무로서 응하도록 되어 있다. 여성의 베일에 대한 전통적인 입장은 얼굴을 포함하여 몸 전체를 완전히 덮는 것이다. 몸 전체뿐만 아니라 그녀의 목소리까지도 감춰져야 한다.[65] 그러나 아름다워지려는 여성의 본능 때문에 베일 속의 의상은 물론 베일까지도 치장을 하며 여인들끼리 모여 있는 곳이면 때와 장소에 관계없이 의상 패션쇼가 벌어진다고 한다.[66] 이러한 현상은 베일 속에 자신의 온몸을 가리는 근본주의 이슬람국가일수록 더 심하다. 석유의 힘으로 부유한 중동 국가의 백화점에 진열된 화려한 의상이 이를 증명하고 있다.

7. 수피즘의 베일에 대한 견해

우리는 베일에 대한 수피[67] 무슬림의 생각을 언급하지 않고는 '베일'이란 말의 의미를 충분히 탐색할 수 없다. 수피들은 사람이 갈망해야 하는 무한한 영적 지평선에 접근할 수 있다고 생각한다. 이 상황에서 베일은 기본적으로 부정적인 현상이며, 방해물이다. 수피주의에서 감각 또는 정신적 열정과 사람의 영혼 안에

---

64) 김용선, p. 91.
65) Zakaria Bashier, pp. 15-17.
66) 최영길, 『이슬람의 이해』(서울: 도서출판 신지평, 1999), p. 196.
67) 수피즘은 이슬람 신비주의이다. 수피(sufi)라는 단어는 보통 양털(자기부정과 세상의 물질적 기쁨을 포기하는 표시로서)을 의미하는 것으로 해석되는데 초기 수피의 신비주의자들이 입고 다녔던 털옷을 의미한다. 털로 된 옷을 입은 처음에 세속적인 것에서 벗어나 검약과 고행을 상징했지만, 후에는 수피즘의 추종자들의 상징물로 의미가 바뀌었다. 12세기 이후에는 옷의 형태나 색깔이 종단에 따라 서로 달라졌다. 수피즘의 특징은 금욕주의와 신비주의이며, 인간이 신과 합일될 수 있다고 믿는다. 수피는 거의 모든 이슬람교 분파와 학파에서 발견된다. 수피의 요점은 신과 연합하는 명상, 신의 이름들을 기억함, 신과 연합하기 위한 삶의 여정에서의 정신적 진보 등이다.

신성한 빛을 인식하지 못하면서 베일을 착용하는 사람을 마히웁(mahiub)이라 부른다. 즉, 수피들이 사용하는 용어 마히웁은 의식을 높이는 실험이 가능하지 않으며, 현세의 실재 함정에 빠져 있는 사람을 가리킨다. 수피 지도자 알 하라즈(Al-Hallaj)에게, 이것은 우리의 의식을 감금하는 베일의 뒷면에서 사람에게 허락된 알라(Allah)를 끊임없이 찾는 것이다. 즉 사람은 알라를 찾는 동안 어두운 밤에 그들의 길을 잃었고, 아무 것도 인식하지 않고 힌트만을 인식하게 된다. 사람들은 알-타바리(Al-Tabari)의 설명에 따라 하늘로부터 두 사람 사이에 공간적으로 분리되도록 내려온 베일을 읽게 된다. 베일은 공간적 영역과 가시적 영역사이를 표시하며, 관찰(view)으로부터 무언가를 감출 수 있다.

이것은 수피가 베일을 신령하고 지적인 것을 방해하는 것으로 여기는 것과는 상반되는 표현이 되기도 한다.[68] 베일을 착용한 사람은 개인적으로 제한받는 것이지만 알라께는 순종하는 것이다. 그러나 베일을 착용하는 것에 반대하는 수피의 개념은 베일 착용에 대한 알라의 뜻에 불순종하는 것이 되는 것이다.

일반적인 수피 여성은 교육과 배우기, 정통 종교에서 활동적이다. 수피들은 여성 사이크바스(shaykbas)의 리더십 아래 질서를 이루며 활동한다. 또 다른 리더십 아래서도 대중적으로 활동한다. 그들은 정기적으로 대중 목욕탕에도 가며, 활발한 가정 생활을 통하여 얻은 사회적 사건을 교환하며, 청결과 신선함뿐만 아니라 가장 화려한 옷으로 몸치장을 한다. 그러나 정통 무슬림들은 오직 남성의 분별력과 베일만이 여성의 욕망과 탐욕과 약한 판단력을 없앨 수 있다고 생각한다. 수피주의자들은 보수적인 정통 이슬람교보다 여성들에 대해 좀더 개방적이며, 수피즘의 성인 명부에는 여성들이 꽤 많이 포함되어 있다. 카이로, 알제리, 그리고 파키스탄에는 여성 성인들을 위해서 세워진 모스크들이 있으며, 현재 북아프리카와 터키에서는 신비주의적인 집회에 수천 명의 여성들이 참여하고 있다.[69]

터키 수피종단에서 가장 오래된 신비적 시골 종단인 예세비야(Yeseviya)는 여성들이 베일을 착용 않은 채 디크르(dhikr)[70]에 참가하는 독특한 형태의 터키

---

68) Fatima Mernissi, *The Veil And The Male Elite*(New York: Addison Wesley Publishing Company, 1996), p. 95.
69) D. L. 카모디, p. 182.
70) 연속적으로 알라를 염원하며 암송하는 명상기도.

관습을 갖고 있다.[71] 수피들은 구하는 자와 신과의 사이에 놓인 베일이 거두어지면서 가까워지는 것을 친밀에 근접으로 여기며, 구하는 자와 신과의 아무런 베일도 없는 최고도의 영적 상태를 신과의 연결로 본다. 수피는 베일을 하나님을 보지 못하게 방해하는 것으로서 부정적으로 보는 것이다. 그러므로 수피 여성들은 기도할 때에 베일로 얼굴을 가리지 않는다.

8. 베일을 만드는 조건

알 사부니(Al-sabuni)는 무슬림 여성들이 착용하는 베일을 만드는 조건에 대한 목록을 다음과 같이 만들었는데, 이것은 수행해야 할 종교적 의무로서 제시되었다.[72] 첫 번째, 베일은 종교적인 이유로 인해 몸 전체를 덮어야 한다. 외투는 얼굴과 손을 제외하고 머리와 몸 전체를 가려야 하는, 길고 몸 전체를 덮는 느슨한 긴 웃옷이어야 한다. 이 옷으로 목과 이마, 귀와 귀걸이 역시 가려야 한다. 어떤 학파는 다리는 가리지 않아도 된다고 생각하나, 다른 학파들은 다리도 가려져야 한다는 것에 동의한다. 두 번째, 베일은 얇지 않고 두터워야 한다. 베일의 목적은 덮기 위한 것이다. 만약 베일이 덮는 것이 아니고, 눈에 보이는 것을 가리거나 눈에 보이는 것을 감출 수 없다면 베일이라고 불릴 수 없다. 세 번째, 베일 그 자체가 장식품이나 남의 이목을 끄는 화려하고 현란한 색상으로 된 것이 아니어야 한다. 베일은 장식품이 이방인에게 보여지는 것을 방해할 수 있어야 한다. 옷은 본질적으로 장식품이 되어서는 안 되며, 남성이 여성의 미에 집중될 만큼 매력적이어서는 안 된다. 눈부시게 현혹적인 밝은 색깔, 반짝거리는 장식과 반짝이는 실로 꿰맨 것을 피해야 한다. 옷은 과시하는 것이나 보석으로 꾸미거나, 금과 은실로 꿰매서는 안 된다. 네 번째, 베일은 몸에 딱 붙으면 안 되고, 몸이 반사되어 보이지 않아야 한다. 육체미가 강조되지 않아야 하며, 육체를 유혹하기 위한 것이 아니어야 한다. 피부의 색깔을 감추기 충분할 정도로 두꺼워야 한다. 투명한 것이나 속이 비치는 것은 적합하지 않다. 옷이 남의 눈에 뛰면 안 되며,

---

71) H. A. R. 깁, 『이슬람 그 역사적 고찰』, 최준식·이희수 공역(서울: 문덕사, 1993). p. 164.
72) Hamdun Dagher. pp. 117-118.

밝은 색깔과 시선을 집중시키는 디자인도 안 된다. 다섯 번째, 입은 옷이 남자를 자극하며, 어떤 방법으로도 육감적이어서는 안 된다. 무함마드는 "모든 눈이 간음죄를 짓는 것처럼 보이며, 만약 한 여성이 자신의 옷에 향수를 바르거나 남자들이 앉아 있는 그룹을 지나가거나 한다면 그녀는 창녀이다"라고 했다. 옷에서 향기가 나서는 안 된다. 여섯 번째, 입은 옷이 남자의 옷과 또는 남자가 입은 어떤 경우와도 비슷해서는 안 된다. 여성의 옷이 남성의 옷을 닮으면 안 된다. 남녀가 같은 바지를 입으면 안 된다. 여성은 여성용으로 남자는 남자용으로 입어야 한다. 일곱 번째, 비무슬림들의 옷과 비슷해서는 안 된다. 베일의 기능들 중에 하나는 그녀가 무슬림이라는 자부심을 갖게 하며 입는 자에게 정체감을 준다.

9. 베일의 유형

무슬림 여성의 베일의 유형은 지역, 일의 종류, 일의 상황, 문화와 사회 기준, 사회와 사람의 윤리적 표준, 관계종류에 따라 넓고 다양하다. 현대 무슬림 세계에서 베일 착용은 매우 다양하게 행해진다. 사우디아라비아의 모든 계층의 여성들은 강제적으로 베일을 쓴다. 베일 착용이 강제적이지 않은 아프리카, 인도네시아, 말레이시아, 세네갈의 다양한 무슬림 지역의 베일은 섬유와 디자인이 확실하게 다르다. 대개 베일의 색깔이 검정색일 것이라고 생각하지만, 모로코와 튀니지의 베일의 색깔은 화려하고 다양하나 특히 베이지 색상을 선호한다. 인구의 87%가 무슬림인 방글라데시의 여성들은 인도 여성들과 같이 사리(sari)를 입는다. 사리는 긴 무명 또는 비단천으로 색상은 매우 화려하며 여성의 허리에서 어깨로 걸치고 나머지는 머리에 쓰므로 베일 역할을 한다. 이와 같이 이슬람권 나라마다 베일의 색상과 길이는 사회 환경과 기후 등의 영향을 받아 다양하다.

아시아 지역에서 사용된 여성의 폐면용 베일은 다양하지만 그 구조상 특징을 중심으로 3가지 유형으로 나눌 수 있다. 즉, 면사포형, 너울형, 의복형으로 분류된다. 각 유형별 특징에 관해 살펴보면 다음과 같다.

(1) 면사포형

면사포형은 모래, 먼지 바람, 강렬한 햇빛 등을 가리기 위해서 사람이 얼굴을 가릴 필요가 있을 때 사용하며, 옷감을 있는 그대로 머리에 쓰거나 둘러서 얼굴을 가린다. 이 베일의 형태는 옷감에 특별한 재단과 봉제가 되어 있지 않은, 대부분 사각형의 단순한 구조로 되어 있다. 이 형태는 아시아 각지에서 쉽게 발견된다. 이러한 종류의 베일은 정방형, 장방형, 반타원형 등 모양과 크기도 매우 다양하다. 이 베일은 크기와 길이에 따라 전신을 가리는 것, 머리와 어깨를 덮는 스카프형, 그리고 얼굴만을 가리는 복면형으로 다시 나눌 수 있다.

① 전신 은폐용

전신을 가리는 은폐용 베일은 정통 이슬람 국가나 무슬림들이 주로 사용한다. 이란과 아프가니스탄의 무슬림 여성들은 주로 어두운 색상의 전신 은폐용 베일을 착용한다.

전신 은폐용 베일은 농사를 짓는 농민과 사막에서 생활하는 유목민, 노동자 등에는 적합하지 않고, 주로 도시 상류층이 외출용으로 착용하는 베일이다. 때로는 다른 베일과 함께 착용한다

② 스카프형(두건형)

베일은 머리, 목, 어깨를 덮는 단순한 사각형의 쇼올과 스카프 모양 등이 있다. 전신은폐형 베일을 착용하기에 불편한 노동자, 농민과 유목민 사이에 두건용 베일이 애용되고 있다. 아라비아 반도에서 애용된 부크누크(buknuq), 미파(mifa), 쿠바아(quba'a), 이집트의 타르하(tarha) 등이 이에 속한다. 아라비아 베드윈들의 두건형 베일, 아프카니스탄 여성들이 탈레반 정권 때 착용한 전신은폐용 부르카(burqa)와 터키의 야쉬막(yaşmak) 또는 챠르샤프(çarşaf)가 이에 속한다.

③ 복면형

복면형 베일은 크게 두 가지로 나누어 얼굴만을 가리는 것과 얼굴과 머리 전체를 가리는 것으로 나눈다. 복면형 베일은 남녀의 엄격한 격리를 위해 착용하며 두건형이나 또는 의복형, 또는 의복형 베일과 함께 사용한다.

(2) 너울형

너울형의 베일의 예로 서구 여성들이 정장을 입을 때 머리에 착용하는, 앞부

분에 망사를 달아 내린 차양이 달린 모자를 들 수 있다. 이 베일은 망사와 같은 반투명한 얇은 천으로 되어 있어 착용자의 모습이 외부에 드러나게 되어 있다. 바람이 강한 서아시아에서는 착용할 수 없으며, 주로 동북아시아 중국, 일본, 한국에서 사용했다.

(3) 의복형

면사나 너울형의 베일과는 달리 재단과 봉제가 된 베일로서 의복 형태를 갖고 있으며 다른 종류의 베일과 함께 사용할 수 있다. 의복형 베일은 전신을 가릴 수 있는 것으로 우리나라의 장옷이 이에 속한다. 이 베일은 구조상 노동을 해야 하는 시골보다 도시지역에서 애용했으며, 냉기를 막아 주는 역할을 하기 때문에 겨울이 있는 중앙아시아 등에서 사용한다.

10. 베일 착탈[73]의 결과

무슬림 여성들이 베일 착용을 거부하는 죄는 다른 죄보다 더욱 엄격하다. 그 이유는 다음과 같다: 첫 번째, 다른 사람이 볼 수 있도록 공개적으로 저지르는 죄이기 때문이다. 종교적 이유뿐만 아니라 이 세상의 정부의 법을 공개적으로 배반하는 것은 용서받지 못한다. 두 번째, 베일 착용을 거부하는 죄의 결과는 이 죄 한 가지로 끝나지 않는다. 사람들은 이것을 추저분하고 부끄러운 행동을 격려하고 퍼뜨리는 것이라고 생각한다. 또한 이것은 이 세상과 그 후 세상에서도 알라의 처벌을 받는 전체 사회에 궁극적으로 영향을 주는 것으로 여겨진다. 그러한 죄는 살인까지도 포함하는 다른 악한 모든 종류의 길을 가능케 한다는 것이 일반

---

73) 무슬림 여성들 중에 베일 착용을 거절한 사람이 있다. 가장 유명한 사람은 무함마드의 손녀 수카나(Sukayna)이다. 무함마드의 딸 파티마(Fatima)는 알리(Ali)와 결혼하여 딸 수카나(Sukayna)를 낳았다. 알리는 4대 칼리프로 무슬림의 첫 번째 정치적 테러리스트이다. 수카나는 카르바라(Karbala)에서 그녀의 아버지 알리가 처형을 당하는 현장에 있었다. 그 슬픔은 수카나가 정치적, 억압적, 독재적인 이슬람과 베일을 포함하여 개인의 자유를 방해하는 모든 것에 반대하여 반란을 일으킨 것을 부분적으로 설명하고 있다. Fatima Mernissi, *The Veil and the Male Elite*, p. 192.

적인 생각이다.[74] 이슬람에서 여성들이 베일을 착용하지 않고 그들이 집을 자유롭게 떠나는 것은 더 나쁜 점으로 여겨진다. 그들은 위선자이며, 이들 중에 거의 모든 여성은 패러다이스(천국)에 들어갈 수 없다고 생각하는 것이 일반적이다 (Sunam Al-Baihaqi).[75] 이러한 내용이 무슬림 여성들로 하여금 베일을 착용하도록 간접적으로 압력을 주고 있다.

---

74) Mohammed Ismail Memon Madani, p. 115.
75) Ibid., p. 11.

제 5 장
베일의 상징성

    이슬람 역사를 통하여 여성의 역사를 연구할 때, 우리는 지역에 따라 비슷한 점과 차이점이 나타나는 것을 볼 수 있다. 오늘날 이슬람이 부활하는 데에 있어서 가장 눈에 띄는 요인 중의 하나는 이 부활이 남성이 아닌 여성에 의해 이루어졌다는 사실이다. 이 일을 위해 여성들은 베일 착용으로 회귀하였다. 이와 같이 베일은 이슬람 이념의 한 요소이다. 베일은 이슬람이 설계하고 있는 사회를 알리고 있으며,[1] 이슬람의 출현을 상기시키며, 여성들의 문화적 가치와 전통의 상징[2]이 되었다. 한 나라에서 베일 착용의 상징성은 한 가지 이상이 될 수 있다. 이것은 베일이 이슬람권 나라에서 사회 여러 면에 다양한 영향을 미치고 있는 것을 증명하는 것이다.

---

    1) Zahra Rahnavard, p. 13.
    2) 상징(symbol)에 대한 일반적 정의: 상징이라는 것은 하나의 표시에 많은 의미가 있고, 사회적, 심리적 영향력이 크며, 그리고 의미하는 내용이 눈에는 보이지 않는 추상적인 개념이다. 상징은 우리 속에 있는 것들을 외적 형태(form)로 나타내는 것을 말하며, 모든 사람에게 이해되어지는 것은 아니며 어떤 문화를 공유하고 있는 사람들에게만 이해된다. 상징의 본질은 문화의 형태(form)와 의미(meaning)가 복합된 것이다. 상징의 형태는 하나이지만 단 하나의 의미만을 전달하지 않고 여러 의미를 함께 전달하며(예, 추상화), 의미는 다양한 차원(지적, 정서적, 가치적)의 동기를 전달한다. 상징은 공동체가 갖고 있는 것과 한 개인이 갖고 있는 것이 다르다. 상징은 인간이 현실세계에 관하여 갖고 있는 묵시적 가정, 즉 세계관을 반영하기도 한다.

1. 현대 이슬람권 여성

이슬람권 사회에서 여자에 대한 가장 큰 제한은 여자의 베일이며,[3] 베일은 긍정적, 부정적인 이중의 관점을 가지고 있다.

모로코 무슬림 사회학자 화티마 메르니시(Fatima Mernissi)는 베일의 개념이 기독교의 죄의 개념이나 미국 상류사회에서의 신용(信用)처럼 이슬람 문화의 중심개념이라고 주장한다.[4] 이처럼 이슬람 사회에서 베일은 그 중심의 위치에 있다. 20세기초에는 전체 무슬림 여성의 약 99%가 문맹이었다. 무슬림 지도자들이 학교 설립을 강력하게 반대하여 무슬림 여학생들을 위한 공립학교는 전혀 없었다.[5]

1900년대에 여성의 지위는 놀랄 만큼 신장되었지만 아직도 지구촌 곳곳에서는 믿기 어려운 성차별이 행해진다. 그 대부분은 아쉽게도 이슬람권 국가에서 찾아볼 수 있다. 1999년 2월 후세인 요르단 국왕의 장례식에 참석하려고 요르단에 온, 미국의 퍼스트 레이디 힐러리 클린턴 여사와 네덜란드의 베이트릭스 여왕 등 여성 조문객들은 장례식에 참석하지 못했다. "여성들은 장례식에 참석할 수 없다"고 규정된 이슬람 율법 때문이다.[6]

이라크나 시리아, 레바논, 튀니지, 알제리 혹은 터키나 이란과 같은 이슬람 국가들은 그 역사가 다름에도 불구하고, 여성들이 민족주의 운동에 커다란 역할을 해냈다는 공통점을 가지고 있다. 이집트의 후다 샤르아위와 마찬가지로 알제리의 자밀라 부파샤는 여성 영웅 가운데 한 명으로 인정받고 있으며, 역사의 한 장을 차지하고 있다.

이슬람 국가에서는 전통 법에 따라 결혼 연령을 올렸는데 이집트와 파키스탄에서는 현재 여자는 최소한 16세로하고, 남자는 최소한 18세로 규정하였다. 시리아에서는 1953년 결혼한 무슬림 남성이 또다시 혼인하려면 법원의 허락을 받

폴 히버트, 『선교와 문화인류학』, 김동화, 이종도, 이현모, 정홍호 역(서울: 죠이선교회출판부, 1996), pp. 201-205; 안영권, '선교인류학,' 아세아연합신학대학교 대학원 강의안(1999년), p. 41.
3) 전호진, 『종교다원주의와 타종교선교전략』(서울: 개혁주의 신행협회, 1994), p. 300.
4) Fatima Mernissi, *The Veil And The Male Elite*, p. 95.
5) 존엘더, p. 88.
6) 이종훈, '이슬람권 여성해방 아직도,' "동아일보" 2000년 4월 1일자, p. 15.

아야 했다.

　20세기초 이집트의 독립과 더불어 여성의 위치가 재정립되기 시작했다. 1930년대 여성 교육의 확대, 특히 대학 교육의 허용은 여성의 권한과 사회 참여의 확대를 가져왔다. 이집트 여성은 사회적으로 전문적인 일자리를 확보할 수 있다.

　튀니지에서 1900년 5월 1일 무슬림 소녀들을 위한 공립학교가 처음으로 개교했다. 교과과정은 아랍어로 된 꾸란 읽고 쓰기, 회계, 불어로 문학, 역사, 보건, 가정으로 프랑스인 여자 교사들이 가르쳤다. 1945년 여자 대학이 생겼으며, 1952년 튀니지 여성이 학장이 되었다.[7] 1957년 튀니지에서 부르기아 대통령이 일부다처제를 불법이라고 공포했다. 그는 튀니지를 관광국으로 개방하였고, 여성의 교육과 지위에 대하여 개방적이었다. 그는 높은 지위에도 불구하고 검소한 생활을 몸소 실천하여, 그의 사후 오늘날까지도 튀니지 국민들에게 존경과 사랑을 받고 있다. 오늘날 튀니지 여성들은 사회, 문화, 정치적인 면에서 중요한 진보를 하고 있다.

　아랍에미레이트(United Arab Emirate), 두바이 등은 외국계 기업의 중역을 초청, 여성 창업 희망자를 위한 세미나를 개최했다. 현대 이슬람 국가들 가운데 여성들이 군인이 되어 총을 사용하는 역할을 하고 있다. 1999년 2월 중순 처음으로 노동성 차관에 여성을 임명했다. 다른 한편으로는 여성의 운전행위 자체가 금지된 아랍권에서는 처음으로 아랍에미레이트의 두바이에 여성 택시운전사 7명이 등장했다. 3개월간 엄격한 운전사 훈련을 받은 뒤 취업한 여성운전사들은 남자 승객을 태울 수 없고, 야간 영업행위가 금지되며 항상 얼굴과 몸을 가리는 복장으로 어린이와 여성만을 태워야 한다.[8]

　바레인은 1932년 아랍 이슬람 국가 중 가장 먼저 여성의 학교 입학을 허용했으며 현재 남녀간의 임금 격차도 거의 없다. 아라비아해의 소국 카타르는 1998년 말 여성의 운전면허 제한을 대폭 제한했다. 1999년 3월 8일 실시한 최초의 지방의회 선거에서는 사상 처음으로 18세 이상 여성에게도 선거권이 주어졌다. 여성 차관이 3명이나 되는 오만에서는 97년 10월 선거에서 여성 의원도 2명이

---

　7) Abdelbaki Hermassi, *Tunisian Women Through The Ages*(Tunis: Inititute National du Patrimoine, 1997), p. 66.
　8) 편집부, '중동은 지금,' "중동선교" 2000년 7, 8월호 제64호, p. 13.

탄생했다.[9] 미국의 영향을 가장 많이 받고 있는 쿠웨이트에서는 걸프지역 국가 중 유일하게 지난 92년부터 선거를 통해 의회를 구성하고 있지만 여성에게는 선거권과 피선거권이 주어지지 않고 있다.[10] 쿠웨이트에서 여성은 점차 정치 경제의 전면에 나서고 있다. 레바논 여성의 경우, 은행, 병원, 상점, 방송들에서 활동이 두드러진다.

사우디아라비아는 이슬람 국가 중에서 가장 보수적인 국가 중의 하나로 꼽힌다. 그 동안 이성간의 접촉을 금하는 계율에 따라 여성의 직업은 여학교의 교사, 간호사, 여성전용은행 창구직원 등에 한정되었다. 하지만 1998년 말 동부 다란의 호텔에 처음으로 여성 종업원이 등장했다. 전화교환원과 예약업무에 한정되어 있어서 손님을 직접 대하는 업무는 아니지만 여성의 직종 확대에 큰 진전을 가져왔다고 평가된다.[11]

그러나 가정에서 남편과 아내의 재산이 분리되어 있어 남편이 생활비는 전적으로 부담하지만 전화요금이나 자동차 구입 등은 남편과 아내가 분담한다. 각 가정에는 응접실이 두 개 있다. 하나는 남성이 방문했을 때에 남편이 사용하는 곳이고, 다른 하나는 여성이 방문했을 때에 아내가 사용하는 곳이다. 여성의 권리는 여전히 남성에 의존한다. 아내는 남편에게 복종하여야 하며, 이혼하여 친정에서 생활한다면 친정 아버지나 오빠 또는 남동생의 의견을 따라야 한다.

사우디아라비아 신문 알 리야드지는 한 신랑이 결혼식 파티장에서 "시어머니가 춤을 잘 못 춘다"고 불평한 신부와 그날 밤 이혼했다고 보도했다. 신문에 따르면 이혼당한 이 신부는 춤추는 시어머니를 보고 "어머니는 좀 앉아 계시라고 하세요. 결혼식에서 하객들에게 보여 주기에는 좀 곤란하네요"라고 신랑에게 말했다는 것이다. 이에 격분한 신랑은 곧바로 이혼을 선언하여 하객들을 놀라게 했다. 이슬람 율법에 따라 남편이 아내에게 "이혼이야"라고 세 번 말하면 합법적 이혼이 성립된다고 신문은 전했다.[12] 1999년 12월 사우디아라비아 정부는 여성의 권리 확대 차원에서 사상 처음으로 신분증을 발급하기로 하였다. 그러나 아직

---

9) 배병우, '차도르 벗고 여성해방 스매싱,' "국민일보" 1999년 3월 24일자. p. 30.
10) 최준호, '민주화 움트는 중동의 봄,' "중앙일보" 1999년 3월 10일자. p. 10.
11) 배병우.
12) 이상욱, '왜 법원서 이혼하나요, 사우디선 3번 외치면 끝,' "조선일보" 1999년 8월 7일자. p. 9.

도 혼자서 차를 운전하거나 식당에서 혼자 음식을 먹는 것이 금지돼 있다.

이란은 여성의 사회진출에 관해서는 역내 최고 선진국이다. 여성과 젊은 층의 압도적 지지로 당선된 하타미 대통령은 1997년 8월 취임 이후 부통령, 판사, 경찰관, 여대총장에 여성을 임명했고 여성 국회위원도 10여명에 이른다. 여성 기업가를 지원하는 움직임도 두드러진다. 여성 경찰관만으로 운영되는 경찰서가 1999년 8월에 북동부 마슈하드에서 문을 열었다.

요르단강 서안지구 팔레스타인에서 남성 중심 문화에 도전한 최초의 여성시장이 나왔다. 그녀의 이름은 수하리르 타하이로서 초등학교 교장으로 재직 중에 키르벳 퀘이스시의 시장에 선출되었다. 그녀는 키르벳 퀘이스시를 팔레스타인 자치지구 내에서 가장 모범적인 도시로 만들었다. 대외 교섭력도 상당해 수로 건설과 전기, 전화선 가설을 추진하며 이미 유엔과 팔레스타인 자치정부의 자금지원도 따냈다. 그녀는 4명의 자녀를 둔 어머니, 아내, 교장, 시장으로 1인 4역을 소화하고 있다.[13]

인도네시아는 전체 국민(2억 1000만 명)의 88%가 이슬람교 신자인 대표적인 이슬람 국가이지만 여성부를 창설(83년)한 뒤부터 남녀평등에 대한 노력을 꾸준히 전개해 왔다. 국회의원 가운데 여성비중은 현재 11.4%를 차지 한다. 이것은 인접한 말레이시아(5.1%), 싱가포르(4.8%)보다 훨씬 높은 수치이다. 여성들의 고용기회도 농업이나 수공업에서 금융계나 서비스산업으로 급속히 확산되고 있다.[14] 2001년에는 메가와티 여사가 대통령이 되었다.

방글라데시 여작가 나스린은 『꾸란』을 모독했다는 이유로 이슬람교도의 살해 위협을 받아 해외 도피 길에 올랐다. 그녀는 '여성판 살만 루시'로 불린다. 나스린이 '신성모독'의 멍에를 쓰게 된 것은 1994년 5월 한 인도 신문과의 회견에서 "여성의 권익을 무시하는 꾸란은 완전히 수정돼야 한다"며 이슬람사회의 남녀차별 현실에 반기를 들었기 때문이다. 그는 이 인터뷰 이후 이슬람권의 거센 분노를 사 당국에 체포됐으나 국제인권단체 등의 반발로 1994년 스웨덴에 망명했다가 4년 만인 1998년 9월 귀국했다가 1999년 1월 다시 스웨덴으로 피신했다.[15]

---

13) 김병훈, '이슬람 사회 첫 여시장으로 1인 4역,' 『중앙일보』 1999년 11월 2일자, p. 20.
14) 채수환, '여권신장은 국가경쟁력과 직결,' 『매일경제』 2000년 2월 1일자, p. 11.
15) 황유성, '코란 모독 살해 위협 다시 스웨덴 피신,' 『동아일보』 1999년 1월 29일자, p. 9.

현재 방글라데시는 셰이크 와제드 여사가 총리이다.

2000년초 아프리카 나이지리아의 잠파스 주정부는 여자 축구를 금지시켰다. 여성들이 축구를 하는 것은 이슬람 율법에 합당하지 않다는 것이다. 모로코에서는 결혼을 앞둔 여성의 처녀성을 검사하는 일이 많고 이혼 여성에게는 자녀 양육권이 인정되지 않는다. 오만에서는 2000년 9월 14일 총선에서 2명의 여성이 국회의원에 당선되었다.

1992년까지 아프가니스탄 인구는 2천만 명인데, 지난 20년 간 2백50만 명이 피살되거나 사망했다. 지금도 매년 12만 5천명, 하루에 340명, 시간당 14명, 5분의 1명꼴로 사람들이 살해당하거나 사망하는 비극이 되풀이되고 있다. 이로 인하여 많은 아프간 난민들이 해외에 불법 이주한다. 이란의 경우 불법 이주를 도와주고 돈을 챙기는 조직들이 있다. 대부분 아프가니스탄 사람들은 알선료가 없어 대신 13-14살 된 어린 딸을 볼모로 맡기는 경우가 많다. 그 돈을 벌어 갚는 것은 거의 불가능하기 때문에 어린 소녀들은 대부분 개인의 소유물로 전락한다. 현재 이란 국경 도시에는 아프가니스탄 소녀가 2만 4천명 정도 살고 있는 것으로 파악된다. 1996년 아프가니스탄 정부를 장악한 탈레반은 여성들의 학교 수업을 공식적으로 금지했다. 간음죄를 범한 여인은 숨질 때까지 돌로 쳐죽이도록 했다. 여자 의사가 없으며, 여성이 치료받으려면 의사에게 진찰을 직접 받는 대신 아들이나 남편을 병원에 보내어 증상을 설명하고 대신 처방을 받아온다. 결혼할 때에 여자의 의견은 전혀 고려하지 않고 일부다처는 보편적이다.[16]

2001년이 세 번째인, 1999년 창설한 무슬림 여성 체육대회는 무슬림 여성의 지위 향상을 위해 마련된 것이다. 2001년 10월 24일부터 이란의 수도 테헤란에서 열리고 있는 '무슬림 여성 체육대회'에 이슬람권은 물론 인도, 영국 등 전세계의 무슬림 여성이 출전하며 올해는 27개국이 참가했다. 태권도, 육상, 배드민턴, 사격, 체스 등의 종목에 아프가니스탄 대표팀은 반군인 북부동맹의 지원을 받아 집권 탈레반의 감시망을 뚫고 천신만고 끝에 참가했다. 탈레반은 여성의 운동을 인정하지 않는다. 이들은 "탈레반이 통치하고 있는 아프간의 참상을 전세계에 알리고 아프간의 여성의 사회적 지위를 향상시키기 위해 출전했다"며 "베일

---

16) 배장수, '아프간은 흐느끼고 있었다.' "경향신문" 2001년 10월 10일자, p. 23.

(부르콰)을 착용하고 수개월간 여러 도시를 돌아다니며 선수를 뽑았다"고 말했다.[17]

아프리카 수단(Sudan) 경찰은 수도 하르툼 시내 주유소와 호텔, 식당 등 남성과 직접 접촉할 여지가 있는 공공장소에서 여성들이 일하는 것을 금지하는 포고령의 시행에 들어갔다. 이슬람 율법에 따라 공공장소에서의 여성 취업을 금지령을 발표하면서 "이는 여성들의 고귀한 지위를 존중하기 위한 것"이라고 주장하였다.[18]

이슬람 국가들 가운데 파키스탄의 전 수상 베나지르 부토와 터키의 전 수상 탄수실라가 여성이었다. 그 외 장관, 외교관, 저자, 교육가, 법관, 의사 및 기자 등으로 여러 전공 분야에서 다양한 종류의 직업을 가지고 활동하고 있다.

1990년대 이후 사우디아라비아, 이란과 아프카니스탄 등을 제외하고 베일 착용이 의무화된 나라에서도 전신을 감싸는 검정 망토식 전통 차림의 베일이 화려한 색상의 스카프형으로 바뀌고 있다.

2. 베일의 상징성 영향

현대 무슬림 여성의 세계는 격리와 개방이라는 이중의 얼굴로 모습을 드러내고 있으며, 아직도 다수의 무슬림 여성들이 베일과 격리의 전통에 가려져 살고 있다. 무슬림 여성의 베일의 기능 중에 하나가 무슬림 여성들에게 자부심을 갖게 하며 무슬림으로서 정체감을 주는 것이다.[19] 따라서 무슬림의 베일은 무슬림 여성들의 문제에서 가장 중요한 요소가 아니라고 할지라도 가장 중요한 상징적 요소이다. 베일은 무슬림 여성의 대중적 외모와 대중적 행동에 근거하여 이슬람 위치를 특별히 한정함으로써 상징화한다.[20] 서구에서 베일은 무슬림 여성의 상징으로 책의 타이틀 또는 표지 모델, 신문 잡지의 기사, 토론회, 인쇄물, 영화들에서 변함없이 다양하게 사용되고 있다.

---

17) 하종대, '아프간 참상 고발하려 출전했죠,' "동아일보" 2001년 10월 31일자, p. 18.
18) AP 연합, '수단 공공장소 여(女)취업 금지,' "중앙일보" 2000년 9월 7일자, p. 11.
19) Huda Khattab, p. 16.
20) Zakaria Bashier, p. 16.

오늘날 이슬람운동은 계속해서 성장하고 있으며, 베일은 이러한 역동적 현상 속에서 종교적 상징, 의식, 문화적, 정치적 역할을 하며, 나라에 따라서는 한 가지 이상의 상징성을 갖고 있다. 예를 들어 오늘날 이란에서 여성의 베일 착용은 이슬람에서 세운 규율대로 좀더 도덕적이며, 경제적 이며, 정치적인 면과 사회생활을 요구하는 여성의 요구를 상징화하고 있다. 이와 같이 무슬림의 관점에서 베일은 여성에게 사회적, 문화적, 경제적, 종교적, 심리적, 정치적인 면으로 유익을 주장하므로 그들의 다양한 관점과 기능을 살펴보고자 한다.

(1) 사회적 영향

현재 이슬람 운동은 모든 경우에 여성의 사회적 역할과 삶에 강하게 영향을 주고 있다. 베일 착용의 실천은 다른 문화와 사회적 상황을 반영하는 것으로 실재를 바라보게 한다.

무슬림들의 베일에 대한 생각은 다음과 같다. 베일은 방어 수단과 안전감을 준다. 여성의 베일은 간음과 간통죄를 발생하지 못하도록 하는 예방수단으로 볼 수 있다. 베일은 일반적으로 사회적 교제가 제한되거나 금지된 친족이 아닌 남자의 눈으로부터 육체적 매력이나 여성의 정체성을 보호하는 것으로 일반적으로 말해지고 있다. 따라서 베일은 분리된 공간에서 남성과 여성 사이의 접촉을 조정하는 형식적 가능성의 기능을 가지고 있다. 가정들에게 닥치는 문제를 잘라내는 책임이 여성에게 있듯이 베일은 유혹을 방지하고 사회를 보존하기 위하여 여성에게 강요되고 있다.[21]

베일은 남성에 의해 지배되는 공적인 공간 속에 들어가서 활동할 수 있는 가능성을 만들어 준다. 베일은 대중들 앞에 여성만을 위한 공간을 만들어 주는 힘이 있다. 베일 착용을 엄격하게 주장하는 여성들 중에서 대중 앞에 필요한 행동과 직업, 교육, 사치 생활을 추구하기 위하여 베일을 착용하는 여성도 있고, 전통적인 여성은 이러한 것을 피하기 위하여 외출 시에 베일을 착용한다. 이란에서 베일을 착용한 여성은 대중적 영역에 접근할 수 있는 이익을 얻으며 전통적인 영역과 테두리를 재평가하며, 그들의 위치를 다시 정의할 수 있게 하기 위한 것이다.

베일은 신분 및 권위의 상징이다. 베일은 무슬림 여성의 권위의 상징이다. 현

---

21) Hamdun Dagher, p. 120.

대의 무슬림 여성들은 그들의 선배와 달리 그들의 일터를 유지하고, 인종차별의 공동체 안에서 리더십의 역할을 유지하기 위하여 싸울 때 베일을 착용한다. 사우디아라비아 사회에서 이슬람을 이용하여 여권운동을 하는 한 가지 방법은 베일을 착용하는 엄격한 복장을 입는 것이다. 이렇게 함으로써 국내에서 그들의 주장이 더 정당성을 얻는다. 이처럼 베일을 착용하는 것이 그들의 목적을 달성하는 방법이다. 베일을 착용하여 격리가 보다 덜 엄격하며 얼굴을 드러낸 천한 계층의 여성과 비교함으로써 결과적으로 자신들이 신분이 높고 권위가 있는 여성임을 나타낸다. 요르단의 야르모우크 대학교(Yarmouk University) 여대생들은 1980년대에 베일 착용의 숫자가 점차로 증가하였다. 1980년에 여성의 17%가 베일을 착용하였다. 1986년에는 39%, 1989년에는 47%가 베일을 착용하였다.[22]

베드윈의 베일에 각종 색상의 자수와 장식을 하는 것은 아름다움을 추구하는 목적과 더불어 자신의 재산이나 지참금을 과시하는 목적도 있다. 상류층을 중심으로 한 베일 착용은 좋은 가문의 표시이며 특권의 상징으로 여겨졌다. 상류층은 자신의 의복이 하층민과 동일해지는 것을 피하고 자신의 지위를 과시하고자 베일을 착용하게 되었을 것이다. 그리고 도시 여인들은 이를 모방하고자 하였을 것이다.

베일은 정체성을 분명하게 전달한다. 많은 사회에서 변화는 명백하며, 그것은 옷에 의하여 두드러진다. 문화의 정체성이 가장 눈에 뜨이는 것이 그들의 옷이다. 베일 착용이 신분의 위치와 정체감을 나타내는 것은 매우 공통적인 현상이다. 이것에 대한 이슬람 공동체(움마)의 전제는 정당성을 강조하고 부의 평등을 나누는 것이다. 특히 중동 사회에서는 자신의 정체성에 대한 확인, 자신의 근원에 대한 확신, 같은 옷을 입는 사람들과의 인지적 상징으로서 매우 중요한 의미가 있다. 하디스에 따르면 "베일은 비신자와 신자를 구별하는 경계"이다.[23]

베일은 행동을 자유롭게 한다. 18세기 작가이며 여행가인 몬타구(Montagu)는 베일을 쓴 여인을 관찰했을 뿐만 아니라 베일을 직접 사용하기까지 했다. 이 경험은 그녀의 동료들로 하여금 베일착용이 여성을 압박하는 풍습이 아니고 자

---

22) Karin Ask and Marit Tjomsland. ed., *Women and Islamization*(New York: Berg, 1998), p. 90.
23) 버나드 루이스, p. 8.

유롭게 하는 것이라고 믿게 했다. 왜냐하면 그들이 누구인지 인식하지 못하게 하기 때문이다.[24] 베일은 여성의 자유를 제한하기 위한 것이 아니고 악한 사람들로부터 해로움을 당하거나 치근거리는 사람으로부터 보호하기 위한 것이었다.

오스만 시절 이집트에서 중류사회와 노동자층 여성은 베일을 착용하지 않았다. 여성이 대중 앞에서 얼굴과 목을 덮은 베일을 착용하는 것은 자신이 상류층 여성임을 표시하는 것이었다. 이들은 존경스럽고 접근이 어려운 상대였다. 하인과 노예들은 얼굴을 덮는 베일을 착용하는 것이 허락되지 않았다.[25]

이집트 시골에서 미혼 여성들은 밝은 면이나 얇은 비단 드레스를 입는다. 그러나 결혼한 여성은 비단 옷이나 면 위에 검정 옷을 입지 않고는 대중 앞에 나타나지 않는다. 북쪽 이집트 옷은 겉옷을 길게 늘어트린 어깨 쪽에 장식품이 달린 옷을 입는다. 특별히 때때로 검정 벨트를 한다. 북쪽 여인은 스카프에 검정 벨벳이 달려 로마식 갓의 인상을 준다. 남쪽 옷은 더 느슨하며 더 밝은 반투명의 면 옷을 입는다. 시골 미혼 여성은 그들의 머리 위에 스카프를 착용한다. 이집트 중류 사회 여성은 친척 아닌 남자가 방문하여 오면, 언제든지 그들의 침실 밖에서는 종교적인 옷, 베일을 착용하는 경향이 있다. 이집트에서 베일을 착용한 여자 대학생들은 여성의 교육과 고용에 대하여 새로운 관점을 가지고 있다.

정통 무슬림들은 여성의 교육을 좋은 부인과 어머니가 되기 위한 준비로 인식하고 있다. 그들은 여성이 일하는 것에 대하여 양면 가치를 두고 있다. 베일을 착용한 여성의 33.2%는 여성이 당당하게 일하는 것에 대하여 찬성한다. 여성의 33.7%는 오직 그들이 일할 필요가 있을 때에만 일해야 한다고 주장한다. 여성의 20.9%는 전통적인 여성의 일과 교사, 의약, 사회사업들에만 종사하는 것을 찬성한다. 베일을 착용한 여성 중에 12.2%만이 여성이 일하는 것에 대하여 반대한다.[26]

또한 젊은 여자 대학생의 베일에 대한 생각의 변화를 일률적으로 알기는 어렵다. 이들의 생각은 사회경제적 배경, 가족 수입, 아버지의 직업 또는 부모의 교육에 의하여 좌우되는데, 베일을 선택하는 비율이 아주 높은 편이다. 베일을 착

---

24) Ibid., p. 13.
25) Fadwa El Guindi, p. 104.
26) Suha Sabbagh, ed., p. 175.

용한 48.2% 여성 중에서 23.2%는 가족 중에 자기만 베일을 착용했다고 말했다. 베일을 착용한 여성에게 가족이 그들의 결정에 어떤 반응을 보였는가를 물어 보았더니, 71.29%는 가족이 동의했다고 했다. 12.8%의 가족은 아무런 의견도 말하지 않았고, 15.5%의 가족은 반대했다. 베일을 착용한 여성 60.5%가 그들이 베일을 착용하는 이유를 가족에게 설명했고, 26.3%는 가족의 반대를 무시하고 베일을 착용했다. 13.2%는 알라께 가족을 올바로 인도해달라고 부탁했다고 하였다.[27] 이집트에는 여성권투연맹이 결성되어 여자선수들이 활동하고 있으며 이들 중에는 베일을 착용한 여성도 있다. 북아프카에서 가장 서구화된 튀니지(Tunisia)에서는 중년의 여성들은 베일용 스카프를 착용하며 도시 젊은 여성들은 서구식 옷을 입고 거리를 걸어다니는 것을 흔히 볼 수 있으며, 해변가에서는 서구식 수영복만 입고 수영을 즐기는 모습도 흔히 볼 수 있다. 다른 한편으로, 전신은폐용 베일을 착용하고 다니며 정부에 대항하는 이슬람 원리주의자로 오인되어 경찰의 감시대상에 오른다. 모로코(Morocco)의 카사브랑카와 라바트 길거리에서도 배꼽티에 청바지를 입은 젊은 여성들과 베일용 스카프를 착용한 여성을 흔히 볼 수 있다. 튀니지와 모로코 관광객의 대다수는 유럽인들임으로 두 나라 사람들은 서구 문화를 쉽게 접하게 된다.

　15세기 이후 이란 여성의 대부분은 베일을 착용하지 않았다. 울라마(Ulama, 원로 종교인)의 세력이 압도적인 19세기에 베일이 가장 유행했지만 얼굴의 아랫부분만 가렸고, 그것도 도시의 여성에 국한되었으며, 농촌에는 전혀 베일이 보급되지 않았다.[28] 1936년 이란의 통치자 레자샤(Reza Shah) 대왕은 이슬람 지도자들의 강력한 반대에도 불구하고 베일의 폐지를 공포했다. 이 금지조치는 1941년 그가 폐위할 때까지 유효했으나, 그 후 종교 지도자들은 다시 베일 사용을 주장했다. 그들은 이것이 꾸란에서 명하는 것이고 남편은 아내에게 베일을 착용하도록 강요해야 한다고 가르쳤다.[29]

　이란에서 베일은 상류사회를 유지시켜 주는 것으로 '퇴보의 상징'이 아니다. 오히려 베일은 예절바름의 상징이며 낯선 남성의 위협적인 눈빛에 대항하여 방

---

27) Ibid., p. 176.
28) 김정위, 『중동사』(서울: 대한교과서주식회사, 1987), p. 260.
29) 존엘더, p. 88.

어하는 의미가 있다. 최근 여성의 사회활동 제약이 심한 중동 이슬람권 나라들 중 최초로 이란에 여성 경찰대가 생겨났다. 일백 명으로 구성된 경찰대는 전통 복장인 베일(옷) 차림으로 얼굴만 내놓은 채 자동소총으로 무장하고 있다.[30] 이와 같이 많은 이슬람 국가들에서 베일은 아직도 사회와 문화의 중심에 자리잡고 있다.

이란의 수도 테헤란의 국제공항에서 '베일은 여성을 더욱 아름답게 만든다'라는 글귀와 함께 베일을 착용한 여성 모습이 담겨있는 포스터를 볼 수 있다. 이란의 여자는 초경이 시작되는 열세 살이 넘으면 집밖에는 반드시 베일을 착용해야 하고, 외국인이라고 해서 예외가 되지 않는다. 식당에서도 베일 착용을 하지 않은 자는 출입이 안 되며, 만약 이를 위반하게 되면 당사자외에 식당 주인도 이를 방조했다는 이유로 영업정지 등의 문책을 받게 된다.

1963년 팔레비 왕정 하에서는 서구화를 지향한다며 베일을 벗도록 했으며 베일을 착용한 여성들은 공공장소를 출입할 수 없도록 했다. 1960년대 미니 스커트가 세계적으로 유행일 때 테헤란 거리도 각선미를 뽐내는 여인들로 넘쳤다. 그러나 1979년 이슬람 혁명 이후에는 이와 반대로 베일의 착용을 강요하고 있다. 이란에서는 혁명 이후 영화사업이 번창하고 있으며, 영화에서 여성은 카메라 앞과 뒤로 중요한 역할을 하기 시작했다. 1980년대 초 이란 혁명 직후에 베일을 착용하지 않은 여성의 모습은 이란 필름에서 잘렸고, 그러한 수입 영화도 잘렸다. 여성은 줄거리나 이야기에서 드물게 나왔다. 영화에서 베일의 착용과 비착용은 미적(美的) 발전을 위한 힘의 관계를 위한 것이며, 정숙의 원리와 성적 구별 방법을 이론화하기 위한 것이다.[31]

칼리라 메사우리는 알제리의 여성 운동가이다. 그가 가르치는 초등학교에서 일어난 사건은 알제리에서 얼마나 베일 착용을 강조했는지 말해 준다. 1980년초 한 초등학교가 과격주의자들에게 넘겨졌다. 한 선생님이 얼굴에 베일을 착용하지 않는 엄마는 목을 매게 될 것이라고 했다. 어떤 소년은 칼리라에게 자신은 칼리라 선생님의 강의를 들을 수 없다고 항변했다. 왜냐하면 그녀는 여자로서 얼굴

---

30) 이상언, '차도르 쓴 여(女)캅스 뜬다.' "중앙일보" 2000년 10월 12일자. p. 11.
31) Mahnaz Afkhami and Erika Friedle, *In The Eyes of The Storm*(I.B. Tauris & Co Ltd, 1994), p. 131.

에 베일을 하지 않았기 때문이며, 이는 곧 그를 시험에 들게 할 수 있다고 했다. 그리고 그는 이슬람 사원에서 배운 대로 사탄이 유혹하지 못하도록 선생님은 베일을 착용해야 한다고 말했다.[32]

현재 알제리에서 베일 착용의 여성 숫자는 증가하고 있다. 여성들이 길거리에 나갔을 때에 괴롭힘을 당하지 않기 위하여 베일을 착용한다. 만일 여성이 베일을 착용하지 않고 나가면 정숙하지 못한 것으로 여긴 사람들에 의해 즉각적으로 말이나 육체적으로 계속해서 공격을 당한다. 1994년 3월 알제리 이슬람 병기 그룹(GIA-Groupe Islamique Arm)이라는 단체는 베일을 착용하지 않고 길거리에 다니는 어떤 여성도 살해당할 수 있다고 경고했다. 3월 30일 18세와 19세의 두 명의 여학생이 알제이(알제리의 수도)버스 정류소에서 서 있을 동안 오토바이를 탄 총기 휴대자에 의하여 살해당하였다. 1994년 이슬람 병기 그룹(GIA)은 7백만 명의 초등학교 학생들과 중고등학교 학생들과 그들의 320,000 선생님들에게 이슬람식 교육 기준을 따르도록 협박했다. 이슬람식 교육 기준이란 소년과 소녀들을 분리시키고, 여학생과 여자선생님들은 베일을 착용해야하며, 체육시간을 없애는 것이다.[33]

레바논에서는 베일을 쓴 여성이 사회 여러 분야에서 일하고 있다. 그러나 베일을 쓴 여성의 실제적 영향을 표현하는 데는 제한을 받으며 정치적 위치에서 활동하는 것도 드물다. 검은 베일을 입은 젊은 여성들이 휴대전화로 깔깔대는 풍경은 특별한 구경거리가 아니다. 1999년초 개관한 수크 샤르크 1층엔 크리스티 앙디오르 베네통 등 고급 브랜드 옷가게가 즐비하다. 2000년 9월에 개장한 여성전용 헬스클럽 '팸피언스'는 폭발적인 인기를 얻었으며, 자브라야시에 위치한 4층 건물은 수영장, 사우나, 테니스장 등 각종 체육시설과 초호화 미용실을 갖추고 있다.

중동에서 여성이 가장 먼저 운전을 시작한 나라가 쿠웨이트이다.[34] 쿠웨이트 교통부는 운전하는 동안 베일 착용하는 것을 금했다. 왜냐하면 베일이 시야를 가

---

32) 글렌 마이어스, 『아랍 세계, 어제와 오늘 그리고』(서울: 도서출판 WEC 출판부, 1998), p. 39.
33) Suha Sabbagh, ed., pp. 215-216.
34) 이종훈, '백화점에 구치·베네통…서구화물결,' "동아일보" 2001년 1월 29일자, p. 14.

리기 때문이다.

　현대 이슬람 국가들 가운데 여성들이 군인으로서 총을 사용하는 국가들도 있다. 아랍에미레이트(United Arab Emirate)가 그 좋은 예이다. 베일에 가려졌던 여성들이 총을 쏘는 연습을 한다.

　사우디아라비아와 아프가니스탄의 전통 사회 계층의 여성들이 착용하는 베일[35]은 얼굴을 가리며, 여성의 몸의 어느 곡선이라도 감추어야하는, 매우 완고한 것이다. 또한 사우디아라비아는 여성의 베일 착용을 의무화하고 있으며, 여성의 운전을 법적으로 금하고 있다. 사우디아라비아 여성은 엄격한 이슬람적 가치를 통하여 자신의 위치와 권한을 확보하려고 노력하고 있다. 즉 그들은 베일을 착용하고 이동의 자유를 확보함으로써 완전한 격리로부터 벗어날 수 있었다. 사우디아라비아 여성들이 발목까지 덮는 검정색 긴 옷 아바야(abaya)를 입고 망사 덮게로 얼굴을 가리는 것은 종교와 결혼 여부에 상관 없이 전통적인 부족의 관습에서 나온 것이다.[36] 최근에 이슬람의 종주국 사우디아라비아에 여성전용 백화점이 생겨 베일을 벗고 쇼핑을 할 수 있게 했다.[37] 사우디아라비아에서 꾸란과 하디스에 박식한 진보적인 여성운동가들은 그들의 모델로서 무함마드와의 생활에서 독립적

---

　35) 사우디아라비아에서 남자들은 구트라(ghutra, 타기야 위에 착용하는 대각선으로 비스듬하게 접은 큰 사각형스카프), 타기야(tagiyah) 또는 가흐히야(gahfiyah)라고 부르는 흰색 뜨개질로 짠 모자, 아갈(agal, 두 개의 검정끈)로 이루어진 것을 머리에 착용한다. 사우디아라비아 여성들은 긴소매와 발목까지 내려오는 옷을 도베(thobe) 또는 후스탄(fustan)이라고 부른 것을 입는다. 이 옷의 목소매와 개방형 앞부분은 '화려한 구슬로 장된 것이나 평범한 것이 있다. 도배는 실크와 면을 혼합하여 짠 직물로 된 것이다. 여성들은 도배를 입고 그 위에 아바야(abaya)를 입는다. 아바야는 머리부터 발끝까지의 을 덮는 것으로 커다란 굵은 실크로 만든 검정 펄럭이는 망토이다. 가볍고 얇은 검정 천으로 얼굴을 가리기 위해 만든 베일을 보시야(boshiya) 또는 구시아(ghushwa)라 부르는 것을 착용한다. 사우디아라비아의 남부 아시르(Asir)에서는 머리, 목, 어깨, 가슴만을 가리기에 충분한 길이의 아바야가 보시야 대신하기도 한다. 반대로 사우디아라비아의 동쪽 시골지역에서는 보시야를 착용하지 않고 얼굴은 가리지 않는다. 얼굴을 가리도록 요구될 때에, 아바야의 한 부분이 사용된다. 유목민 여성들 사이에 매우 인기 있는 것은 다른 전통적으로 얼굴을 가리는 것은 보르가아(borga'a)라고 부른다. 보르가아는 검정 금실줄 또는 작은 화려한 구슬로 장식된 가장자리를 수놓은 것과 평범한 검정 면으로 만든 면으로 만든 검정 얼굴가리개이다. Abdalla Elmadani, *Finjan Gahwa and a Bit of Everything*(Damman: Alwafa Printing Press, 1993), pp. 113-114.
　36) http://www.islammission.org/islam/culture/women01.htm
　37) 김수혜, '사우디에 여성 해방구,' "조선일보" 1998년 7월 14일자, p. 9.

이었던 여성들을 예로 들어 보수적인 남성들과 대화에 참여할 수 있다. 손과 발 몸 전체를 가린 여성들은 그들의 직업과 교육에 더 많은 기회를 갖기 위해 토론하며 그들의 권리를 정당화한다.[38] 또한 남성과 격리된 분야, 즉 여성을 위한 은행, 여성 전용 상점 등의 분야에서 자신의 사회적 영역을 확보할 수 있었다. 가족의 생계를 위해 집안의 가사 노동은 물론 집 밖에서 돈벌이에 나서야 하는 이집트 여성과 베일을 착용하고 파키스탄인 운전사를 대동하고 쇼핑을 하러 나오는 사우디아라비아 여성에게는 베일을 통한 사회 격리가 있다.

사우디아라비아에서는 여학생이 전체 학생 가운데 절반 이상을 차지하고 있음에도 불구하고 총 취업 노동인구에서 여성이 차지하고 있는 비율은 5.5%에 불과하다. 취업중인 이들 소수의 여성 가운데 82% 이상이 교사이고 나머지 여성의 대다수는 간호사 등 의료보건분야에 종사하고 있다. 공공장소에서 베일을 착용해야 하는 사우디 여성들은 대학에서 공학이나 저널리즘, 또는 법학 등의 전공이 허락되지 않고 있다. 현재 사우디여성은 한 남성 보호자의 신분증에 이름이 올라 있을 뿐이다.[39]

유럽에서 무슬림 여성의 머리 전체를 덮는 베일은 필수적이지 않다. 유럽에서는 오히려 무슬림 여성들의 베일 착용이 금지되어 있다. 예를 들어 프랑스에서는 무슬림 여성이 베일을 착용했기에 사람들로부터 공격을 당하였다. 유럽에서는 무슬림 여성들이 베일을 착용하지 않고 외출한다. 그러나 베일 착용은 꾸준히 전파되어 중류층에서 뿐만 아니라 가장 배타적인 환경인 미국에서도 행해진다. 일년 동안 1만 5천명이 타종교에서 이슬람교로 개종하는 등 미국 내 이슬람 교세가 급성장하고 있다고 쇼우(Shaw) 대학이 조사 결과를 밝혔다.[40] 미국내 무슬림 인구는 백인을 포함하여 약 800만 명이며, 2000개의 모스크가 있다. 미국 내 모스크의 80% 이상이 1970년대 이후 건립됐으며, 이중 30%는 1990년대, 32%는 1980년대 건립되었다.[41] 무슬림의 거의 44%가 20세 미만이다. 최소한 100만명

---

38) Mary Ann Cate, ed., A *Compendium*(Carlifornia: William Carey Library, 2001), p. 16.
39) 윤재석, '사우디 왕세사 어권신장 발언화제,' "국민일보" 1999년 5월 19일자, p. 34.
40) 편집부, '월드미션 다이제스트,' "CCC편지"(2001년 9월호), p. 50.
41) 강인산, '역(逆)테러 공포에 떠는 300만 아랍계 미국인들,' "조선일보" 2001년 10월 15일자, p. 11.

(아마도 15만명) 정도의 유럽계 미국인 여자들은 무슬림 남자들과의 결혼을 통하여 무슬림으로 개종하고 있다. 독일 무슬림 수가 3백 24만 명으로 지난 해 약 300명 정도가 이슬람을 받아들였다. 대부분의 독일 무슬림들은 터키에서 이주해 온 사람들이다. 현재 독일에는 무슬림 기도처가 2,204개, 모스크가 70개 있으며, 32개의 모스크가 건축중이다.[42] 영국에는 백 5십만 명이 넘는 무슬림들이 살고 있으며, 1800개의 모스크와 300개의 꾸란 학교가 있다. 런던에만 50만 명의 무슬림들이 살고 있다. 유럽 이슬람 회의는 런던에 본부를 두고 있다. 영국을 이슬람 국가로 만들기 위해 석유를 기반으로 한 자금과 이슬람 선교 노력이 영국에 전략적으로 집중되고 있다.[43] 오랫동안 착용되고 있는 검정색 영국 경찰 헬멧이 사라지고 무슬림 여자경찰을 위한 새로운 검정색 무슬림 스카프가 등장했다.[44]

인도네시아에서 질밥(jilbab)은(어떤 이들에게는 그 자체를 머리를 덮는 것과 관련시키지만) 그것의 일관된 의미를 가지고 있지 않다 할지라도 여성들의 이슬람식 옷 스타일로 더 일반적으로 알려져 있다. 인도네시아의 여성부 장관 코피파 파라완사에게 현지 서방 언론들은 언제나 베일을 착용하고 있는 그녀를 빗대 '베일 미싱(촉망받는 무슬림 여성지도자)'이라는 표현을 붙여줬다. 그녀는 정치학 교수, 여성부장관, 국회 부의장을 역임하였다. 90년대 중반 이후 대도시 지역을

---

42) 'Evangelical News Agency.' "미션저널"(2001년 5월). p. 126.
43) 편집부, 『무슬림을 위한 30일 기도』(예수전도단. 2000). pp. 제2일, 제25일.
44) "모든 민족을 향한 보호와 존중"이라는 표어 아래 제안된 이번 계획은 경찰에 근무하는 무슬림 여인들에게 자신의 종교적인 관행과 자신의 신앙심을 나타내는 무슬림의 베일(히잡)을 착용할 수 있게 한 것이다. 현재 경찰은 시크(Sikh 인도에서 출발한 힌두교의 분파)교 남자들이 머리를 묶어 올려 만드는 터번을 허용하고 있고, 런던 경찰청에 소속된 1만여 명의 자메이카 흑인들의 곱슬머리 또한 허용하고 있다. 또한 무슬림을 위한 기도실(하루에 다섯 번 기도함)을 경찰서에 마련해 놓고 있으며, 주부들을 위한 탁아소 또한 마련되어 있으며, 무슬림 여자 경찰을 위한 다른 네 가지 모양의 베일을 선보였다. 런던 경찰청은 각기 다른 민족들과 종교들이 서로 연합하고 가까워지는 면에서 좋은 계기를 마련했다고 언급하면서, 또한 경찰청은 보다 많은 경찰을 비백인 민족들로부터 모집하기 위해 앞으로 계속해서 노력을 기울일 것이며 이것은 새로운 장을 여는 시작에 불과할 뿐이라고 덧붙였다. 또한 한 간부는 앞으로 서로 다른 무슬림 절기, 휴일과 정부의 휴가 문제를 신중하게 고려하고 있으며, 무슬림 여인이 머리를 길게 기르는 것이 업무 수행과 안전에 지장이 있음을 인식하고 이 문제 역시 무슬림의 신앙과 배체되지 않는 방법으로 안전의 문제를 해결하려고 노력하고 있다. http://www.Islammission.org/islam/England.htm

중심으로 컴퓨터에 숙달하고 유창한 영어를 구사하는 고급 인력이 부쩍 늘어나는 추세다.[45] 인도네시아에서 1990년대 이후 여성의 베일 착용은 강요가 아닌 선택으로 바뀌고 있다. 그러나 일부 초·중고등학교 여학생 중에는 머리부터 허리까지 내려오는 흰색 베일 상의와 다양한 색상의 긴 스커트를 교복으로 입는 학생들이 있다.

이라크의 많은 여성들은 유행에 민감하다. 유행은 그들의 정신, 시간, 돈을 조정한다. 이라크에서 여성 교육의 증가는 절대적으로 아이의 숫자 감소와 중요하게 관련되어 있다. 즉 교육 수준과 가족 숫자의 크기 사이는 분명한 상관관계가 있다. 다른 요소는 베일이다. 베일 착용이 교육받은 여성 들에게서 급격히 감소하고 있다. 베일을 착용하지 않는 여성의 숫자가 남성의 교육수준 숫자보다 더 높은 것으로 나타나고 있다.[46]

예멘에서 10살 이상의 여성들은 외출시 베일을 착용해야 한다. 예멘 시내에서 베일을 착용하지 않은 여성은 외국인이나 하녀들이다. 현대 예멘에서 가슴을 노출시키는 옷을 입고 일하는 여성은 하녀 등의 낮은 계급의 여성으로 보인다. 예멘에서 여성들은 집안에서 얼굴을 감추지 않는다. 그러나 머리카락은 감추는데 이것은 유행이나 우아함을 나타낸다. 외출용 베일은 두 종류이다: 시타라(sitara)와 스바르바프(sbarbaf)이다. 시타라는 빨강, 파란, 초록색으로 인쇄된 면으로 된 큰 조각이며, 머리와 몸을 덮는다. 거기에다 검정 바틱(batik) 천을 더하여 크고 얼굴을 가리고 눈은 볼 수 있도록 한 빨강과 흰 원형의 조각으로 꾸몄다. 스바르바프는 세 부분으로 되어 있다: 긴 주름스커트를 옷 바깥에 입고, 머리와 어깨까지 덮는 검정 실크, 하류층 여성은 사타라를 입고 상류층 여성은 스바르바프를 입는다.[47]

1932년 바레인에서 석유가 발견되기 전까지 여성들은 베일을 착용하고 그들의 중요한 역할은 주로 자녀를 낳고 가사를 하는 것으로 제한되었다. 새로운 경제 질서와 교육의 확장과 더불어 여성의 역할에서 변화가 시작되었다. 그러한 현대화는 여성들이 아직도 베일을 착용하며, 그들이 가정으로 제한 받는 사회가 더

---

45) 채수환, p. 11.
46) Sana Al Khayat, *Honour and Shame*(London: Saqi Books, 1992), p. 198.
47) Fadwa El Guindi, p. 99.

가난한 계층이나 시골보다는 도시에서 더 가시적이다. 바레인 여성은 전체 노동력의 10% 미만이다. 그들은 선생님, 비서와 점원들로 일한다.[48]

"타임"지에 방글라데시를 진원으로 인근 이슬람 국가들에서 여성 얼굴에 황산을 뿌려 일그러지게 하는 테러가 확산되고 있는 현상에 대한 기사가 나온 적이 있었는데, 베일을 벗고 여권 신장을 주장하며 뻣뻣해진 여성에 대한 남성의 반동으로 해석하고 있다.[49]

1992년 5월 아프가니스탄 정부는 여성들에게 매우 엄격한 옷을 입도록 명령했다. 여성은 두파타(dupatta)[50]라는 긴스카프를 머리에 착용하고서 텔레비전 뉴스를 진행하고, 좀더 현대화된 장소에서는 차도르를 쓰도록 했다. 탈레반은 1996년 정권을 잡자마자 전통회복을 내세워 직장과 학교에서 여성을 몰아내는 한편, 남편이나 가까운 남성 친족을 동반하지 않은 여성의 병원 출입을 금지하고 있다. 특히 여성취업을 금지하는 조치로 인해 거의 모든 여의사들이 병원에서 쫓겨났기 때문에 여성환자들은 진료를 받기가 현실적으로 어렵다. 인권조사위원회의 인터뷰에 응한 한 여성은 아기가 아픈데도 외출할 때 반드시 착용해야 하는 베일(부르콰)이 없어서 병원을 찾지 못해 결국 아기가 죽었다고 말했다.[51] 수십년 간 내전으로 남편을 잃은 부인들이 거리에서 동냥을 하는 일이 다반사다. 일반 여성들은 베일을 착용하지 않으면 외출을 할 수도 없고 돌로 쳐죽임을 당할 수도 있다. 부르콰는 의복 모양은 아니고 넓은 폭의 자루처럼 생겼는데, 밖을 내다볼 수 있도록 눈 부분에 직사각형의 안경모양의 그물 망을 만들어 놓은 것이다. 아프가니스탄에서는 베일을 착용하는 것을 반대하는 자들에게도 암살이 경고된다. 아프가니스탄에서 여성을 조정하는 것이 남자의 힘의 상징이며, 그들의 명예이다.

1200년에서 1700년까지 인도를 정치적으로 지배했던 이슬람교는 후궁 제도와 꾸란의 성 차별적인 사상을 통해서 인도 여성의 지위를 하락시키는 구실을 하였다. 이슬람교는 인도 여성들에게 베일을 착용하고 다니도록 하였기 때문에 성 차

---

48) Mai Yamani, ed., *Feminism and Islam*(Berkshire: Ithaca Press, 1997), p. 258.
49) 이규태, '이슬람 여성관,' "조선일보" 1999년 2월 11일자, p. 4.
50) 커다란 어깨에 걸치는 긴 스카프, 65cm×110cm의 크기가 대부분이나 35cm×110cm같이 작은 크기도 있다.
51) 편집부, '중동은 지금,' "중동선교"(1999년 9, 10월호), p. 7.

별적인 분위기를 조장시키는 구실을 하기도 하였다.[52] 인도에서 한 가지 분명한 것은 베일은 신분의 차이를 나타낸다는 점이다. 북인도 마을에 부인이 남편이나 시동생을 때릴 때에 막대기를 대신하여 베일을 사용했다는 농담이 있다. 이것은 베일이 때리는 막대기와 교체된 것으로 볼 수 있는 한 예이다.[53]

아프리카 수단에서 1989년 누메이리(Numeiri)가 실각한 후 이슬람 근본주의자들의 군사혁명 위원회가 가장 먼저 시행한 일은 이슬람 옷 착용을 강요한 것이었다.[54] 오늘날 터키에서부터 사우디 아라비아까지 베일을 착용한 무슬림 여성들은 주로 교사, 의사, 법률가와 같은 고도로 전문적인 직업을 구하고 있다.

(2) 문화적 영향

베일은 서구로부터 분리된 문화적 상징으로서 여성들이 그들의 정치와 사회적 환경에 적응하는 전략을 나타낸다. 여성들은 베일을 통해 이런 분야에서 좀더 쉽게 계속적으로 더 성공적인 역할을 할 수 있다.[55]

여성이 베일로 얼굴 또는 온 몸을 가린 것은 신체의 물리적 보호를 위한 것이다. 특히 베일 착용의 역사가 가장 긴 서아시아는 일부의 오아시스 지역을 제외하고는 대부분이 사막으로 이루어져 있으며 기후는 고온저습하다. 이러한 자연 환경 조건에서 신체를 보호하기 위해 자연스럽게 머리와 얼굴을 가리는 베일이 착용되기 시작했다. 또한 전신을 가리는 의복은 뜨거운 햇볕과 직사광선으로부터 피부를 보호하며 신체의 과도한 수분 증발을 막고 강한 모래 바람과 밤의 한기도 막을 수 있는 유용한 의복이다. 이것은 카프탄(caftan) 또는 드라페리(drapery)형 의복인데, 남자들의 터번과 여자들의 베일이 이에 해당한다.

아랍 문화에서 옷은 물질과 사회, 그리고 상징적인 면에 의해 구성되는데, 남녀의 옷의 재료만이 아니라 베일과 베일을 착용하는 다양한 형태에 의해 구분된다. 특히, 옷의 문화적 개념은 보호와 장식을 위한 기능을 하는 것 이외에도, 성별, 성숙, 존중과 개인생활의 문화적 개념 등에 상호 의존하는 상징이다.

---

52) D. L. 카모디, pp. 75-76.
53) Fadwa El Guindi, p. 112.
54) Haideh Moghissi, *Feminism and Islamic Fundamentalism*(London: Zed Books Ltd, 1999), p. 43.
55) Mai Yamani, ed., p. 225.

즉, 아랍 문화 안에서 베일을 착용하는 것은 문화를 유지시켜주며, 개인생활에서 경건을 지켜주며 세상적인 생활과 경건한 생활의 리듬을 교차하며, 가족을 보호하는 기능을 가진다. 보수적인 무슬림 여자들은 여름에 수영장이나 바닷가에서 옷을 입거나 베일을 착용하고 수영을 하기도 한다. 무슬림 여성들은 장례식이나 묘지에 갈 때는 검정 옷과 베일을 착용한다.

무슬림 여성들의 베일 착용 결정은 그것을 선행(先行)한 선배들로부터 보수적인 젊은 세대들의 가치를 구별시켜주는 역할을 한다. 이것은 그들의 가족이 갖고 있는 문화 안에서 그들의 가치를 표현하며 자기를 주장하면서 청춘기를 통과하려는 젊은 여성들의 의견을 돕는 것이다.

1979년 이란의 이슬람혁명은 이슬람운동의 확산을 예고하였다. 문화적 정체성과 정통성을 최고의 이념으로 삼고 있던 '이슬람주의자'들은 무슬림 여성을 이슬람 문화의 가치와 전통의 상징으로 받아들였다. 이란에서는 베일이 밝은 색상이거나 머리카락이 보이면 여성은 공격을 당한다.

알제리에서 베일은 자국 여성의 베일 착용을 근절시키기 위한 식민전략의 목표가 되었다. 정복자들은 베일을 착용하지 않는 알제리를 갈망하였다. 정복자들은 베일을 알제리 여성 애국자들의 국가와 문화적 상징으로 생각하여 공격을 강화함으로써 오히려 베일에 새로운 활력을 주었다. 많은 알제리 남자들에게, 여성이 베일을 착용하지 않는 것은 유럽과 유럽 문화에 항복을 표현하는 것으로 보였다. 많은 여성들이 베일과 더불어 편안함을 갖는다. 왜냐하면 서구식 옷을 입은 여성에 대한 남성의 괴롭힘이 우세하기 때문이다.[56] 독립전쟁 기간에 편리한 서양 옷을 입기도 하였지만 전쟁의 위험이 사라지자 전통적인 관습이 다시 살아나서 여성들은 종속적인 지위로 떨어지고 말았다. 오늘날 알제리에서 많은 남성들이 강압적으로 그들의 여성들에게 베일 착용과 복종을 강요하며 학대한다.

필리핀 남부 민다나오섬의 시골 무슬림 여성들은 대도시 무슬림 공동체로부터 멀리 떨어져 있어 교육과 고용의 기회가 부족하다. 이들은 이슬람의 영향을 덜 받아 검정 베일을 착용한 이슬람식 복장보다 자신들의 전통적인 말롱(malong)을 입기를 훨씬 더 좋아하며 머리에 베일용 스카프를 착용한다. 필리핀 이슬람 사회에서 베일의 모양은 입기에 적당하고 육체적으로 편한 것을 지향한다. 또한

---

56) Valentine M. Moghadam, p. 89.

여성이 베일을 착용하느냐 안 하느냐는 결코 여성 개인의 결정이 아니고, 종교 지도자, 주 정부, 가족과 공동체에 의하여 강요된 대중적인 것이다.[57]

파키스탄 소도시에 사는 여성의 절반은 베일을 착용한다. 고등교육을 받은 여성들 중에서 베일 착용을 하는 여성들이 늘어나고 있다. 그 외에 여성들은 샬와르 콰미즈(shalwar qamiz)[58] 차림에 두파타로 신체의 상반신을 가린다.

태국 남부는 이슬람 국가인 말레이시아와 국경을 맞대고 있으므로 이슬람의 영향을 크게 받고 있다. 그곳의 무슬림 여성들은 베일 착용을 풍습을 유지하는 상징으로 이해하고 있다. 여성들이 남성보다 더 무슬림의 정체성을 높이려 하며 이슬람식 옷을 입으려고 한다. 그 이유는 무슬림 여성들이 남성보다 대도시 불교 문화권에서 더 소외되어 있기 때문이다. 여성들은 언어교육과 현대적 직업에서 태국 사회에 덜 통합되어 있다. 그 결과 그들은 옷과 같은 문화적인 것을 유지하는 데 기울어진다. 여성이 남자보다 무슬림 공동체를 보호하는 데 더 큰 기여를 하고 있다.

요르단의 수도 암만에 있는 이슬람이 세운 병원에 취직을 하려면 베일을 착용하고 남녀 격리 정책을 지지하여만 한다는 조건이 있다. 어떤 여성들은 남성 중에서 베일을 착용한 여성들과 결혼하는 숫자가 증가하므로 결혼하기 위한 방법으로 베일을 착용한다.[59]

중국 청해성 소수민족 중에 하나인 싸라(Salar)족은 전체인구의 99.9%가 이슬람교이다. 싸라족 여성들은 하얀 베일(천), 검은 베일(천)이 있어야 하며, 머리를 길러야 한다. 여성은 머리에 하얀 베일 위에 검은 베일을 착용하는데, 젊은 여성은 녹색 빛이 나는 검은 색, 늙은 여성은 검은 색 베일 착용한다. 회족은 베일을 꼭 착용할 필요가 없지만, 싸라족은 꼭 착용해야 한다. 공식적인 위치에 있는 여성은 베일을 착용하지 않아도 되고, 긴소매 대신 반소매를 입을 수 있다.[60]

---

57) Camillia Fawzi El-Solh & Judy Mabro, ed., *Muslim Women's Choice-Religious Belief and Social Reality*(Oxford: Berg, 1995), p. 196.

58) shalwar-무릎 혹은 발목까지 이르는 헐렁한 무명바지와 qamiz-윗도리.

59) Mai Yamani, ed., p. 226.

60) 중국의 싸라족 전체 인구는 108,999명이다. 싸라족 인구가 제일 많은 지역은 청해성의 순화(Xunhua) 자치구이며, 7만 명(64.8%)정도가 거주하고 있다. 그 외 감숙성의 적석 한현

(3) 경제적 영향

무슬림들은 베일의 경제적 유익을 다음과 같이 주장한다. 베일은 유행에 민감할 필요성을 없앤다. 베일은 날씨와 사회에 일치하여 적절하게 가려야 한다는 것을 제외하면 유행과 별로 상관이 없어 경제적 실용성을 주고 있다. 베일은 외출할 때 빨리 입을 수 있어 실용적인 옷이다. 많은 젊은 여성들은 잠시 집 근처 심부름을 갈 때에 베일을 착용한다.

베일은 대량 생산할 수 있어, 낮은 가격을 가능케 하므로 중·하류층의 사람들에게 경제적으로 도움을 준다. 베일은 최신 유행을 따르는 문제와 이에 수반되는 가격문제에 어떤 대안을 주므로 경제적으로 중·하류층의 사람들을 위하여 논의되고 있다. 예를 들어, 1970-1980년 카이로와 알렉산드리아 대학교의 학생연합운동은 여성들이 베일을 착용하도록 격려했다. 특별히 그들은 낮은 가격에 특별한 형태의 섬유로 만들어진, 하류층을 위한 베일을 착용하는 것을 격려하였다. 또한 이집트에서 베일은 이슬람 운동의 주요 문제로 부상하였으며, 베일이 여성에게 사회적, 경제적 혜택을 가져다준다는 인식이 확산되면서 자발적으로 베일 착용이 확대되었다.

이와 같이 이슬람 운동의 확산과 더불어 여성의 자발적인 베일 착용이 늘어난 것은 베일 착용이 서구의 가치가 아닌 이슬람의 재해석에 바탕을 두고 있다는 것을 보여 준다. 대부분의 베일을 착용한 여성들은 자신들의 모습을 통해 자신들이 서구화되지 않았다는 것을 표현하는 것이다.

(4) 종교적 영향

특정한 옷은 종교단체의 상징일 수 있다. 옷은 신(神)과의 친밀함과 헌신을 상징하는 데 도움이 된다. 이슬람 발생 전부터 베일 착용이 존재하였다 할지라도 오늘날 이슬람권 나라에서 베일을 착용한 것은 '종교(이슬람교)로 개종한' 것을 의미하기도 한다. 베일은 그 자체가 이슬람의 메시지를 전파하는 역할을 한다.

이집트의 대부분 여성이 베일을 착용하게 된 배경에는 1970년과 1980년대에

임하시, 하하현, 청해성의 동인현, 지엔자현, 화룡현, 미너현 그리고 신장성의 이닝(Yining) 자치구에 거주하고 있다. (1996년 기준) http://www. aaphome/adoplist/htm.

펼쳐진 강한 종교적 부흥이 있다. 베일을 착용한 여성에게 베일을 채택한 이유를 물으니 40.5%가 이런 옷이 그들을 알라께 가까이 이끈다는 확신을 갖고 있었다. 33.2%는 샤리아(법)에 적합하다는 종교적 양심과 사실을 말하였다. 20.6%는 지옥 가는 것이 두렵고 천국에 가고자 하는 열망이 있기 때문이라고 했다. 10.1%는 종교적 가르침에 대한 깊은 관심 때문에, 3%는 종교심이 깊은 가정에서 자랐기 때문에, 2%는 동료의 압력 때문에 베일을 착용한다고 하였다. 베일을 착용한 젊은 여대생들은 종교적으로 강한 유대감을 나누고 있으며, 이 때문에 그들의 배경이 다름에도 불구하고 베일을 착용하기로 결정한다. 왜냐하면 어떤 상류층 여성은 그들의 베일 착용에 대하여 가족들의 반대에 직면하기 때문이다(18.6%).[61] 이집트에서 베일을 어떤 학교에서는 유니폼으로 입으며, 여학생들은 종교적 가치의 표현으로서 베일 착용을 배운다.[62] 베일은 신성한 종교적 가치를 존중하고 의미 있게 한다고 보기 때문이다.

종교적인 운동에서 어떤 압력이나 강한 힘을 발휘하지 않고도 단지 남녀가 그들의 태도와 옷으로 이슬람의 활동적인 상징이 되어 대중의 도덕적 상태를 변화시키는데 간접적으로 영향을 주기도 한다. 일반적으로 그들은 다른 사람들이 종교적 운동에 가입하도록 하였다. 베일을 착용한 자들은 적은 수이나 현재 강한 힘을 갖고 살아 있는 모델이 되어 이슬람 부흥운동에 있어서 한 부분적인 요소가 되었다. 그런 가운데 베일착용자와 비착용자들 사이에 우정은 일상적으로 계속되고 있다.

18세기 말 사우디아라비아에서 일어난 와하비(Wahabi)[63]들은 무덤을 경배하거나 남자가 수염 깎는 것을 금하며 여자들은 반드시 베일을 착용한다.

하지(Haji) 때에 허리에서 발까지 덮는 남자의 옷은 바느질하지 않은 흰 천(이자, izar)으로 어깨나 몸의 상체를 덮는 리다(rida)로 그들의 원래 옷을 대신

---

61) Suha Sabbagh, ed., p. 176.
62) Mai Yamani, ed., p. 1.
63) 와하비(Wahabi) 운동은 18세기 사우디아라비아에서 발생했다. 오늘날도 사우디아라비아와 페르시아만 주변국가들에게 여전히 중요한 종교적인 영향력을 행사하고 있다. 이 운동은 꾸란의 가르침에 완전한 순종과 샤리아를 강조하면서 죽은 성자 숭배와 신비주의적 예식을 금지하고 있다. 또한 이 운동은 꾸란으로 돌아가 이슬람법에 따른 정부를 만드는 것을 궁극적인 목표로 하는 이슬람근본주의 세력이다.

하여 감싼다. 여성 역시 그들의 일상 옷을 대신하는 옷을 입는다. 만약 여자가 얼굴을 가리는 베일을 착용하면, 일상적인 옷을 입지 않아야 하며 머리와 머리카락은 가려야 한다. 남녀는 알라 앞에 누구나 평등하다는 의미로 흰색 옷을 입고, 보석이나 향수 사용은 금한다. 남자는 하지(Haji), 여자는 하지자(Hajija)라 불린다. 하지에 다녀온 여성의 옷은 달라진다. 여성은 검정 겉옷을 입고 흰색 베일용 스카프[64]를 착용하며 얼굴에 화장을 하지 않는다.

(5) 심리적 영향

남녀 격리의 관습이 엄격한 이슬람 문화권에서 베일 착용이 정숙성의 표현으로 인식된 점이 사회적 관습으로서 유지되는 가장 큰 요인으로 볼 수 있다. 이러한 이유로 도시에서 베일 착용은 신체보호의 실용적 기능을 하는 사막 지역 보다 더욱 엄격하였다.

오늘날 이슬람사회에는 아내와 딸들이 가정에서도 다른 남자 앞에서는 베일을 착용해야만 그를 성적인 유혹에서 벗어나게 하는 것으로 생각한다. 이슬람 사회에서 남성들은 자기 아내를 독점하기 위하여 종교 또는 도덕으로 여성에게서 성적인 모든 접촉을 최대한 차단하였고, 전신을 감싸거나 얼굴을 가리우는 베일을 정숙성의 표현으로 장려하였다. 이는 정숙성을 강조하는 종교적 가치관과 일맥상통한다. 예들 들어 이슬람교와 관련된 정숙성의 기준은 서구에서 살고 있는 중동 출신의 여성들이 서구 옷을 채택하지 못하게 하는 주요 요인이 된다. 일반적으로 정숙성에 대한 사회의 기준은 문화와 시대의 흐름에 따라 달라진다.[65] 여성

---

64) 흰색 베일용 스카프는 하지를 다녀온 사람 외에 일반적으로 지역에 따라 흰색을 선호하는 사람은 착용한다. 특히 중앙아시아에서 흰색 베일용 스카프 착용자를 흔히 볼 수 있다. 인도네시아와 말레시아 등에서는 학교 유니폼으로 흰색 베일용 스카프를 학생들이 착용하기도 한다.
65) 간야리(Ghanyari) 북부 인디언 마을의 여성들은 전통적으로 모든 연장자 남성들로 부터 남편 앞에서까지 그녀의 얼굴을 베일로 가린다. 여기에서 베일의 기능은 손위의 남성 특히 높은 계층의 사람들과 손아래 여성들의 상호작용을 제한하는 것이다. 간야리 여성들은 언어적 의사소통은 물론 베일을 사용한 제스츄어를 통해 무언으로도 전달 할 수 있다. 그들은 적어도 서로 다른 12종류의 존경을 표시하기 위해서 얼굴을 가로질러 베일을 당기는 12가지의 서로 다른 방식을 고안하였다. 더구나 베일이 손위의 남성들의 희롱이나, 다툼으로부터 여성을 보호하기 위한 것 같지는 않다. 따라서 베일의 상징성이나 기능은 단순한 정숙성으로는 설명될 수 없다. 수잔 카이저. p. 33.

의 사회적 지위가 낮고 성에 관한 태도가 폐쇄적인 사회일수록 신체를 가리는 정도가 확대된다. 또한 베일 착용은 경건한 행동을 자아내도록 착용자에게 심적 부담감을 주어 몸가짐을 단속하게 한다.

대부분의 여성에게는 자신을 좀 더 아름답게 보이고자 하는 욕구와 유행을 따르고 싶어하는 심리가 있다. 여성들 스스로 베일로 얼굴을 가린 상류층 여인을 아름답게 보며 그들의 권위를 선망하여 베일을 모방하여 착용하였던 미적(美的) 욕망도 있다. 뜨거운 햇볕아래 밭이나 들에서 노동을 하여 검게 그을린 피부를 가진 여성들은 베일에 가려진 그늘 속의 흰 피부를 아름답게 여겼다. 그녀들 자신도 흰 피부를 선호하여 아름답게 가꾸고자 하는 희망에서 베일을 착용한 면도 있다.

베일은 정치적 경제적 불황 때에 희망의 범위를 제공하는 이슬람 그룹으로서의 소속감을 주어 안정감을 갖게 한다. 베일은 많은 여성이 감히 남편들에게 직접적으로 말도 못하며, 아마 그들 자신들에게조차도 자신들에 대하여 완전히 분명하게 알 수 없는 것에 대한 항의의 소리이다.[66]

베일을 착용함으로써 관찰 받는 자가 아니라 관찰자가 된다. 베일은 성적 유혹을 피하며 존경을 얻는 하나의 수단이다. 베일은 여성을 남성에게서 숨겨 주며 높은 벽이 되어 대중의 장소에서부터 분리시키며 개인의 공간을 숨긴다. 베일 착용은 여성이 다른 사람과의 관계에서 그들이 보고, 듣는 모든 것의 내적 의미를 숨기게 한다. 즉, 무슬림 여성들은 그들 자신의 의미를 감추고 동시에 사회적 상호활동을 계속적으로 통역한다.[67]

베일은 무슬림 여성의 옷에서 가장 중요한 부분으로 그들이 자신의 얼굴을 가리는 것이다. 베일은 여성 옷의 한 부분으로서 절대 필요한 것이며, 머리에 적합하게, 눈을 제외하고, 얼굴 전체를 가리게 되어 길게 앞으로 내려져 있다. 얼굴이 추한 여성은 결혼식장에서 소박을 맞을 수 있으나, 베일은 이러한 것을 방지하는 역할을 한다. 베일의 참 이익은 얼굴을 모두 감싸는 데 있어 외모에 자신이 없는 여성들은 남편을 찾을 때까지 베일을 오랫동안 착용하려 한다.

또한 무슬림 여성들은 순결한 자로 인식되기 위해서 베일을 착용한다. 심리적

---

66) Karin Ask & Marit Tjomsland, p. 63.
67) Mahnaz Afkhami & Erika Friedl, p. 136.

으로 베일을 착용하는 사람이 증가하는 것은 베일을 착용치 않은 사람보다 더 무슬림의 메시지를 전달한다고 생각하기 때문이다. 베일 착용은 성적으로 문란한 여성과 예의바르고 고상한 무슬림 여성을 구별하기 위한 의도도 있다. 이런 이유로 이슬람권 나라의 대부분의 남성들이 베일을 착용한 여성을 결혼 상대자로 선호하면서 베일을 착용한 여성이 결혼할 수 있는 가능성이 높아졌다.

(6) 정치적 영향

현대 이슬람 사회에서는 베일의 복잡한 현상들 중에서 정치적 요소를 고려해야 한다. 이것은 중동의 원유 부유 국가들이 가난한 이슬람 국가들에게 경제적 원조를 제공하는 것에 의하여 증명되고 있다. 경제적 원조는 샤리아에 불리하다고 생각하는 세속법을 폐지하기 위하여 정부를 유도하거나, 또는 반대 그룹인 이슬람주의자의 경제화에 의하여 정부를 파괴하기 위한 방법으로 이용되고 있다. 이 정치적 무기의 기본적인 목표는 정당한 무슬림의 행동 표시로서 베일을 착용하기 위하여 돈을 제공받아야 하는 무슬림 여성들이다.[68]

베일의 형태는 특별히 종교에 기인하지만, 다른 형태로 정치적 헌신의 양상을 나타내며 상징화되고 있다. 베일은 지역 안에서 식민지 세력에 반대하는 국가적 운동, 일반적으로 외국정치를 반대하는 운동이 일어날 때 알제리인들의 전통과 정체성을 재차 다짐하게 하는 저항의 상징이 되었다. 민족적인 데모이든, 지역적인 봉기이든, 국가의 독립을 위한 투쟁에 여성들이 참가하였다. 민족주의 운동과 민족해방 운동에 동원되어 활동한 아랍여성은 큰 힘을 발휘했다. 알제리의 모든 남성과 여성은 130년 동안 프랑스의 지배를 받으면서 거의 모든 권리를 박탈당하였다.

알제리에서 프랑스 식민지 독립운동을 위하여 여성들은 베일을 착용했으며 이런 여성은 애국자의 상징이었다. 알제리의 독립 투쟁기간 동안에 베일은 알제리의 애국심과 동의어로 쓰였으며, 베일은 긍정적으로 받아들여졌다. 그 이유는 알제리가 프랑스에서 독립이 되었을 때에 베일도 새로운 독립상태가 되었기 때문이다. 베일은 새로운 정치적 종교적 엘리트들에 의해 강요된 복귀의 상징이 되었다. 그들은 국가적 존재가 전체적으로 위협 당하고 있다고 인식할 때, 문화적 도

---

68) Camillia Fawzi El-Solh & Judy Mabro, ed., p. 12.

피로 베일에 다시 의지한다.[69] 프랑스가 무슬림의 전통을 경멸하였기 때문에 이들은 베일 착용과 일부다처제를 알제리의 자존심을 지키는 수단으로 이용하였다. 프랑스와의 독립 전쟁 기간 동안 여성들은 밀매매, 밀정꾼, 폭탄 투척 등을 하여 남성들과 함께 독립 전쟁에 참여하였고 활동하기에 편리한 서양 옷을 입기도 하였다. 그러나 베일은 점령기간과 전통문화에 대항하는 갈등의 중심에 있으며, 저항과 전통 양쪽의 상징이다. 알제리 여성들은 식민지 지배에 직면하여 토착적인 전통과 문화에 매달렸다. 베일은 이겼고 알제리는 자유롭게 되었다. 불란서 사회학자 피에르 보우르디에우(Pierre Bourdieu)가 지적하기를 혁명가들에 의하여 베일은 그것의 순수한 전통 영역을 상실했다. 알제리는 프랑스로부터 독립을 얻은 지 34년이 지난해인 1998년 7월 아랍어를 공식언어로 채택하였다 알제리의 역사는 지금도 계속 쓰여지고 있으며 베일은 그것의 중심에 있다.[70] 현대 알제리는 여성에 대한 보수적인 견해와 진보적인 견해가 동시에 존재하는 좋은 예이다.

이집트가 영국의 식민지였을 때에도 이러한 예를 볼 수 있다. 이집트의 후다 샤르아위(Huda Shaarawi)는 이집트 여성연합의 창시자이며 주도적인 민족주의 인물이었다. 1919년 초 후다 샤르아위는 영국으로부터 이집트의 독립을 요구하는 데모를 시작할 때, 베일을 쓴 수천 명의 여성과 더불어 데모를 주도하였다. 그녀는 얼굴에 착용한 베일을 찢었고 대부분 이집트 여성들은 얼굴을 가리는 베일을 착용하지 않았다.[71] 또한 이집트에서 1930년대부터 서양 옷을 입은 후, 젊은이들과 대학생들이 도시 중류층과 상류사회조차도 대중적으로 옷을 다르게 입기 시작했다. 이집트의 도시 중산층 엘리트 여성들은 대중적으로 그들의 사회와 정치권에 항의하는 표현으로 베일을 벗어 버렸다. 반대로 이집트 도시사회 안에서 낮은 임금을 받는 여성들과 전통 계급의 여성들은 그들이 획일적인 범주 안에 있다는 암호로서 1970년 초까지 베일을 계속 착용했다. 1970-1980년대부터 점

---

69) Valentine M. Moghadan, *Modernizing Women Gender and Social Change in The Middle East*(London: Lynne Rienner Publishers, Inc, 1993), 163.

70) Fadwa El Guindi, pp. 172-173.

71) Evelyn A. Early, *Baladi Women of Cairo-Playing with an Egg and a Stone*(London: Lynner Rienner Publishers, 1993), p. 69.

점 지성인 여성들과 직장 여성들도 베일을 착용했다. 이 시기는 활동가들에 의하여 베일이 처음 착용되기 시작한 재개혁의 때였다. 이집트에서 베일 착용의 부활은 여성의 삶에 확실하고 뚜렷한 개선을 하기 위한 것과 문화와 종교적 가부장적 가치와 실행을 변화하기 위한 지난 한 세기의 자본주의적 현대화가 실패한 것과 연관된다.[72] 여대생들의 베일 착용은 이슬람주의자들로 구성된 학생회에서 반정부운동의 도구로 이용되었다.

이집트 대학교 내에서 베일 착용은 이슬람 사회와 충돌을 일으킨다. 여학생들이 정치적 목적을 가지고 베일을 착용하는 것이 금지된다. 그러나 이슬람 근본주의자들은 베일을 착용하지 않은 여학생은 캠퍼스에 들어오지 못하게 해야 한다고 주장한다.

이집트의 유명 여성작가 나왈 알 사다위는 "여성들이여, 베일을 벗자"고 주장하며 여성들의 외부활동이 극히 제한돼 있는 이슬람권에서 공개적인 '여성 권익 선언'을 하여 파문을 일으켰다. 그녀는 이집트의 주간지 '알 미단' 지와의 인터뷰에서 이슬람 법의 문제점들을 지적하면서 "경전을 아무리 뒤져봐도 여자들이 베일을 둘러야 한다는 구절은 없다"고 주장했다.[73]

현재 이스라엘의 가자지구에 사는 팔레스타인 무슬림 여성은 그 땅을 점령한 이스라엘에게 저항의 상징이다. 아랍 무슬림 여성과 민족주의와 연관된 가장 최근의 예로 팔레스타인 민족주의 운동을 들 수 있다. 이 민족주의 운동에 1964년 이래 창설된 팔레스타인 여성 총연합회를 중심으로 여성들이 참여하게 되었다. 상징적이며 실재적으로, 여성은 팔레스타인 문화를 지키는 파수꾼이 되었다. 인구학자들이 금세기 말에는 이스라엘에서 아랍인들이 다수가 되리라는 것을 예견하는 바대로 이스라엘이나 점령지에서의 팔레스타인 여성들의 높은 출산율은 팔레스타인 여성의 저항의 한 형태라고 볼 수 있다.

---

72) Haideh Moghissi. p. 44.
73) 나왈 알 사다위의 주장에 대하여 머프티(이슬람 율법학자)들은 즉각 "사다위의 주장은 이슬람의 틀을 벗어난 것"이라며 반격했고, 검찰은 그녀를 이슬람 모독죄로 기소했다. 첫 공판에서 검찰은 "사다위는 무슬렘의 아내로는 부적절하다"며, 이혼 당해야 한다고 주장했다. 사다위는 이에 맞서 "나는 이슬람 자체를 문제삼는 것이 아니라, 종교를 이용해 여성들을 핍박하는 정치시스템을 비판하는 것"이라며 "내 남편과 나는 죽을 때까지 이집트에서 함께 살 것"이라고 선언했다. 구정은, '이집트 여(女)작가 사다위 여성권익 투쟁,' 문화일보 2001년 5월 31일자, p. 8.

팔레스타인 상황에서는 다른 갈등으로 인해 여성의 베일 착용이 다시 필요하게 되었다. 옷을 통하여 표현된 정체감은 성별보다 계층이나 그룹의 정체감이다. 베일은 저항의 상징으로서 정복과 갈등 안에서 발달하고 있다.

1967년 이란에서 가정보호법에 따라 일부다처제는 법으로 금지되었다. 1979년 이란 혁명과정에서 여성의 역할은 지대했다. 샤 정권에 대항하는 여성들의 적극적인 참여는 혁명을 성공하게 한 주요 요인이었다. 이란 혁명 때에 여성들은 정치적 광고지와 무기를 감추기 위하여 차도르 또는 베일을 착용했다. 호메이니가 주도한 혁명 정부가 들어서면서 텔레비전 여성 진행자들은 머리를 덮는 적절한 베일용 스카프를 착용하지 않고는 텔레비전에 출현할 수 없었다. 표면적으로 여성들을 자극하지 않기 위해 정부 부처에서 근무하는 공무원을 감축시킨다는 이유로 여성들을 해고시켰으며 여성 법조인의 활동도 금지시켰다. 이로 인하여 여성들은 회사나 은행들에서 채용을 기피당했으며, 여성들의 사회활동은 크게 제한을 받게 되었다.

오늘날 이란에서 베일은 강요적이며, 정치와 경제적 힘에 다다르도록 하는 것 중의 하나로 인식된다. 베일 자체가 여성운동의 도구가 된다. 이란에서 베일을 착용하지 않으면 곤경에 쉽게 빠지게 되지만 베일을 착용하면 대중적 활동영역에서 여성이 참여하는 것을 원활하게 한다. 이란에서 베일은 서구 통치에 저항하는 엘리트의 상징이 되었다. 베일 착용 폐지를 지지하는 서구인들은 베일 착용이 무슬림 여성의 인상을 강화하는 요소로 권위에 의해 규율화 되었다고 보았다.

21세기 들어와 이란에서 여성의 발언권도 커지고 있다. 이슬람 혁명 후 20년간 참아온 여성들의 불만이 97년 대통령선거 때에 분출되었다. 2000년 2월 총선에서 개혁파가 63%를 차지하는 압승을 거둔 것도 여성 표 덕분이었다. 하타미 대통령은 여성의 압도적 지지로 당선됐다. 특히 여성의원이 전체 의원 2백 17명 중 35명을 기록했다. 정부 부처 과장급 가운데 여성숫자는 97년 9백 8명에서 99년 2천 8백 55명으로 세배 이상으로 늘었고 현재는 3천 29명이다. 부통령 9명 가운데 여성 부통령이 한 명 있다. 최근 이란에선 '변형 차도르'가 유행이다. 다양한 칼라의 망토형이나 머리카락을 드러낸 스카프형 차도르가 등장했다. 맨발에 슬리퍼 차림도 눈에 띈다. 여성 택시 운전사와 축구선수까지 등장했다.[74]

---

74) 정우량, '성벽 허물기 차도르 혁명.' "중앙일보" 2001년 5월 12일. p. 9.

서구의 이슬람 학자로 인정받고 있는 케네스 크랙(Kenneth Cragg)은 파키스탄에서 여성의 위치와 역할이 점차로 원리주의의 특징을 보여 주고 있으며, 여성 스스로 복고주의, 꾸란으로 되돌아가자는 원리주의를 실천하고 있다고 말한다. 첫 번째, 이 운동은 무슬림 여성이 얼굴과 몸을 가리는 베일을 철저히 쓰려는 의상문제에서 가장 두드러지게 나타난다. 베일은 꾸란에서 여성의 바람직한 의상, 예의의 표현, 정숙한 여인의 단장으로 높이 인정되고 있다. 두 번째, 남성이 여성의 생활 공간 및 활동 공간을 제한하는 경향이 나타나고 있는데 이것은 여성의 베일 착용과 무관한 것이 아니다.[75]

민다나오의 무슬림 여성들에게는 독립을 위한 투쟁이 무엇보다도 우선 한다. 무슬림 여성들은 필리핀 정부에 저항의 표시로 베일을 착용하고, 여성들은 점점 이슬람 복장으로 그 자신의 정체성을 나타낸다.[76]

구소련에서 독립한 중앙아시아 국가들은 대부분 이슬람권 나라[77]이지만 여성들은 베일용 스카프를 착용하며 온 몸을 가리는 전신용 검정 베일은 착용하지 않는다. 이는 투르크계 최초의 이슬람왕조인 카라한조(922-1211) 시기에 이루어진 중앙아시아의 이슬람화는 종교적인 면보다 문화적인 면이 강조되었기 때문이다.[78]

투르크메니스탄은 이슬람이 정통 종교이지만 여자들은 이슬람에서 강요 되는 규율인 얼굴을 가리는 베일 착용에 응하지 않는다. 역사적으로 투르크메니스탄 여자들은 남자들과 함께 적과 대항하여 싸우며 일해왔기 때문에, 생활 풍습 면에서 여자들에게는 이슬람 율법보다 투르크족으로서의 민족적 전통이 더 몸에 배여 있는 것이다.[79]

우즈베키스탄의 명절에는 봄 축제, 튤립 축제, 이슬람 종교 명절들이 있다. 이때에 남자들은 '덥'이라는 골무형 모자를 쓰며, 여자들은 밝은 색깔의 줄무늬

---

75) 전재옥 편역, p. 18.
76) Camillia Fawzi El-Solh & Judy Mabro, ed., p. 195.
77) 중앙아시아는 세계에서 가장 큰 무슬림 집단 중의 하나이다. 이슬람 세계의 중심부는 중동 동부이지만 세계에서 가장 큰 무슬림 인구는 인도네시아(약 1억 3천만)이다. 그 뒤를 이어 파키스탄(7천9백만), 인도(7천 3백만), 방글라데시(7천 2백만), 터키(5천 6백만), 그리고 중앙아시아(5천 5백만)순이다.
78) 최한우, 『중앙아시아학 입문』(서울: 도서출판 펴내기, 1997), p. 261.
79) Ibid., p. 400.

가 있는 비단 옷을 입는다. 머리에는 하얀 스카프를 착용하고 종종 비단으로 수놓아진 '추비체이카'라 불리는 골무형 모자를 착용한다.

그러나 구소련 붕괴 후 카자흐스탄과 대부분의 중앙아시아의 사회가 근본적인 변화를 맞이하면서 정치적인 목적을 위하여 이슬람을 민족종교로 부상시키려는 노력을 하는 것이 뚜렷하다. 이러한 종교 운동은 순수 종교 운동이라기보다는 반러시아 감정을 정치적으로 이용하여 투르크의 민족주의적인 색채를 나타내고자 하는 면이 강하다. 카자흐스탄과 키르키즈스탄에서 여성들이 착용하는 베일용 스카프는 흰색, 빨간색, 초록 등 색상이 화려하고 다양하다.

중앙아시아에서는 여성들이 베일용 스카프를 착용하고 앞 머리카락이 보여도 된다. 그러나 요르단을 비롯한 중동 지역 무슬림 여성 중에 베일용 스카프를 착용한 사람은 머리카락이 보이지 않도록 확실히 가린다.

3. 무슬림 여성 세계의 주된 변화 요인

이슬람 국가에서 경제적 근대화를 이루는 과정에서 여성 노동력의 필요성을 인정하게 됐다. 각국이 여성에 대한 '속박'을 완화하고 있는 것은 사우디아라비아 왕족 등을 중심으로 한 여성계의 요구뿐 아니라 경제 성장을 위해서는 더 이상 여성인력을 사장시켜서는 안 된다는 현실적 판단 때문이다. 가혹한 자연환경 속에서 가정을 지켜온 중동 여성들은 강인하고 자질이 우수하기로 정평이 나있다. 최근에는 컴퓨터에 숙달하고 유창하게 영어를 구사하는 고급 인력이 많이 있다. 중동의 석유 경제가 붕괴되므로 원유수출 의존도를 줄이고 경제발전을 이루려는 중동국가들이 이들을 무시할 수 없게 되었다.

특히 세계 제1차 대전 때 터키에서는 많은 남자들이 군대에 갔다. 이 기간에 여성의 경제 참여와 여기서 파생되는 사회적 변화는 세계 제2차 대전 기간에도 계속되었다. 여성을 위한 교육도 실질적으로 진전되었고, 이들은 간호사 교사와 같은 여성전문직에 종사하기 시작했다.

서구에서 교육받은 무함마드 하타미 이란 대통령, 무함마드 6세 모로코 국왕, 압둘라 2세 요르단 국왕등이 개혁개방정책을 강력히 추진함으로써 이슬람 국가의 여권(女權) 운동이 거세지고 있다. 심지어 이란에서도 여성환자들을 위한 여성 의사가 생기고 국회의원과 부통령도 생겼다.

위와 같은 현실적인 요인 이외에도 인터넷[80]과 CNN을 비롯한 안방 깊숙이 파고 들어간 외국의 위성방송의 영향이 이슬람 국가의 서구화와 세속화를 가중시키고 있다. 이로 인하여 젊은이들과 교육을 받은 남녀의 사고방식이 변화하고 있는 것이다.

4. 베일의 의사소통 기능

오늘날 베일과 여성에 관한 논쟁은 역사적으로 문화를 초월하여 계층 사이에서 갈등을 일으키며 계속되고 있다. 우리는 무슬림 여성들의 외모, 특히 그들을 상징하는 베일을 통하여 그들이 의사소통(communication)하고자 하는 것이 무엇인가를 이해해야 한다. 외모는 옷 입는 사람이 전달하고자 하는 한 요소이기 때문이다.[81]

베일은 다른 문화, 다른 사회, 다른 시대에 따라 같은 의미보다는 다양한 의미를 주고 있으나, 베일의 형태와 기능은 비슷하다. 베일의 사회적 성격을 분석해 보면, 베일은 사회와 혈연의 신분과 정체성과 관련된 의사소통의 기능을 나타낸다. 옷은 다양한 계층의 메시지를 상호 전달하는 언어이다. 즉 베일은 의복, 몸, 문화, 종교적인 의사 소통의 상호교차점 위치에 있다. 이러한 틀은 베일을 바라보는 시야의 범위를 확대시킨다. 크고 복잡한 사회에서 사는 모든 사람은 개인 기준으로 상호 작용하는 것이 불가능하므로 의사소통의 일반적 형태, 즉 대중매체가 베일의 상징의 의미를 보편적으로 이해하는 것을 촉진시킨다.

베일의 범주 하에 있는 많은 종류의 옷을 조직화하는 한 방법은 그들이 감출 수 있는 몸의 부분들에 따라 구별하는 것이다. 이 구별을 사용함으로써 우리는 머리쓰개, 얼굴덮개, 몸덮개의 3부분의 형태로 나눌 수 있다. 그러나 여기서는 베일이 무엇을 나타내며, 무엇을 숨기며, 무엇을 의사소통하고자 하는가를 구별

---

80) 몇 년 전까지 국가 차원에서 세속화를 우려하여 인터넷을 금지한 사우디아라비아에서 현재 여성들을 위한 26개의 인터넷 서비스를 운영하고 있다. http://www.islamicvoice.com/2001-05/women.htm
81) 데이비드 헤셀그레이브, 『선교 커뮤니케이션론』, 강승삼 역(서울: 생명의 말씀사, 1999), p. 430.

한다. 이것은 베일 뒤에 숨어 있는 의미를 찾고자 하는 것이다.[82] 이슬람권 나라와 무슬림 여성의 개인적 취향에 따라 다르지만 머리쓰개용 베일은 전통이나 문화의 영향을, 얼굴 가리개용 베일은 전통의 영향을, 몸 가리개용 베일은 한서(寒暑)기후와 문화적 요인에서 영향을 받았으며, 세 종류 모두에 종교적 요인이 가미되어 베일을 착용한 각 사람의 정체성을 표현하고 있다.

옷의 한 부분인 베일은 상징적 의미가 매우 크며, 무슬림 영역 안과 밖에서 저항의 근원으로서의 강한 힘을 가지고 있다.[83] 현재 이슬람문화에서 베일을 착용하는 것은 주로 지역과 정체감, 사생활과 연관된다. 수줍음과 은둔, 이 두 가지 성질이 중동에서 표현하는 베일 착용 현상의 적당한 특성은 아니다. 그들의 사회적 구조에서 베일 착용은 혈족 관계의 신분과 행동을 나타내는 의사소통의 도구이다.

이처럼 베일은 말없는 의사소통 시스템(체계)이다. 옷은 성별과 지역과 사회경제, 종교적 정체성을 나타난다. 베일은 기본적으로 가치와 사회구조의 복잡한 것을 번역할 수 있는 규칙을 준비해 준다. 베일은 타문화, 재료, 장소, 종교적, 성별 지식에 기초한 의사소통 모델 역할을 하는 옷이다.[84]

베일은 정부에 힘을 실어주기 위하여 침묵의 저항의 메시지를 보내고 있다. 무슬림 여성들은 그들의 국가 전체가 버림과 협박을 받았다고(재해의 징후가 나타날 때) 인식할 때에 베일을 착용한다. 그 예가 알제리이다.

옷의 기능은 피부를 보호하는 것 이외에도 다양하다. 여성이 옷을 입는 이유 중에는 상대방에게 그녀의 매력적이지 않은 모습을 보이며, 다른 남자의 눈에 뜨이지 않게 감추기 위한 것이다. 그와는 반대로 상대방에게 매력적으로 보이기 위하여 입는 옷도 있다. 옷으로 자신의 정체성을 나타내기 위해 특별한 모양의 상표나 특별하게 디자인 한 옷 등을 입기도 한다.

옷은 사회 도덕성의 기초이며, 그들의 메시지를 의사소통하는 중심 전략이다. 베일도 옷의 한 부분이므로 같은 역할을 한다. 베일은 새로운 양식과 행동의 목

---

82) Fadwa El Guindi, p. 9.
83) Mahnaz Afkhami, *Faith and Freedom-Women's Human Rights in the Muslim World*(London: I.B.Tauris & Co Ltd, 1995), p. 44.
84) Fadwa El Guindi, p. 5.

표와 상징이 된다. 또한 이슬람의 정체성, 도덕성, 서구 물질주의 상업에 대한 반감, 행동에서 거꾸로 회기하는 행동, 목소리이며, 전통과 문화적 정체성의 상징화이다.

무슬림 여성의 베일은 특별한 순결보다는 일반적인 행동을 가리킨다. 그러나 베일은 의사소통을 하는 데 제한점을 가지며, 의사소통 계획을 상징한다. 또한 여성이 베일을 착용하는 것은 자신의 여성다움을 자유롭게 표현하는 데 있어서 방해물이 된다.

베일은 개인의 인생살이에서 성숙한 단계의 의사소통을 하는 하나의 언어이다. 각 그룹은 그들의 다른 텐트와 옷으로 그들의 신분과 정체성을 나타낸다.[85] 그러므로 베일을 머리와 몸의 어떤 부분을 감싸는 고정된 재료로서 연구하는 것은 베일 착용의 현상을 이해하는 데 충분하지 않다. 그것이 말하고자 하는 의미를 파악해야 한다.

---

85) Ibid., p. 109.

제6장
터키 무슬림 여성의 베일의 세계

　21세기 지구촌 시대에 우리는 다른 나라를 이웃으로 여기며 산다. 우리는 우리와 다른 각 나라의 가치와 문화를 올바로 이해하지 못해서 그들을 잘못된 것으로 판단할 수가 있다. 과거 이슬람 제국이었던 현재 터키[1] 공화국이 세속국가를 표방하고 계속적으로 발전해 나가는 시점에도 끊임없이 부흥해 가고 있는 이슬람주의자들의 활동과 그들의 부흥이 현대 터키 여성의 정체성에 주는 영향을 고찰해 볼 필요가 있다.

---

　1) 역사상 기록된 바에 의하면 B.C. 1900년경 앗시리아 무역상들이 처음 이 땅에 나타났고 B.C. 1380년경은 히타이트 왕국의 전성기였다. B.C. 334년 알렉산더 대왕의 점령을 거쳐 B.C. 133년에는 소아시아 지방이 로마의 한 개의 주가 되어, 그 후에 콘스탄티노플이라고 칭해졌다. 콘스탄티노플은 1288년경부터 태동하기 시작한 터키족의 오스만제국에 의해 1453년 멸망되기까지 비잔틴 제국의 중심지이었다. 김한기, 『터키와 성지』(서울: 도서출판 성지, 1997). p. 5.
　오늘날 터키는 보스포루스 해협을 중심으로 동쪽 97%의 국토가 아시아, 서쪽3%의 국토가 유럽 대륙에 속해 있다. 지정학적으로 아시아가 분명하지만 역사적 배경이나 국민의 의식은 오히려 유럽에 가깝다. 터키인의 절반이상은 자신을 유럽인으로 생각한다. 터키는 고대에서 현대에 이르기까지 인류 문명의 여러 다양한 요소가 습합(褶合)된 동서 문화의 교차지이다. 터키는 7개국과 국경을 접하고 있으며 영토면적은 남한의 7.5배에 이며. 북쪽으로는 흑해, 남쪽과 서쪽으로는 지중해 및 에게해를 접하고 있다. 또한 유럽 쪽으로 불가리아와 그리스, 아시아 쪽으로 아르메니아, 그루지야, 이란, 이라크, 시리아와 국경을 접하고 있다. 역사학자 토인비는 터키를 '살아 있는 박물관'이라고 했다.

터키는 아브라함과 사라가 갈대아 우르를 떠나 가나안 땅으로 가던 중 거하였던 하란이(창 11:31, 32) 속해 있던 지역이며, 또한 바울 서신의 배경이 되는 지역이다. 1453년 동로마제국이 멸망하기 전까지 찬란한 기독교 문화를 꽃피웠던 곳이다. 현재 터키는 6천3백만 인구[2]의 98%가 순니파[3]에 속하는 이슬람교이며, 나머지는 그리스정교, 유대교, 비무슬림 등이며 법적으로는 세속주의 국가이다.

터키 이스탄불[4] 여성의 베일을 분석하는 데 있어서 내부와 외부의 사회 정치적 사건들이 몇 십년 간 여러 가지 양상으로 발전한 과정에 초점을 맞추었다. 왜냐하면 다른 시대마다 베일은 각 문화적 영역에서 같거나 비슷한 요소로 사용되었기 때문이다. 터키의 의복과 베일 착용은 국가의 역사와 넓은 국토, 그것이 접

---

2) 터키 내 민족은 투르크족 80%, 쿠르드족 19% 그 외는 아랍인, 아르메니아인, 그리스인 등 소수민족이 있다.

3) 하나피파(Hanafiyah)는 순니파에 속한다. 이슬람력(A.H.) 150년에 죽은 이맘 아부 하니파(Iman Abu Hanfia)에 의해 세워진 이 학교는 이라크의 바그다드에 자리잡고 있다. 순니파들은 꾸란과 하디스 및 무함마드의 정통 칼리프(계승자, 통치자)들의 선례에 바탕을 두고 있다. 1924년 터키는 세속공화국이 발표되자 칼리프제를 폐지했다.

시아파(Shi'ahs)는 칼리프를 알리의 가문에 되돌려 주려는 운동으로 시작되었다. 무함마드의 계승이 그의 조카이자 사위인 알리에게 직접 이어져야 한다고 믿으므로 첫 세 칼리프(아부바크르, 오마르, 오스만)를 인정하지 않는다.

4) 이스탄불은 보스포러스 해협을 사이에 두고 유럽 쪽과 아시아 쪽으로 나뉘어 있는 도시이다. 이스탄불의 최초의 이름인 비잔티움의 설립자는 메기리 안족의 비자스(Byzas)였다. 그는 B.C. 667년에 야크로폴리스에 거주지를 만들었으며 이곳은 전략적인 요충지인 관계로 곧 무역과 상업의 중심지가 되었고, 포도주와 어업이 유명하였다. A.D. 196년 로마 황제에 의해 이 도시는 점령되었다. A.D. 306년 로마의 콘스탄틴은 아버지인 황제가 사망하자 A.D. 313년 밀라노 칙령을 선포하여 모든 기독교인들에게 신앙의 자유를 주었다. 그는 수도를 비잔티움으로 옮기고 이곳에 새로마를 건설하여 도시 이름을 콘스탄티노플로 바꾸었다. 그 후 비잔틴 제국은 오스만 제국의 황제 마호메트 2세에 의해 1453년 멸망함으로써 도시 명칭을 콘스탄니노플에서 이스탄불로 바뀌었다. 정복자 마호멧 2세는 자기 이름을 딴 파띠 카미(Fatih Cami-정복자 모스크)라는 거대한 모스크를 지었고 이 사원은 시의 중심이 된다.

이스탄불은 지리적 역사적으로 볼 때 터키의 축소판이라 볼 수 있다. 이스탄불은 흑해에서 마라마라해, 에게해, 지중해로 연결되는 해상교통의 길목에 자리 잡고 있어 전략적 요충지이기도 하다. 이스탄불은 1400년 이상 비잔틴과 오스만제국의 수도였으며, 페르시아, 그리스, 로마, 동로마(비잔틴), 제4차 십자군, 동로마, 오스만제국을 거쳐 오늘날에 이르렀다. 터키 이스탄불 유럽지역은 전체면적의 3%에 불과하지만 전체 산업의 30%, 무역의 40%가 이곳을 중심으로 이뤄진다.

해왔던 문화와 받아들인 종교체계들과 연관지어 평가되어야 한다. 민족의상은 그 민족의 동질성의 일부이기 때문이다.

1. 터키 베일의 종류

베일을 착용하는 관습은 지리적으로 다양하다. 시리아, 아라비아와 바울의 고향인 다소를 포함한 남부 소아시아(현대의 터키)와 같은 지중해 동부 지역에 널리 퍼져 있었다. 이 지역에서 여성들이 베일로 가리는 것에 관한 증거들은 전통적으로 많은 학자들이 인정하고 있는 것보다 훨씬 더 많이 있다.[5]

베일은 옷의 한 부분으로 또는 겉옷과 조화를 이루어 착용한다. 베일, 장신구나 드레스는 그 자체의 의미는 없으며 그들은 전체적으로 이해되어야 한다. 지금부터 터키 옷의 변화과정을 간단히 고찰하고자 한다.

터키 여성의 겉옷은 긴 원피스, 헐렁한 바지와 블라우스, 스커트와 재킷, 이 세 가지로 분류할 수 있다. 터키여성들의 옷은 궁궐, 도시, 아나톨리아(Anatolia)[6]의 의복으로 3분되는데, 17세기 이후 유럽의 영향은 궁궐과 도시의 의복에서 확연하게 나타난다. 옷이 여성의 사회적 지위를 나타낼 뿐 아니라, 에게해 지방, 흑해, 동 아나톨리아, 중앙 아나톨리아 등 지역적 특성들을 나타낸다.

터키여성의 베일(headgear 머리쓰개)과 장식은 의복의 가장 중요한 부분 이다. 베일은 용기, 페즈(fez / 또는 fes 페스, 터키모자)[7], 왕관, 그물망(trap) 혹은 머리 다발(topknot), 둥근 장식(knob)처럼 미리 만들어진 것을 쓴다. 그들의 스타일은 지역적 특성과 전통을 보여 준다. 왼쪽으로 혹은 오른쪽으로 기울어진 것, 매는 방법, 장식 모두 특별한 의미를 가진다.

---

5) 크렉 S. 키너, p. 58.
6) 현대 터키의 코냐(Konya)지역이 아나톨리아의 중심지역이었다. 오늘날 아나톨리아의 시골여성들은 그 유행을 따르지 않고 전통적 방식의 의복을 입고 있다. 아나톨리아 여성의 여러 색깔의 의복에서 즐거움과 열정을 보게 된다. 그리고 수천 가지의 메시지가 그들의 색색의 드레스, 베일(머리쓰개), 자수품, 장신구, 손으로 짠 양말에서 전해진다.
7) 위가 평평한 원통형으로 꼭대기에 여러 가락의 실을 단 붉은 모자를 터키 모자라 한다. 페스(fes)는 모로코의 옛도시 페스(Fes)를 가리키는 터키어이다. 터키인은 모로코 모자라고 부른다. 1828년-1829년경 이후 이 모자가 널리 쓰이게 되었다.

처녀나 약혼녀, 결혼한 여성이나 과부들은 베일로 구별될 수 있다. 베일에 매어진 스카프는 여러 의미의 색깔과 숫자를 가지고 있는데, 보석, 진주, 자수구슬, 금·은 장신구로 꾸며진다.

모든 여성들의 베일 중에서 가장 화려하고 아름다운 것은 결혼식의 신부에게 쓰여진 것이다. 신부의 드레스와 베일은 예술성을 가졌고, 또 어느 것은 굉장한 부를 과시했다. 어느 지역에서는, 남자가 신부에게 금화로 전체가 덮인 베일을 주는데, 이것은 그녀의 부의 상징이 되기도 한다.

여성들의 옷 중에서 드레스는 직장에서, 외출할 때, 경축일에 입는 것이 다 다르다. 바지처럼 두 갈래로 갈라진 긴 원피스(치마바지로 된 긴 원피스), 나뭇잎과 꽃으로 수를 놓은 자색 벨벳 여성복, 헐렁한 바지, 셔츠, 짧은 오버코트, 조끼, 짧은 재킷, 작업복, 쇼울, 베일이 달린 드레스 등이 가장 두드러진 옷들이다.[8]

여성의 옷에서 가장 눈에 띄는 부분은 베일과 보석이다. 보석 세공인과 금 세공인은 오스만 시기에 자신들의 특별한 양식(style)을 가졌다. 오스만시대 여성들은 고대의 터키와 셀주크 시대에서와 같이, 왼쪽가슴의 작은 꾸러미 안에 보석으로 장식된 작은 칼이나 단검을 휴대했다. 그들은 루비와 다이아몬드가 박힌 금시계를 휴대하기도 했는데, 사람들에게는 금줄만 보이곤 했다. 중류층의 숙녀들은 금줄을 목에 걸고, 60혹은 80개의 작은 금화나 귀중한 큰 메달을 이 줄에 달았다. 어떤 메달은 그것에 꾸란의 글귀가 새겨진 것도 있었다. 시골지역에서는 장신구류가 거주지역에 따라 달랐다. 금·은 귀걸이, 코걸이, 목걸이, 줄이 달린 금화, 금화, 다양한 금·은 팔찌, 발찌가 널리 착용되었다.[9] 베일에는 다양한 금화, 은화, 청 염주, 주문이 모자 주위 그리고 머리카락에 달렸다. 이마의 중앙에는 큰 염주 알이나 마노가, 고대 투르크인들과 셀주크인들이 달았던 터키석 대신에 달려 있었다.

터키 여성들의 옷에서 가장 세밀하고 화려한 부분은 베일이었다. 오스만 시기에, 여성들의 베일은 그들의 의복의 여러 부분에서처럼, 큰 도시와 시골 지역에서 차이를 보였다. 머리스타일은 지역적으로 다양했고, 여성들의 나이와 사회적

---

8) Middle East Video Corp, *Historical Costumes of Turkish Women*(Istanbul: Ali Riza Baskan Güzel Santlar Marnaasa A. S, 1986), p. 4.

9) Ibid., p. 9.

지위, 경제적 위치에 따라, 같은 지역 내에서도 상이한 규범이 있었다. 만일 여성들이 부유하지 않으면, 그들은 장식으로 염주, 철사(wire), 꽃이나 리본을 사용한다. 하나, 둘 혹은 그 이상으로 머리를 땋아 머리 손질을 한 후, 베일을 착용한다.[10]

베일은 두 가지 종류가 있다. 즉, 이미 만들어진 것과 머리에 맞게 맞추어지는 것이다. 이미 만들어진 것은 페즈 락쉰(fez rakçin), 아라크쉰(arakçin), 타츠(taç, 왕관), 투자작(tuzak), 호토즈(hotoz), 테페리크(tepelik, 둥근 장식)와 타스(tas)이다. 락쉰(rakçin)이나 아라크츤(arakçin)은 머리에 땀을 흡수하도록 앙골라 염소 털(mohair)로 만들어진 작은 베레모였다. 타츠는 금속이나 천이다. 투자작은 옷감에 금속 장식을 한 특별한 베일이다. 테페리크는 금화, 은화, 석류석, 에메랄드, 산호로 장식되었다. 이것들은 자수를 놓은 크레이프(crepe, 비단의 일종), 베일(kerchief, 머리수건), 그리고 유사한 베일(스카프)과 함께 사용되었다.

머리에 맞추어지는 베일은 사용자의 바램에 따르는 것이 아니라, 전통에 따라 만들어진다. 아주 다양한 재료가 베일에 사용된다. 페즈(fez)는 여러 보석을 장식해서 널리 사용되었는데, 이것을 착용한 여성의 키가 커 보이게 했다. 다양한 사이즈의 딱딱한 것, 부드러운 것과 수수한 것, 은실·금실로 수놓아진 것 등이 있었다. 베일들은 페즈만큼 많이 사용되었다. 이것들은 머릿수건, 크레이프와 쇼올이다. 어떤 것은 베일이 완전히 갖추어진 다음 마지막 덮개로 사용된 반면, 어떤 것은 터키 모자와 다른 베일 아래 혹은 위에 사용되었다. 보석, 진주, 금·은 장신구 등이 베일을 장식했다.

여성들의 베일(머리쓰개)은 아기용, 어린 소녀용, 신부용 혹은 새로 결혼한 여성용, 과부용, 40세 이상의 여성용, 군인의 어머니용, 할머니용으로 나뉘었다. 베일은 장식품에 따라 어떤 메시지를 전달했다. 어떤 지역에서는 금화의 수가 얼마나 많은 자녀를 낳았는지, 그리고 다른 지역에서는 그녀가 결혼한 햇수가 얼마인지 보여 주고 있다. 터키 모자 위에 쓴 크레이프의 수와 색깔도 어떤 의미를 가지고 있다.

---

10) Ibid., p. 10.

과부는 터키 모자 위에 검은 베일을 맨다. 어린 신부는 밝고 선명한 색깔을 선호한다. 어린 소녀는 머리에 흰 머릿수건을 쓴다. 어린 소녀가 약혼했거나 연애중임을 보여 주는 머리에 쓴 창백한 베일(크레이프, crepe)을 맸을 때는, 아무도 구혼할 권리가 없었다. 만일 이 규칙에 유의하지 않으면, 모두에게 멸시를 받았다.[11]

터키 여성의 옷과 베일에서 주된, 그리고 공통적인 특성은 세부적인 것에서는 차이가 있음에도 불구하고, 언제나 눈에 잘 띈다는 것이었다. 상이한 지역의 6가지 종류의 베일이 그 주제를 다음과 같이 명확히 해 줄 것이다.[12]

첫 번째, 앙카라 베일은 많은 다른 지역에서 사용되었다. 전형적인 앙카라 장식은 베일 앞부분에는 금화와, 검은 바탕에 황색명주로 수놓은 한 개의 둥근 장식(knob)이 있었다. 베일의 양옆으로 금속 동전으로 장식된 머리를 양쪽으로 늘어뜨렸다. 등뒤에는, 검은 명주리본이 허리까지 매달려 있다. 이들의 끝 부분은 산호와 흰 염주와 은실로 장식되었다. 선홍색의 수놓아진 크레이프는 베일 둘레에 묶여졌다. 친 치니(çin çini)는 두르게의 이름이었다. 이와 비슷한 베일이 모든 외르구즈(Oğuz)부족에서 보여진다. 베일은 붉은 광목 원단(broadcloth)이나 터키 모자 위에 착용되었다.

두 번째, 안텝(antep, 왕관 베일) 역시 붉은 광폭원단이나 페즈 위에 씌어졌다. 터키모자는 보드지(마분지)나 가죽으로 안을 받치고, 위에는 은으로 된 둥근 장식이 있었다. 밝은 쇼올은 은색 장식술 밑에 입혀졌다. 양쪽에는 뺨을 가리는 은 조각들(silver piece)이 여전히 사용되고, 이마에는 푸른 돌로 된 초승달이 있다. 베일의 제일 아래쪽 가장자리에는 쇠사슬에 연결된 금화가 있고, 양 눈썹 사이에는 금으로 된 조각(piece)이 있었다. 머리 뒤쪽에는 허리까지 매달려 있는 은 리본이 있다. 이 왕관 베일은 과거에는 완전히 금으로 만들어졌지만, 이제는 대부분 은으로 사용된다.

세 번째, 보드룸(bodrum)에서 사용된 베일은 모자처럼 작다. 그것 역시 붉은 광폭원단으로 만들어졌거나 노란 끈으로 매듭을 만들어 위를 덮고 꽃 장식을 한 페즈가 사용되었다. 둥근 장식은 베일에 꿰매어졌으며 선홍색 머리수건을 그 둘

---

11) Ibid.
12) Ibid., pp. 11-12.

레에 맸다. 그리고 은실 자수품을 그 베일에 매달았고 갓 피어난 꽃을 베일의 맨 위에 달았다. 삼각 머리수건으로 접은 두르게는, 옅은 빨간색 옷감인 에셀리(eseli)라 불리는 베일 위에 씌어졌다. 그 옷감은 금실로 자수되었고, 가장자리에는 분홍과 청색의 카네이션을 달았다. 베일의 맨 위에는 은 장식술이 달려 있었다. 신부의 머리는 은실로 땋아지곤 했다.

네 번째, 어린 소녀의 베일인 케레스(keles) 밑으로는, 양모로 만들어진 베레모가 있었다. 그 베일 꼭대기는 색색의 염주로 수놓아졌고, 보드지로 안을 받쳤다. 알마흐(almah) 혹은 알아나크(alyanak)라고 불린, 붉은 사과 장식을 한 검은 머리수건은 베일 주위에 묶여졌다. 그것들은 축제행사에서 입혀진다.

그리고 꼭대기(top)라 불린 흰 염주가 있는 마른 카네이션이 베일 양쪽에 부착되었다. 이 마른 카네이션들은 숙녀를 위한 일종의 천연 향료였다. 나이든 여성들은 이것을 달지 않았고, 그들은 "카네이션을 다는 시절은 끝났다"고 말한다. 베일 밑에는 테르릭(terlik, 땀을 흡수했다)이라고 불린 흰 옷감으로 만든 모자가 있었다. 모자 주의에는 구슬로 장식한 자수품이 있었다. 어린 소녀들은 이 모자를 매일 착용했고, 그들의 머리를 땋았다. 그들은 자신들의 애교머리(lovelock)를 자르지 않았다.

다섯 번째, 갓 결혼한 신부의 베일인 케레스의 내부는 붉은 광폭 원단이나 페즈로 만들어진다. 보드지로 안을 받친 그 꼭대기에 터키금화(sequin)를 수놓은 3각형 장식이 있었다. 3각형의 붉은 옷감은 베일 둘레에 꿰매어 붙여졌다. 그 끝에는 녹색 자수품이 매달려 있으며, 맨 위쪽에 매달려 있는 술 장식들은 카네이션으로 장식되어 있었다.

여섯 번째, 결혼한 여성의 베일은 티키금화나 구슬장식의 자수를 삼각형 스카프 끝에 꿰매 달고, 염주와 터키금화가 그녀의 볼에 닿도록 하기 위해 자신의 머리 위에 이것을 붙들어 맸다. 그래서 이 장식 요소들은 야나크 도벤(yanak döven 뺨을 때리는 것)이라고 불리게 되었고, 이것을 착용한 여성이 결혼했다는 것을 알렸다. 이 여성들은 자신들의 애교머리를 자르지 않았다.

코자크 투르크인(Kozak Turcomen)들의 베일의 안쪽 모자(inner cap)인 테르릭(terlik)은 친타리(çintali), 육손(six fingers), 혹은 쿠트누(kutnu, 견직물, 명주와 무명의 혼합직물)로 만들어진다. 머리 위에 긴 벨벳원피스(long velvet robe)처럼 생긴 베일은 친타리라 불렸다. 그 스커트 부분에 넓게 하려고 양쪽에 몇몇 주름을 두는데 반해, 그 윗 부분은 몸에 맞게 만든다. 그 긴 원피스는 이 주름들에 따라 이름 붙여진다.

호토즈(hotoz, 이스탄불 여성에 의해 집에서 사용된 베일)는 늘어뜨린 머리(lock)를 제외한 머리를 가리는 데 사용되었다. 여성들은 언제나 집에서 다양한 베일이나 소박한 베일로 머리를 가렸다. 집을 나설 때는 호토즈 위에 베일을 덮었다. 부유한 사람들이 매일 착용하는데 반해, 중류가정의 사람들은 결혼식에서만 호토즈를 사용했다. 모양에 따라 이름 붙여진 여러 종류의 호토즈가 있는데, 페즈 호토즈(fez hotoz), 사라야 호토즈(sarayh hotoze 왕이 사용함), 시미딕크 호토주(cimdik hotozu, 꼭 끼는 것), 쿠르디 호토즈(krdi hotoz), 소르구츠루 호토즈(sorguçlu hotoz, 깃털 장식이 있는 것) 등이다.

호토즈

19세기 초부터 드레스는 상자에 넣어서 팔렸다. 그러므로 쿠투 이치(kutu içi, 상자 안에)라 불렸다. 이것들 중 대부분은 벨벳이고 아주 드물 게는 공단이었다. 크레이프나 베일과 은 벨트는 악세서리류다. 베일의 종류인 머릿수건과 크레이프는 머리에 씌어지고, 은 벨트는 허리에 치장되곤 했다.[13] 겨울에는 이 드레스 위에 모피를 걸쳤다.

아브둘하미르(Abdulhamil) Ⅱ세의 치세기간 중에는 긴 스커트와 재킷이 서구의 영향을 보여 주는 큰 도시에서 유행했다. 오스만제국 당시에 어린 소녀들은

---

13) Ibid., p. 12.

보통 소박한 옷을 입었다. 아나톨리아에서는, 철사(wire)로 장식되거나 작은 원형금속 조각(sequin, 터키 금화)이 달린 드레스, 명주 스커트로 치장하는 것은 적합하지 않다고 간주되었다. 아나톨리아 여성의 옷은 소박했다. 나이 많은 여성들은 부드러운 페즈 위에 자수가 되어 있지 않은 베일을 착용했고, 젊은 여성들은 페즈 위에 삼각형으로 접은 베일을 착용했다.

오스만 여성들에게 천으로 된 거들(헝겊 허리띠)은 베일에서도 여러 방식으로 예를 들면, 페즈 둘레에 묶이거나 양옆에 달려 있는 첨단부(tip, 꼭대기) 주위에 묶여서 사용되었다. 첨단부에는 토자크(tozak)라고 불리는 장식술이 있었다. 이 머리용 거들은 장식에 따라 이름 붙여졌고, 가장 인기가 있던 이름 중에 하나는 이스탄불 사람들(Istanbullite)이었다.[14]

16-19세기 터키의 궁중에서 부인들이 입었던 궁중의복과 여성들의 챠르샤프(çarşaf)의 다양한 모양은 다음의 그림과 같다.[15]

---

14) Middle East Video Corp, p. 13.
15) Melek Sevüktekin Apak, Filiz Onat Gündüz and Fatma Öztürk Eray,

위의 것들의 역사적, 지리적 범위와 다른 요인들을 고려하면, 오스만 여성들의 옷의 공통적인 특성, 개략, 두드러진 특징과 함께 600년의 기간을 포함하는 여성들의 옷은 세 그룹으로 나뉠 수 있다. 첫 번째, 셔츠, 반바지, 안 조끼로 구성되는 내의류가 있다. 두 번째, 겉옷으로는 바지처럼 갈라진 긴 원피스(long robe with divided skirt), 이중스커트(double skirt), 긴 원피스, 헐렁한 바지, 블라우스, 양모 재킷, 조끼, 모피, 벨트, 거들, 양말, 신발 등이 해당된다. 페레제스(ferece, 먼지 막이 외투), 마쉬라흐(maşalah, 헐렁하고 앞이 터진 소매 없는 외투), 에르디르메(yeldirme, 가벼운 외투), 챠르샤프(çaşaf, 여성의 외출용 겉옷)는 외출복이다. 세 번째, 베일과 보석 같은 장신구가 있는데, 이것은 터키 여성의 옷에 중요한 역할을 했다.

페라스, 에르디르메, 챠르(çar, 숄)그리고 챠르샤프는 야외복이었다. 숙녀들은 페라스와 함께 야쉬막(yaşmak, 베일)을 걸쳤다. 야쉬막은 자신을 덮는다는 뜻을 가진 터키 말이다. 이 베일은 두 장의 무슬린 튤(muslin tulle, 모슬린 비단 망사)나 얇은 천(gauze)으로 만들어진다. 그중 하나는 다른 하나가 머리 위에 씌어질 때 턱 아래쪽에 맸다. 베일은 어깨 위에 내려오도록 하거나, 페라스안으로 밀어 넣어졌는데, 눈, 코와 눈썹 부분만 보였다.

챠르는 베일(야쉬막)과 함께 입는 흰 직사각형모양의 케임브릭(cambric, 얇은 고급 린네르) 쇼올이었다. 머리와 신체의 윗 부분을 감싸주는 쇼올은 짧은 거리를 갈 때 입었다. 에르디르메는 전신길이의 밝은 외투인데, 양쪽에 주머니가 달려 있고, 앞의 중심부까지 단추가 달려 있었다. 호투즈와 야쉬막이 베일로 착용되었다.

사회구조들이 문명화되면서 시장 유통이 독립적이고 다양하게 활발하게 이루어졌다. 따라서 사회적 기구를 통하여 일어나는 표준화된 패션은 이스탄불 같은 큰 도시의 무슬림 여성의 옷을 매우 천천히 변형시키기 위해 제시되었다.

집안에서 입는 옷은 살반(şalvan, 넓고 평평한 바지)과 괴므레크(gömlek, 큰 부라우스같은 옷)를 혼합하여 엔타리(entari, 잠옷 같은 옷) 모(毛)쟈켓과 함께 입는다. 큰 도시의 여성들조차도 유럽식 패션에 완전하게 적응하지 못했다. 그들의 의상은 살바르(salvar)와 괴므레크, 페레스와 야쉬막 그리고 테리크(terlik,

---

Osmanli Dönemi Kadin Giyimleri(Ankara: Birinci Baski, 1997), p. 82.

슬리퍼, 신발)로 구성되어 있었다. 거의 19세기 후반까지 외출용 의상은 페레스-야쉬마크-테리크로 구성되어 있었다. 야쉬막은 후누므스(hanums)의 표면이 여성들이 젊은지, 늙었는지, 예쁜지 알 수 없도록 감추며, 그들의 모습을 말하기 불가능하도록 머리부터 발끝까지 가리는 두꺼운 긴 겉옷이다.

에르디르메는 유럽식으로 변형된 옷이다. 작은 허리의 엔트리(entri)를 넓은 스커트로 가리고, 다양한 코트(ferece)에 얇은 베일을 착용하며, 양산(파라솔)과 조화시켜 터키 여성들을 새로워 보이게 하였다. 그러나 코트가 유럽식으로 변형되어 만들어진 반면에, 페레스는 동양의복에 훨씬 가까운 챠르샤프로 변화되었다.[16]

챠르샤프는 왕궁에서는 무시 받은 옷이다. 챠르샤프는 허리까지 내려오는 옷으로 페레스보다 더 신분을 숨기고 외출하기에 쉽게 만들어졌다. 아브둘하미드(Abdulhamid) 시대에 챠르샤프를 입은 여성은 왕궁 출입이 금지되었는데, 남성이 은밀하게 변장하여 왕궁 안으로 들어오는 것을 두려워하였기 때문이다. 챠르샤프는 페레스보다 여성의 몸매를 숨기는 데 더 효과적이었다. 챠르샤프는 현대국가와 보수주의 인구에 대항하는 상징으로 보이도록 하기 위하여 매우 단순단 모양으로 바뀌었다. 유럽 패션에 적응하여, 반절을 잘라 스커트와 어깨 망토가 되었고 챠르샤프도 빨리 변화하여 결국에는 서구식 복장이 되었다. 따라서 이스탄불에서 옷의 역사는 토바 챠르샤프(torba çarşaf)로부터 탄고 챠르샤프(tango çarşaf)로 변화하였다.[17]

챠르샤프는 허리에서 반으로 잘려 스커트와 망토로 나뉘면서 변형되기 시작했다. 망토가 짧아졌고 벗겨진 팔이 긴 장갑으로 가려졌고, 양복 단의 휘갑친 부분이 올라갔다. 베일의 천도 얇아지기 시작하였다.

좋은 튤(그물모양의 얇은 명주)로 만든 베일은 겨우 얼굴만 가리고 망토에 매달았다. 후에 망토가 금지되었을 때에 가리기 위한 베일용 스카프 외에는 아무것도 남지 않았다. 챠르샤프는 더 이상 여성의 몸매를 가리기 위한 헐렁한 웃저고

---

16) Nora Şeni, "Fashion and Women's Clothing in the Satirical Press of Istanbul at the End of the 19th Century," in *Women In Modern Turkish Society*, Sirin Tekeli, ed., (London: Zed Books Ltd, 1995), pp. 29-30.

17) Melek Sevüktekin Apak, Filiz Onat Gündüz and Fatma Öztürk Eray, pp. 102-104.

리와 관계가 없다. 오히려 정숙함의 표시와 현대식에 복종하는 것이 되어 버렸다. 챠르샤프와 어울리게 양산을 들고 다니는 것이 유행이 되었다.[18] 그들은 베일을 모자 스타일(hat-veil)로 교환하였다.

토바 챠르샤프는 아래의 사진과 같이 망토 스타일로 허리에서 한번 모아지고 머리부터 발끝까지 덮는다. 짧은 베일은 얼굴 앞쪽에 매달려 있다. 이 모습은 보수주의자들을 기쁘게 했다. 옷이 늘 그래왔듯이 통치 기간 동안 절충되었다.

토바 챠르샤프

터키에서는 19세기 말 여성의 지적 발전이 활발하였고, 교육이 이슬람 종교와 양립할 수 있었다. 이때 여권운동이 시작되면서 의복에도 변화가 있게 되었다. 두 가지의 외출복을 사용되게 된 것이다. 첫 번째는 페레드자(feredja)라고 하는 소매 달린 외투가 착용된 것이다. 이 옷에는 사각 모양의 흰색 얇은 직물 두 장

---

18) Nora Şeni, p. 31.

으로 만든 베일을 함께 착용했는데, 한 장은 머리카락과 이마를 덮고, 다른 한 장은 세모로 접어 얼굴의 눈 아래 부분을 가렸다. 이 베일을 야쉬막(yaşmak)이라고 불렀다. 두 번째의 옷은 티자라자프(tjarajaf)라는 것이다. 이 옷은 농민이나 도시의 서민들 사이에서 사용되었으며, 이 옷은 줄무늬나 체크무늬의 목면으로 만든 이중 페티코트로 구성되어 있다. 위층의 것을 들어올려 머리 위에 놓고 안에 달린 두개의 끈으로 이마둘레에 묶도록 되어 있다. 이 옷과 함께 착용하는 베일은 얼굴을 완전히 덮는 것으로, 사각형의 검정색 천으로 만들고 벨로(velo)라고 불렀다.[19]

오늘날 터키에는 여러 종류의 베일이 있는데 크게 세 가지로 나눈다. 첫 번째, 테세튜르(tesettür)가 있다. 테세튜르는 다른 말로 터번(turban)이라고 한다. 옷 색깔은 다양하며 긴 소매와 단추가 목까지 있는 서구식 코트 위에, 다양한 길이의 베일용 스카프를 착용한 모습을 말한다. 두 번째, 바쉬외르튀(başortü)가 있다. 이것은 베일용 머리스카프이며, 머리만 가리는 스카프인데 요즘은 크고 넓어져서 머리카락과 목까지 완전히 가릴 수 있는 것이 있다. 세 번째, 챠르샤프는 몸전체를 가리는 검정 베일용 스카프와 망토스타일 겉옷 차림이다. 테세튜르는 일반 사람들에 의해 다음과 같이 다른 이름으로 부르기도 한다. 이것들은 이슬람즈(islamci, 보수주의 무슬림 여성), 때로는 딘지(dinci 종교주의자 religionist), 게리즈(gerici 역행자 regressive), 이티라즈(irticaci 보수주의 reactionary), 카라 페제리(kara peceli 검정베일 black veiled) 또는 투르반리(turbanlitur-baned)라는 이름으로 불리기도 한다. 따라서 이러한 여성들은 한 그룹을 제정하여 '좌익파'(leftist) 여성과 여성운동가로서 그와 같은 비슷한 명칭을 야당의 단어로 통하도록 규정하였다. 그 단어들은 '케말주의자' 또는 '아타튜르크주의자'이며, 이 여성들은 아타튜르크와 그의 개혁 원리들에 충성을 주장하며, 소위 '여성 이슬람주의자'라 부르는 자들을 반대함으로써 전문직 엘리트 여성들 안에서 새로운 정치적 중요성을 동시에 얻기도 했다. 다시 말하면 그것은 세속적 민족주의와 서구와 같은 성별간의 평등한 지위를 추구한다.[20]

---

19) 홍나영, p. 72.
20) Cathy Benton, "Many Contradictions: Women and Islamists in Turkey," *The Muslim World*, Vol. 86, No. 2.(April, 1996): pp. 122-123.

현재 터키에는 이슬람의 모든 것을 관장하는 종교청이 정부기관으로 별도로 있고, 각급 학교에서는 종교교육이 충실히 실시되고 있으며 7만 개의 모스크가 있다.[21] 그러나 터키는 옷차림에서부터 다른 이슬람국가와는 판이하게 다르다. 거리에서는 베일용 스카프를 착용한 여성들과 검정베일 차림의 여성들도 눈에 띄지만 젊은이들은 유럽의 어느 도시의 젊은이들과 마찬가지의 모습이다.

2. 터키의 역사, 정치와 베일과의 관계

터키 도시인구는 1950년대에 전체 인구의 25% 이상이 되지 못했으나 1985년에는 53%로 증가했다. 현재 터키는 인구의 약 반절이 도시 안에 살고 있으며, 이중 사분의 일이 대도시의 중심 가에 집중하여 살고 있다.[22]

세속주의와 이슬람주의들이 공존하는 터키에서 여성에 관한 여러 가지 주제는 긴장감을 초래했다. 그 중에서 가장 논쟁의 주제가 되는 것은 터키 여성의 베일용 스카프 착용과 옷 모양이다. 이는 여성의 옷차림에 정치적, 종교적, 철학적, 사회적 관점을 부여하기 때문이다.

세속주의자는 개혁 정책을 추진하기 위하여 강력하게 이슬람 억제 정책과 여성 권리 증진을 주장한다. 그러나 세속주의의 강한 이슬람 억제 정책에도 불구하고 이슬람운동이 다시 세력을 얻으면서, 이슬람주의자들이 여성의 베일을 무슬림의 정체성 상징으로 표현하며 정치적으로 쟁점화하고 있다.

일반적으로 터키 사회계층을 형성하는 것은 한 가지 이상이다. 대충 3가지 주요한 문화적 그룹으로 구분할 수 있다. 첫 번째, 전통적인 시골문화이다. 봉건시대적 세계관의 자취가 아직도 영향을 미치는 이런 문화에서 여성의 사회적 지위는 일반적으로 낮고, 어린아이들은 스스로 자신의 미래를 결정하지 못하고 그 가족에 의하여 결정된다. 사회적 가치는 가족과 개인 둘 다 엄격한 관리 하에서 지켜진다. 고전적 가부장적 제도는 이 그룹의 지배적인 모양이다. 두 번째, 도시에서 형성된 그룹이다. 이 그룹은 다소 현대의 서구적 가치들이 내화(內化)되어 있

---

21) 이진녕, '철저한 정교(政敎) 분리…거리엔 서양풍 물결-이슬람과의 대화 터키상(上),' "동아일보" 2001년 7월 9일자, p. 15.

22) Şirin Tekeli, "Women in Turkey the 1980s." in *Women In Modern Turkish Society*, Sirin Tekeli, ed.,(London: Zed Books Ltd, 1995), pp. 4-5.

는 도시에서 형성되었다. 수직적인 면에서, 수평적인 면에서 둘 다 사회적 기동력을 받으며, 다소 이성적인 결정에 의하여 동기를 부여 받는다. 가족과 개인이 전통적인 시골문화 그룹보다는 자치권을 갖는다. 여성들은 가족적으로 또한 개인적으로 자유롭고, 남자들과 좀 더 평등한 관계를 갖는다. 세 번째, '신도시' 문화적 그룹으로 불리는 사람들이다. 이들은 다른 두 그룹의 교차로에 서 있다. 여성과 아이들은 시골문화의 경험을 가진 사람보다 훨씬 더 심한 사회와 가족의 압력을 받고 있다. 따라서 서로 다른 가치를 가진 사람들 간의 갈등과 모순은 이 문화 안에서 더 분명하게 드러난다.

인구의 98%가 무슬림인 터키에서 이슬람의 영향력은 결코 무시할 수 없는 요소이다. 터키인들에게 있어서 이슬람은 일상생활과 밀접한 개인적인 요소로 작용하는 전통, 문화 종교로서의 의미가 있다. 그래서 터키 사회에는 서구문화와 이슬람 문화의 차이에서 비롯된 갈등이 여전히 존재한다. 이것의 실례를 여성의 베일에서 볼 수 있다. 터키 옷에 대한 역사가 과거에는 대개가 남자들의 옷에 관한 것이었으나 최근에는 베일에 관한 것이다. 우리가 다른 나라의 현재적인 상황을 이해하려면 그 나라의 문화적 배경을 이해할 필요가 있다. 그러므로 지금부터는 현재 터키가 세속공화국이므로 그것의 시작의 역사적 배경, 정치적 변화 과정과 관련된 무슬림 여성의 문제를 다룬다. 그러나 그 연구의 시대적 범위는 고대 시대를 간략하게 살펴본 후, 터키 여성의 사회적 지위의 변화과정은 오스만제국시대와 공화국시대로 나누어 터키가 세속공화정이 선포된 1923년 바로 직전의 오스만제국에서부터 2000년까지를 중점적으로 살펴본다. 특히 오스만제국을 살펴보는 이유는 이슬람을 국교로 하던 나라가 세속주의로 변화된 요인을 이해하기 위함이다.

(1) 고대 시대

기후와 종교는 민족들이 의복을 선택하는 데 중요한 역할을 했다. 그래서 세계가 시작된 이래 인류는 자신들을 감싸줄 새롭고 독창적인 의복에 대한 아이디어를 찾아, 꾸준히 탐색을 계속해 왔다.

역사적인 자료들은 9세기 투르크족[23]이 이슬람화되기 이전에는 여성들의 위치

---

23) 오늘날 '투르크족'은 투르크 언어를 사용하는 투르크족 전체를 의미하며, '터키족'이라

가 남성들과 같거나 혹은 경우에 따라서는 더 높았다는 사실을 보여 주고 있다. 예를 들면, 델히 두르크공국의 라지에 술탄(Raziye Sultan), 쿠툴룩 공국의 튀르칸 하툰(Turkan Hatun)은 수장(首長)이었다. 또한 당시에 카스틸라 (Kastila)의 대상의 회고록은 티무르(Timur)가 사마르칸드(Samarkand)에서 베푼 공식 만찬 자리에 여성들이 남성들과 나란히 좌정했다고 기록하고 있다. 오르콘 돌걸 비문에, 고대 돌궐시대에 법적 효력을 갖는 법령들은 항상 카간 (Kagan, 왕)과 카툰(Katun, 왕비)이 동시에 서명했으며, 만약 둘 중 한 사람이라도 서명하지 않은 법령은 법적 효력을 발휘하지 못했다. 또한 왕은 왕비가 없이는 외국 사절들을 영접치 아니하였다고 전해진다.[24]

훈족(Huns)의 무덤에서 발견된 드레스, 부츠, 벨트 양말은 그 기원이 터키인들이 이슬람교를 받아들이기 오래 전으로 거슬러 올라감을 보여 준다. 셀주크 이전과 셀주크 시기 동안에 중앙아시아의 터키 여성들은 매우 다양한 베일로 머리를 장식했다. 보석이 달린 천과 금속 머리띠는 가족 중에서 누가 죽었을 때 젊은 여성들이 두르개(wraps)로 사용하는 것이 유행이었다. 반면 나이 많은 여성들은 더욱 단순한 여러 가지 베일을 선호하였고, 항상 낯선 사람들에게서 자신을 숨기기 위해 두르개로 머리와 어깨를 감쌌다. 신부들은 오늘날 몇몇 마을에서 여전히 시행되는 디덱(didek)이라고 불리는 두르개로 자신을 감쌌다.

셀주크 여성들에게는 두 가지 유형의 베일이 있었다. 첫 번째는 바알타크 (bagaltak)인데, 세 갈래로 나뉘어 있고, 보석과 은자수로 장식되었다. 동일한 유형의 베일은 또한 왕관같이 생긴 부분을 반달형 장식(motif, 초승달)으로 장식했다. 왕족의 여성들은 자신들의 베일의 앞부분에 공작 깃털을 달았다. 두 번째 유형의 베일은 위쉬큐프라 불렸다. 펠트(felt, 양모를 열, 수분, 압력으로 굳힘)와 튼튼한 천으로 만들어진, 위쉬큐프는 원뿔 모양이었는데, 뒤쪽에 장식용 깃털의 끝(tip)이 달려 있었다. 이 다양한 베일 중에는, 올이 가는 비단망사(tulle)로

할 때는 터키공화국 및 인근 지역의 투르크족을 의미한다. 현재 터키 공화국 사학자들은 흉노, 훈, 돌궐(突厥)을 모두 투르크계로 보며 이들이 자신들의 조상이라고 주장한다. 중국제국 변경에서 부족과 부족동맹들간의 전쟁으로 인해 6세기에 중국에서 돌궐이라고 불리는 최초의 투르크족 집단이 나타났다. 역사적으로 '투르크' 라는 정식명칭을 돌궐 제국이 처음 사용점은 특별한 위치를 갖는다. Roderic H. Davison. p. 23.

24) 최한우. p. 187.

싸여 있고, 뒤쪽에 묶여 있는 둥근 터키모자(fez)같이 생긴 모자, 혹은 한 매듭의 머리모양을 닮은 뾰족한 둥근 장식(knob), 그리고 베레모(beret)같이 꼭대기가 둥글고 장식술이 있는 베일이 있었다.[25]

셀주크 시기에 남성과 여성의 옷에는 큰 차이가 없었다. 셀주크인들과 다른 터키 부족들이 입었던 대부분의 의복들은 전통적인 터키의 특성을 가진다. 근동 가까이 오게된 투르크인들은 그들의 전통적 베일에 더하여, 이 지역의 베일인 터번을 수용했다. 하지만 셀주크인들은 대체로 그들이 이슬람 세계에 의해 영향 받은 것보다는 이슬람 세계에 더 큰 영향을 주었다.

(2) 오스만(오토만)제국

돌궐족(투르크족)들은 10세기경 카라한조(Karahan, 840-1212)국 때 이미 집단으로 개종하였고, 셀주크제국(960-1307), 오스만제국(1299-1922)을 건설함으로써 12세기 이후 다시 군사적 종교적 재부흥을 가져왔다. 아랍 족에 이어 터키(투르크족)에 의한 이슬람 확장은 17세기까지 강력하게 계속되었다. 특히 13세기말 오스만 베이(Osman Bey)에 의해 세워진 오스만제국은 초기에는 작은 부족 국가에 불과했으나, 짧은 시간 내에 세력을 확장하여 마침내 1453년에는 콘스탄티노플을 정복함으로써 비잔틴제국을 멸망시켰다. 오스만제국은 유럽, 아시아, 아프리카 3대륙에 걸쳐 강력한 국가를 형성했지만, 16세기말부터는 대내외적인 다양한 요인들로 인하여 변화가 나타나기 시작하였다.

강력한 중앙 집권제에 바탕을 둔 오스만제국에서 술탄[26]의 권력의 약화는 모든 국가 행정 기관의 질서를 변화시켰고 관료들의 부패를 만연케 하였다. 오스만제국이 내적인 변화를 겪는 동안, 유럽인들은 르네상스와 종교 개혁을 경험했다. 상비군과 관료제도를 축으로 형성된 유럽의 강력한 절대주의의 국가들은 17, 18세기 동안 근대 자본주의로 이행하면서 세계적 자본주의 시장을 형성하였고 이

---

25) Middle East Video Corp, p. 6.
26) 오스만제국 초기에는 통치자를 베이(Bey), 한(Han) 또는 술탄으로 불렀으나, 제6대 무라드(Murad) 2세(재위 1421-1444, 1446-1451) 때부터 오스만제국의 최고 통치자를 파디샤흐라고 불렀다. 술탄은 오스만제국 시대 전에는 지방 이슬람 국의 통치자에게 부여된 칭호였으나, 오스만제국에서는 왕자나 공주에게도 쓰여진 존칭의 한 호칭이었다. 1922년 11월 1일 술탄제를 폐지하고 터키는 공화제로 전환하였다.

러한 해외로의 팽창은 끊임없이 오스만제국과의 충돌을 가져왔다.[27] 오스만제국은 그것의 지리적 조건 때문에 외부, 특히 유럽의 영향을 많이 받을 수밖에 없었다. 술탄의 권위 약화와 더불어 정치적인 혼란에 휩싸이게 되었고 외부적으로도 유럽에서 절대적 위치를 서서히 상실했다.

19세기에 이르러서는 수세기 동안 과학과 기술 면에서 괄목할 만한 발전을 한 유럽국가들에 의해 끊임없이 정치적, 경제적 간섭을 받게 되었다. 그리고 전쟁에서의 계속되는 패배와 영토 상실은 오스만제국의 재정과 경제를 어려운 상황에 처하게 하였다.[28] 오스만제국이 서구 제국의 영향 하에 들어가면서, 철옹성 같은 이슬람 국가들의 정치적, 경제적 주도권은 도전 받고 정복당하고 있었다. 이슬람에 도전하는 데 성공한 것은 기독교가 아니라 현대화, 서구화의 물결이었다. 유럽의 인구, 자본, 기술 혁신, 국정 운영 기술과 군사력의 증강은 북아프리카나 중동 사람들로서는 따라 잡을 수 없는 것이었다.[29] 오스만제국 황제는 이슬람종교의 영향으로 때로는 여성들의 사회 활동을 금지하는 법령을 공포하기도 하였다. 이러한 법령들은 대도시 거주하는 여성들의 활동은 제한했던 반면에 농촌의 생산 노동력을 필요로 했기 때문에 농촌 여성들의 활동에는 크게 영향력을 미치지 못했다.[30]

훈족 이래로 계속 이어진, 터키 의복의 많은 특성들은 오스만 시기에도 보존되었다. 그러나 15세기 후 특히, 이스탄불과 큰 도시들에서, 많은 다른 지역에서와 같이 의복에서 오스만 양식이 생성되었다.

오스만 시기 처음에는 남성과 여성들이 셀주크 시기처럼 아주 단순하고, 비슷한 의복을 입었다. 후에, 국가가 융성했을 때, 이 단순성은 점차 없어졌다. 15세기 후 화려한 의복이 선호되고, 여성의 옷은 아주 정교해졌다. 이슬람교도뿐만 아니라 기독교와 유대교같이 다른 종교를 가진 사람들도 그들의 전통적 의상을 입을 수 있었다. 비이슬람교도 여성들 또한 제국 내에서 사회적, 정치적 상황에 따라, 외출복을 입고, 머리를 덮었다. 오스만 기간 중에 여성의 옷은 궁중, 도

---

27) 이은정. '18세기 오스만제국의 정치 변화에 영향을 끼친 외부 요인.' "한터학회 논총" Vol. 3.(한터학회, 2000). pp. 69-70.
28) Ibid., p. 81.
29) 글렌 마이어스. p. 16.
30) 최한우. '투르크-페르시아 문화권.' p. 188.

시, 시골에 따라 달랐다. 각 무리(group)의 규칙은 전통과 관습에 따라 차이가 났다. 더욱이, 지역마다 다른 염색법, 직조법, 자수법, 마름질은 여성의 옷을 풍성하게 했다.[31] 페즈모자는 당시 오스만 제국에서는 서양화로의 개혁을 상징하는 근대적인 복장이었다.

오스만 세계에서 전통적으로 옷 입는 법칙이 깊은 뿌리를 내렸다. 제국의 시작부터 확장되어 온 오스만의 법칙은 특별히 머리를 덮는 것을 강조했는데, 이것은 명예와 계층을 나타낸다.

예전부터 복장과 특히 모자는 종교적 충성심과 사회적 지위를 나타내는 수단이었다. 비단의 사용을 금지하는 것 외에 이슬람 법률은 실질적으로 어떤 종류의 의복도 금지하지 않았지만, 무슬림들로 하여금 외형에서조차 이교도와는 달라야 하며 다른 것은 물론이고 복장에서도 이교도들의 관습을 모방하지 말 것을 강요하는 무수한 전통들이 있었다. "신과 천사들은 금요 기도식에서 머리에 터번을 두른 자에게 축복을 내린다." "터번을 착용하고 두 번 절하는 것이 터번 없이 하는 70번의 절보다 낫다." "터번은 신념과 불신을 갈라놓는 장벽이다" 등의 격언은 이를 잘 나타내 준다. 심지어 이슬람 내부에서도 사회의 각 계층은 자신의 독특한 모자가 있었다. 이슬람 법전학자와 근위보병 그리고 문관들의 상이한 모자는 일생동안 그들의 신분을 나타냈으며 죽은 후에도 묘지의 비석에 새겨졌다.[32]

적어도 16세기부터 17세기말까지 터키 도시의 여성들은 대중 앞에 베일을 착용해야만 나올 수 있었다. 이런 복장은 상류층에서는 일반화 되었고 하류층과 오스만 시대에 시골지역에서는 느슨하게 시행되었다.[33] 이슬람 초기에 여러 나라들이 이슬람에게 점령되었을 때, 그들의 지배 하에 있던 비무슬림인이 공적인 복장을 하면 벌금을 징수하였다. 식민지의 여성들은 격식 있는 외출복을 입을 수 없었고 베일을 착용할 수도 없었다. 특히 얼굴까지 베일을 둘렀던 오스만제국 시기에는 베일을 착용하는 것은 상류층 무슬림의 특권으로 받아들여졌고, 베일을 착용하는 것이 점차적으로 중요한 무슬림 관습의 하나로 정착되었다.[34]

---

31) Middle East Video Corp. p. 7.
32) B. 루이스, 『오스만제국 근대사』, 김대성 역 (서울: 도서출판 펴내기, 1994). p. 116.
33) Lois Beck & Nikki Keddie, ed., pp. 229-230.
34) 크린스틴 말루히, p. 76.

순니파의 이슬람 국가인 터키에서는 다른 이슬람 국가와 마찬가지로 남녀가 별개의 공간에 주거하도록 격리되어 있었고 여성이 외출을 해야 하는 경우에는 외투와 베일로 전신을 감쌌다. 1588년 터키 여인의 외출복 차림은 머리에는 모자를 착용하고 그 위에 다시 2개의 흰색 베일을 착용하였는데, 하나는 모자를 감고 다른 하나는 코와 턱을 가리고 머리 뒤에서 고정시켰다. 오늘날의 야쉬막(yaşmak, yaşhmark, yaşhmac)과 같은 모습이다. 18세기 초기의 그림에서는 흰색의 야쉬막를 착용하고 있는데 매우 투명한 느낌에 금으로 가장자리 장식을 하고 있다.[35] 상류층들은 흰색 야쉬막에 각종 보석을 치장하였다. 챠르샤프도 가벼운 것이 유행이어서 실크로 만들고, 레이스나 시폰으로 만든 얇은 베일과 함께 착용했다. 하지만 가난한 이들은 여전히 투박한 느낌을 주는 검정 면으로 만든 차르샤프와 두꺼운 검정 베일을 착용했다.

야쉬막과 챠르샤프라고 불리는 외투를 입었으며 카사프와 검은색 뻣뻣한 그물로 짠 베일인 페트세(petce)를 착용한 시골 여인의 모습은 도시에 비해 더 불투명하고 투박한 차림을 하였다. 옛날이나 지금이나 시골이 도시보다 더 보수적이란 사실을 증명해 주는 예이다.

17세기 이후 오스만제국의 세력은 유럽의 영향이 서서히 터키 사회에 침투하였음에도 불구하고 여성의 외출복에는 큰 효과를 미치지 못한 것으로 보인다. 그러나 1870년경이 되면 적어도 주요 도시에서는 유럽 패션이 점차적으로 주도력을 갖게 되었다.

탄지마트(Tanzimat, 정비라는 뜻)운동은 현대화의 기치를 내걸고 대개혁을 추진하였다. 이 운동의 새로운 이념 중에 하나는 여성들에게 더 좋은 지위를 주는 것이었다. 1876년 미트하 파샤(Mithat Pasha)[36]는 터키의 정치적 사회적 개혁을 의도하여 또 다른 시도를 하였다. 여성의 교육은 대중적인 토론의 주제가 되었다. 미트하 파샤시대부터 터키 가정은 그들의 딸들을 위하여 유럽인 여자 가정교사를 고용하기 시작했다.[37]

---

35) Jennifer Scare, *Women's Costume of Near and Middle East*(London: Unwin Hyman, n.d.), p. 62.
36) 파샤(Pasha)는 오스만제국에서 가장 높았던 공식적 칭호로서 항상 고유명사 뒤에 사용하였다. 이 칭호는 종교인에게는 제외되나 장군이나 고급관리에게 사용되었다.
37) Abdur Rahm n I. Doi, p. 176.

술탄의 명으로 1889년에, 여성들은 외출복으로 챠르샤프를 입기 시작했다. 이 외출복의 위아래는 헐렁한 저고리(sack)같이 생겼고 허리끈이 있었다. 모든 색의 명주가 챠르샤프를 만드는 데 사용되었다.[38] 오스만제국의 말기에 여성 해방이 이루어지고 터키 공화국이 성립됨에 따라 여성복에도 많은 변화가 있게 되었다. 즉 상류층은 망토, 외투 등을 벗어버리고 터번을 착용하고 얇은 시폰으로 베일을 대신하게 되었다.[39] 더 아름다워지기를 바라는 여성의 욕구에 따라, 여성들의 옷은 언제나 남성복보다 더 화려하고 정교했다. 오스만 시기까지 입어왔고, 어떤 지역에서는 여전히 입고 있는 터키 여성의 옷은 일반적인 특성이 있다.

세속적 권력과 종교적 권력 둘 다를 갖고 있는 종교지도자(술탄)들은 오스만제국의 제도 개혁을 시도했지만 보수 세력과 종교지도자들의 저항에 부닥쳤다. 아듭 하미드 1세의 아들인 마흐무드 2세(MahmudⅡ, 재위 1808-1839년)는 새 술탄으로 옹립되자, 셀림 3세에 의해 시작되었던 일련의 개혁 정책들을 재추진하였다.[40] 술탄 마후므드 시대는 진정한 개혁의 시발점이었고, 술탄은 상당한 개혁의 성과를 이룩하였다. 그의 개혁은 흔히 종래의 터번을 버리고, 그 대신 1828년에 새로 채택한 붉은 모자, 페즈로 상징되고 있다. 마흐무드 2세 통치기간 여성들이 검정 옷이나 베일을 착용하는 것이 금지되었다. 왜냐하면 당시에도 기독교 여성들이 죽음 등을 애도할 때에 검정 옷을 입었으므로 무슬림 여성들이 검정 옷이나 베일을 착용하는 것은 기독교인들을 닮는 것처럼 보였기 때문이다.[41]

19세기 후반 터키의 서구화 과정에서 여성의 옷, 베일, 노예, 일부다처제는 논쟁의 중심을 차지했다. 현대 문명에 접근한 터키에 대해 논의할 때 2/3가 여성의 상황에 대한 것이고, 나머지 1/3이 그들의 옷에 관한 것이다. 이에 대해 정리해보면 다음과 같다. 오스만제국의 여성이 옷에 대해 관심을 보이는 것은 패션이나 여성의 도덕성에 대한 차원 그 이상이다. 스커트의 길이와 베일의 재료와 천의 두께는, 거의 2백년 동안 공개적으로 토론되어 왔다. 터키의 서구화 과정에서, 개혁자들과 보수주의자들은 이 특별한 주제에 대한 견해로써 그들 자신을 표

---

38) Middle East Video Corp. p. 14.
39) 홍나영, p. 57.
40) 이희수, 『터키사』(서울: 대한교과서주식회사, 1993), p. 384.
41) Müge Egeden, "Women Issues in Trukey"(M. A. dissertation, Eastern Mediteranean University, 1999), p. 10.

현했다. 베일은 현대화를 지지하거나 반대하기 위한 기장 또는 상징으로서 사용되어 왔다. 세리프 마르딘(Serif Mardin)은 정통주의자들이 17세기에서 현대까지, 여성의 도덕성에 무게를 실어 그것으로 여성을 계속 협박해 왔다고 주장한다. 육체의 모습에 대해 추측할 수 있도록 점점 얇아지는 코트(coat)가 여성이 도덕성을 상실해 가고 있다는 것을 대표적으로 보여 준다.

19세기의 후반 현대주의 문학의 두 주제는 여성의 베일 착용과 일부다처제였다. 메흐메트 타히르(Mehmet Tahir)는 작은 책자에서 발칸 전쟁에서 터키가 실패하지 않은 것은 터키 여성들이 베일 대신 서양식 옷을 입고 전쟁기간 동안 희생적으로 장병들을 치료했기 때문이라고 지적하였다.[42]

여성의 의무적인 베일 착용 문제에 대한 논쟁이 맹렬하게 진행되는 동안 여성의 옷들은 변화했다. 수세기 동안 같은 모양으로 남아 있던 도시 여성들의 옷이 변화하기 시작하였다. 종교적인 왕정이 16-20세기까지 코트의 색상과 두께, 베일과 스카프의 길이와 여성의 코트의 안감을 위한 재료 사용을 규정하였다.[43] 또한 무슬림 여성의 검정 망토 차림인 챠르샤프는 왕궁과 베쉭타쉬(Beşiktaş, 한국의 남대문 시장과 같은 곳)구역에서 착용이 금지되었다. 1874년에 터키의 이스탄불에서 유럽 복장을 입기 시작하였으며, 유행이 19세기말에 이스탄불을 화려하게 수놓았다.[44]

(3) 터키공화국

1차 대전의 패전 결과 오스만제국에는 독립 투쟁중이던 1920년 4월 20일 터키 국민의회(Türkiye Büyük Millet Meclisi: TBMM)가 결성되었다. 국민의회는 무스타파 케말(Mustafa Kemal)을 총사령관으로 임명하여 시리아, 지중해, 에게해 전쟁에서 승리를 얻어 영토보존에 성공하였다. 전쟁 중 시바스(Sivas)에서 개최된 회의에서 참석자 모두 칼리프제도와 왕정에 헌신을 하였으며, 또한 이슬람교는 조국과 민족, 그리고 국가에 봉사하는 그 이상이 되어서는 안 된다는 맹세를 하였다. 그 후에 국민의회는 왕정을 폐지하고, 1923년 10월 29일, '터키

---

42) Nora Şeni, p. 27.
43) Ibid., p. 28.
44) Ibid., p. 41.

의 통치 체제는 공화정'이라는 공식선언을 하고 무스타파 케말은 아타튜르크(Atatürk)로[45] 불리며 초대 대통령으로 추대되었다. 그는 새 수도로서 앙카라(Ankara)를 선택하고 '새로운 터키'가 독립 공화국이 될 것이라는 국가 협정을 발표했다.[46]

1920년대와 1930년대 주도 면밀한 계산이 깔린 일련의 개혁을 통하여 무스타파 케말은 터키 민족을 오스만과 이슬람의 과거로부터 단절시키려고 노력하였다. 그는 칼리프의 영토, 종교적 권위의 특권적 지위를 인정하지 않고 전통 교육과 전통 신앙의 대변자들을 제거하였으며 종교 단체에서 세운 각종 학교를 폐쇄하고 공공 교육 분야에서 통합된 세속 체계를 수립하였다. 무스타파 케말은 전통 달력 대신 서양 달력을 도입하였고 이슬람교가 터키의 국교가 아니라는 사실을 공식적으로 천명하였으며 터키어를 아랍 문자가 아닌 로마 문자로 표기하도록 규정한 포고령을 선포하였다. 서구화는 근대화에 이르기 위한 수단이었다.[47]

1925년 8월 30일, 카스타모누 지역의 연설에서 무스타파 케말은 페즈뿐 아니라 베일에 대해 비난하였다. "여러 곳에서 자신들의 얼굴을 가리기 위해 헝겊 조각이나 수건 혹은 이와 비슷한 것을 머리에 덮어 쓴 여성들을 보아왔습니다. 남자가 지나갈 때 그들은 등을 돌리거나 땅에 앉아 몸을 숙입니다. 이 행동의 의미는 무엇이며, 이것에서 무엇을 느낍니까? 여러분, 문명국가에서 어머니들과 딸들이 이상스럽고 야만스러운 태도를 취합니까? 바로 이러한 한 장면이 우리 민족을 조롱거리로 만드는 것입니다. 즉시 수정되어야 합니다."[48] 무스타파 케말은 베일을 무시, 무지 환상의 상징으로 보고 여성이 베일을 착용하는 것을 반대했다. 그는 서구개혁을 소개한 사람으로 법이 여성에게 끼친 영향과 베일의 의미를 공공연히 비난했다. 베일의 '비문명화와 비웃음거리'가 그의 걱정이었다. 그의 모자 개혁(Hat Reform)은 여러 문명들의 요람이었던 터키 의류에 부분적인 변화를 가져왔다. 의복개혁으로, 서방세계의 옷을 입은 사람들은 구식의복을 버렸다. 도

---

45) '터키 건국의 아버지'를 의미하는 '아타튜르크'(Atatürk)는 1934년 Turkish Grand National Assembly가 무스타파 케말(Mustafa Kemal)에게 붙여 준 이름이다.
46) 알리 리자 발라만, "세속 터키국가와 이슬람화 운동." 『한국이슬람회논총』 제5호, (1995): pp. 305-306.
47) 새뮤얼 헌팅톤, p. 191.
48) B. 루이스, p. 314.

시의 교육받은 여성은 직업전선에 들어가 그들 자신이 베일을 포기하기 시작했고, 새 공화국의 '현대' 여성이 되었다. 그러나 대부분의 여성들이 고대 복장들을 더 좋아해서, 터키의 시골지역에서는 오늘날까지 여전히 입는다.

그러나 질서 유지법과 독립 특별재판소의 지원을 받고 있는 대개혁가 조차도 베일에 반대하는 법안을 감히 제정할 수 없었다. 무스타파 케말은 터키 근대화를 위한 세속주의 개혁정책을 펼칠 때에 여성의 문제를 중요하게 여겼다. 그는 근대화의 표징의 하나로서 '여성 해방'의 차원에서 베일 착용과 일부다처제를 금지시키려고 하였다. 일부다처제는 금지될 수 있었으나 베일 문제는 결의되지 못했다. 대도시의 식자층에서 이미 시작된 여성들의 베일 제거는 그 밖의 지역에서 서서히 이루어지고 있을 뿐이었다. 1935년이 되어서야 국민당 회의에서 베일 사용금지안이 발의되었다.

터키는 법적으로 여성에게 이익을 주도록 개혁되었다. 1926년 터키 법은 이태리법과 스위스 법을 채택하여 세속주의가 되었으며, 1934년 여성에게 선거권이 주워졌다. 1961년에는 모스크 밖에서 종교적인 옷 입는 것을 금하였다. 1960, 1971, 1980년 세 번에 걸쳐 이슬람주의와 세속주의가 대립한 군사 쿠데타가[49] 일어났다. 1970년대의 사회적 민주주의는 1980년대의 군부 쿠데타로 정지되었다. 1983년과 1990년 사이에 약 700개의 이슬람식 학교가 전국적으로 세워졌다. 이곳 졸업생들은 강하게 이슬람주의를 부르짖었다.[50]

세속주의 공화국에서 오스만제국 시대의 무슬림식 사회 관습의 모순을 지적하자 이슬람주의자들은 이에 대한 반발로 세속주의 서구 문화의 퇴폐를 지적하며 이슬람 문화의 가치를 높이려고 하였다. 이처럼 여성은 정당의 집권을 위한 정치적 싸움의 무기가 되었다. 이슬람이 여성에게 끼친 영향에 대한 가장 공통된 관

---

49) 터키는 1960-1961년, 1971-1973, 1980-1983년 군사쿠데타가 있었다. 그러나 무력 군사쿠데타가 아니고 군부가 정치지도자들과의 협상을 통하여 정권을 물려받으므로 국민들에게 긍정적인 반응을 얻었다. 터키의 정치는 정당을 중심의 정치인들에 의해 운영되지만 군부는 정치인들 외에 정치에 직, 간접으로 영향을 행사하고 있는 가장 큰 집단이다. 군부는 건국의 아버지 무스타파 케말의 사상을 수호하며 터키 민주정치의 회복을 위해 기여했다는 평가를 받는다. 터키민족이 유목민으로 생활해 왔기 때문에 국가수호 차원에서 군의 역할의 중요성이 국민들 사이에 실제적으로 이해되고 있다.

50) Valentine M. Moghadam, p. 54.

점 중의 하나는 현대 이슬람 운동이 여성의 활동범위를 넓히는 데 관련된 것이다. 터키 여성은 이슬람 세계의 일부분에 속하며 동시에 세속사회에 속하므로 그들의 법적 보증과 시민 운동을 하는 데 정당성을 가지고 있다.

터키에서 여성의 베일은 정치적 종교적 갈등의 중심에 있다. 터키 사회의 모든 정당 안에서 국가 정체성에 대한 질문이 의제가 되었음에도 불구하고, 터키 여성들이 옷을 입는 방식이나, 얼굴을 가려야 하는지 가리지 않아야 하는지의 문제는 대학 캠퍼스와 각 가정과 방송 매체에서 계속해서 주목을 받고 있다. 터키 여성의 옷은 토론의 초점이 되고 뜨거운 논쟁거리가 되었다.

① 제1공화국 시기(1923-1960)

무스타파 케말[51]은 터키족들이 9세기 무렵, 이슬람을 받아들이기 이전에도 민족적인 개념을 갖고 있었으므로 칼리프 제도를 탈피시키고 민족 개념을 강화하였다.

1924년 3월 4일에는 오스만 왕족들이 세속 공화국의 억압에 의해서 터키를 떠났다. 1928년 4월 8일 종교적 유권해석에 따라 재판하던 샤리아 종교법정이 폐지되었다. 칼리프제의 폐지와 더불어 종래 종교단체에서 운영하던 종교학교와 사설 중·고등학교 등은 그 관할권이 교육부로 이관되었고, 비종교적 세속교육이 실시되었다. 오스만 시대부터 사용해오던 아랍어는 일반인들이 배우기에 어려웠다. 결국 1928년 라틴어에 근거한 문자를 사용하자는 안건이 국민의회를 통과하게 된 후에 공식적으로 터키 문자가 사용되기 시작하였다. 이슬람 사원에서 아잔(예배시각 낭송)과 금요 합동모임에서 아랍어 대신 터키어가 사용되었다.

무스타파 케말은 오스만제국의 폐허로부터 새로운 터키를 건설한 뒤 근대화와 서구화를 위하여 대대적인 노력을 기울였다. 무스타파 케말은 그 과정에서 이슬람의 유산을 거부함으로써 터키를 자신의 종교, 전통, 관습, 제도를 고수하려는 이슬람교도와 자기 나라를 근대화, 서구화시켜 서구에 편입시키는 의지를 가진

---

51) 무스타파 케말이 추진한 개념 이념은 공화주의(Republicanism), 국민주의(Populism), 민족주의(Nationalism), 개혁주의(Revolutionism), 세속주의(Seculism), 국가주의(Statism)이다. 이들 6개의 원칙은 1931년 당시 집권당인 공화인민당의 기본정강이었으나, 다시 1937년 헌법 개정으로 국가의 기본 정책으로 채택되었다.

지배 엘리트가 공존하는 '분열된 나라'로 만들었다.[52] 무스타파 케말의 사상을 따르는 케말주의는 근대화와 서구화가 모두 바람직하고 서구화는 근대화의 전제조건이며 둘 다 실현 가능하다는 입장을 취했다. 또한 케말주의는 민족적으로는 자문화중심적(ethnocentrism)[53]이면서도, 국가 발전에서는 서구식 세속주의를 추구하였다.

반면 이슬람주의자들의 주장도 여성에게 영향을 미쳐, 터키에서는 세속 지향의 장노년층 여성과 이슬람 지향의 젊은 여성 사이의 갈등이 눈에 띄게 늘어났다. 무스타파 케말은 교육을 통하여 세속적이며 근대적인 사회에 필요한 유능한 인재를 키우고자 하였다. 그리하여 종교에 근거한 교육이 아닌 이성과 과학적 방법에 근거한 교육정책을 펼쳤다. 외국자본이 오스만 시대의 경제를 독점적으로 지배하였는데, 국내자본을 잠식하지 않는다는 전제에서 국내자본과 동등한 비율 내로 허가하였다.

1925년 정부가 이슬람 복장으로 개혁하기 위하여 남성에게 이슬람식 두건인 터번(turban) 대신 모자를 착용케 하고 여성에게는 챠르샤프로부터 해방되었음을 선언했다. 보수 이슬람세력을 견제하고 세속주의를 정착시키기 위한 한 방법으로 전통 이슬람식 복장의 상징인 터번을 벗는 대신 서방식 모자를 착용케 한 것이다. 보수 이슬람 세력은 이를 정치적 탄압으로 받아들였고, 이슬람식 전통 복장을 정치적으로 이용하였다. 결국 11월 25일 리제(Rize)에서 무장 반란이 일어났다. 무스타파 케말은 "우리는 문명화된 옷을 입고 싶다"라며 이슬람 전통의상을 포함한 모든 종교의 종교적 의상착용 금지법을 제정하기에 이르렀다(1934년 12월 3일). 이것은 단지 이슬람에 대한 탄압이 아니라, 세속주의와 종교의 자유라는 원칙 하에 종교와 종파를 가리지 않고 모든 종교의 사원과 의식을 제거하고 종교적 의상 착용을 금지한 것이었다.

그러나 무스타파 케말은 여성의 베일만은 완전히 금지시키지 못했다. 법적 강제력이 남자들로 하여금 전통적인 머리덮개를 사용하지 못하게 한 것과 달리 여성의 베일 착용 금지는 법적 강제에 같은 것으로 할 수 없었다. 그 대신 이것은

---

52) 새뮤얼 헌팅톤. p. 94.
53) 자문화중심주의는 자기 문화의 가치관과 세계관으로 다른 문화를 판단하고 상대문화를 열등하게 취급하는 것이다. 자기 문화가 정상이며 우월하며 다른 문화는 열등하다는 전제가 있다.

사회적 압력과 분위기에 의해서 이루어졌다.[54]

　1926년 이슬람법 대신 스위스 시민법에 기초한 새로운 법은 터키 여성의 지위에 커다란 변화를 주었다. 새 법률들은 일부다처제와 남자들의 일방적인 혼인 거절권들을 폐지하고 혼인과 이혼에서 남자와 여자가 동등한 권리를 가진다는 것을 명시했다. 1934년 여성들에게 국회의원 선거권이 주어지고 단당(單黨) 체제였지만 정당의 의원이 될 수 있는 권리도 부여 되었다.

　터키 여성들을 위한 개혁들은 공화국 이전부터 진행되어 왔다. 여교사를 훈련하는 첫 대학이 1863년 개설되고, 1899년에는 여성도 의과대학에 진학할 수 있게 되었다. 12세까지 남녀가 합동으로 공부할 수 있는 교육에 관한 법령이 1913년에 발효되었고, 여자대학도 설립되었다. 이스탄불에서는 여성이 강의 참석 시에는 베일을 벗을 수가 있었다. 개화된 여성들은 베일을 벗고 외출하기도 했으며, 대중교통에서 여성 전용 칸이 사라지기 시작했다. 1920년대 후반에는 여성 외과의사, 여성변호사, 판사, 검사가 등장했다. 여성기구는 여성 정치 권리와 법적 개혁에서 주요 역할을 했는데, 터키에서 첫 여성클럽은 1차 대전 이전에 형성되었다.[55]

　1928년 4월 10일에 '국가종교는 불필요하다'는 취지의 요약으로서 "이슬람이 국가의 종교다"라는 조항이 삭제되었다. 아타튀르크 개혁의 혁명을 통해 터키의 사회 구조가 변하게 된 결과, 지식층 여성이 케말 공화국 시대에 지지자가 되었다. 공화국 이후 터키는 칼리프폐지로 이슬람 체제를 청산하는 한편, 개혁정책을 추진함으로써 오스만제국 시대의 근대화 운동과는 비교할 수 없는 큰 변화를 경험했다. 이러한 과정에서 여성의 사회적 지위도 또한 많이 변화되었다. 일부다처제를 비롯하여 여러 가지 여성의 불평등 조항이 삭제 또는 개정되어 기본적으로 여성의 평등한 사회적 지위를 거의 완벽하게 보장하고 있다. 공화국 시대 무스타파 케말의 지도 하에 여성에게 피선거권을 부여했던 1930년부터 성차별이 폐지되고 남녀평등이 본격적으로 전개되었다. 1930년 여성이 참정권을 얻은 후 17명의 여성이 국회에 진출했다. 그러나 이런 법적인 사실에도 불구하고 낡은 관습과

---

　54) 버나드 루이스, p. 11.
　55) Wiebke Walther, *Women in Islam*, trans. by C. S. V. Salt(N. J: Abner Salt, 1981), p. 175.

편협된 사고로 인하여 터키 여성들은 아직도 차별 속에서 살아가고 있다.[56]

1938년 11월 10일 무스타파 케말이 사망하자 집권당인 공화인민당 내에 새로운 변화가 일어났다. 1947년 공화인민당 내에 종교세력을 업고 반세속주의 노선을 표방하는 의원들이 일어났다. 이들의 압력에 의하여 초등학교에서 종교교육을 선택과목으로 채택하고(1949년 2월), 이맘 하팁 학교와 이슬람 신학대학이 다시 개교하였다(1949년 1월 7일). 또한 정치와 종교의 관계에 대한 정쟁은 국민의 종교생활에도 영향을 미쳤고, 이슬람 사원 출입자의 수가 증가하고, 종교의상 착용 금지령에도 불구하고 착용을 강행하였고, 1950년에는 종교재단의 설립권 요구도 등장하였다.[57]

터키는 세계 2차 대전에서 중립을 지키며 전쟁에 가담하지 않았다. 그러나 '조세법률'과 '토지개혁법'은 중·상층 이상의 반발을 초래하였다. 경제적 어려움으로 인해 일당체제의 공화인민당 정권에 대한 국민들의 불만이 커지고 야당의 입지가 강화되었다.

1945년 자본가 계층과 종교주의자들이 중심이 되어 민주당(Demokratik Partisi-DP)을 결성하였고 1950년 5월 14일 실시된 총선에서 집권당(민주당 집권기 1950-1960)이 되었다. 그들은 집권하자마자 터키어 아잔(기도시간을 알리는 소리) 법안(1950.6.15)을 폐기하고 아잔과 터키 라디오 방송에서 아랍어 낭송을 다시 시작하였다. 이스탄불에 있는 에윱 술탄(Eyüp Sultan)과 같은 성인 묘지에서의 의례를 인정하였다. 집권 민주당은 종교를 정권을 유지하는 지지기반으로 인식하여 자신들을 이슬람을 보호하는 정당으로 표방하였고, 야당인 공화인민당은 무종교 정당으로 간주하였다. 이런 분위기에서 이맘-하팁(Iman-Hatip) 학교의 숫자가 필요 이상으로 증가하고, 중학교 1-2학년에서 종교 교육이 시작되었다(1956년 9월 14일). 이에 대하여 엘리트와 관료와 군부로 이어지는 야당의 반발과 불만이 증폭되었다.

1951년 민주당은 코냐(Konya)[58] 대회에서 모자 착용과 전통 이슬람 복장, 여

---

56) 이난아, '터키 문학에 나타난 여성문제,' "한터학회논총" 제2호(1998/99년). pp. 46-47.
57) 서재만, '터키의 종교정책,' "중동연구" 제19-1권(2000), p. 263.
58) 터키에서 6번째 큰 도시로 아나톨리아의 수도였다. 바울과 바나바가 사역한 이고니온 (행14:1-18)이다.

성의 베일용 스카프 착용, 아랍어 문자의 승인, 조각의 파괴,[59] 샤리아의 회복, 일부다처제의 재도입을 결의하였다.[60] 일부 이맘들은 여성이 비단 옷을 걸치고 머리를 노출하는 행위를 비종교적 행위로 간주하였다. 여성이 다리를 노출하면 내세에서 그것이 통나무에 의해 불타게 된다고 가르치면서 다리노출을 금했으며, 일부다처를 옹호하고 여성의 권익 상승을 반대하였다. 그러나 이러한 과도한 종교보호 정책은 공화국의 수호자로서의 세속주의자들을 자극하여 터키공화국이 설립된 지 27년 만인 1960년 5월 27일 민주당은 군사 쿠데타를 맞이하여 붕괴되었다.[61]

② 제2공화국 시기(1960-1980)

여성에게 참정권은 1934년에 주어졌고 1960년부터 정당 안에서 여성부가 형성되어 활동적으로 일하기 시작했다.[62] 정치에서 여성의 중요성이 계속해서 증가했다. 왜냐하면 여성의 숫자가 선거에 가장 큰 영향을 미치기 때문이다. 1961년 국민투표에 의해 통과된 새 헌법은 어떤 종교를 갖든 모든 국민은 동등한 대우를 받고 종교의 자유를 가지는 동시에 국가의 기강을 문란케 하는 종교적 전파 단체의 설립도 금지시켰다. 또한 모든 정당은 세속주의의 원칙에 입각하여 설립되어야 하며 이 원칙을 어기는 정당은 지체 없이 폐쇄될 것임을 명시하고 있다.

그러나 1961년 정의당(Adalet Partisi)이 과거 민주당의 노선을 표방하여 이름만 바뀐 채 등장하였다. 종교적 지지세력을 업은 정의당 집권 하에서 종교주의자들은 그들의 활동을 재개하여 활발하게 활동하였다. 이에 대항하는 좌파교수들을 피살하는 등 혼란과 유혈충돌은 증가하였다. 1966년 이스탄불에서 개최된 '터키의 종교와 세속주의'를 주제로 한 회의에서 세속주의는 크게 비판을 받았다. 1968년 4월 15일 앙카라대학교 신학대학의 한 여학생이 머리 스카프 착용을 거부한 것으로 인하여 처음으로 대학의 파업사건이 발생하였다.[63]

---

59) 이슬람에서는 우상숭배 금지 원리에 따라 조각을 일종의 우상 숭배로 간주하고 있다.
60) 서재만, '터키의 종교정책,' p. 265.
61) 알리 리자 발라만, p. 318.
62) Ayşe Güneş-Ayatea, "Women's Participation in Politics Turkey," in *Women In Modern Turkish Society*, Sirin Tekeli, ed., (London: Zed Bools Ltd, 1995), p. 241.
63) 서재만, '터키의 종교정책,' p. 267.

사회의 혼란이 갈수록 심각해지자 1971년 3월 21일 제2차 군사혁명이 비상시국을 선포하고 학생회를 폐쇄하고 헌법재판소, 종교주의자들, 국민 질서당, 좌파인 터키 노동당의 활동을 정지시켰다. 그러나 폐당된 국민 질서당은 새로운 이름으로 국민안정당(Milli Selamat Partisi)으로 재출발하였는데 세속주의 공화 인민당과 연정으로 구성되었다.

이 집권 기간 동안에도 우파와 좌파학생들의 총격 사건이 대학 내에서 발생하였다(1977년 4월 5일). 더욱이 1977년 5월 1일 노동자의 날을 맞아 이스탄불의 중심가 탁심(Taksim)에서 열린 시위 도중 34명이 사망하였다. 이러한 혼란 때문에 야당은 조기선거를 주장하여 1977년 6월 5일 조기 총선을 하였다. 이후에도 좌·우파 사이에 총격과 유혈충돌은 계속되었다. 1980년 9월 12일 제3차 군사 쿠데타가 일어나 정부와 의회를 해산하고 전국에 계엄령과 통행금지를 선포하였다. 1982년 11월 7일 임기 7년의 새 헌법이 통과하였다. 폐쇄된 과거 정당들은 이름을 새로 바꾸고 정치일선에 복귀하였다. 국민 안정당은 복지당(Refah Partisi)으로 변모하여 그들 고유의 종교적 정치노선을 계속 유지하였다.[64]

③ 제3공화국 시기(1980년 이후)

1982년 헌법에서 종교 과목은 필수 과목으로 받아들여지는 대신 물리, 수학, 생물 같은 과목은 필수가 아니었다. 일반 학교에서 종교, 문화, 도덕 과목을 필수로 이수하게 하는 법안이 헌법 24항에 삽입되었다. 터키법은 공공 장소에서 베일 착용이 금지되었지만 대학에서 여학생들은 머리에 베일용 스카프를 착용하고, 남학생들은 수염을 기른 채 수업을 들었다. 무슬림 여성들은 새로운 디자인과 옷차림을 '전통적'이라고 부르면서 착용하였다.[65]

1980년 혁명 주체인 케난 에브렌 대통령은 대중연설을 통해, 이슬람에서 여성들이 베일용 스카프를 착용하는 전통은 강요된 것이 아님을 강조했다. 그는 애초에 부르사(Bursa)에서 시작된 이 관습은 부르사 여성의 아름다움을 독점하려는 남자들이 여자의 아름다움을 가리기 위해 스카프를 씌운 데서 비롯됐다고 말했다. 즉 그는 베일 착용이 이슬람에서 뿐 아니라 세속주의에서도 공존했음을 역설

---

64) 알리 리자 발라만. pp. 321-322.
65) Karin Ask and Marit Tjomsland, ed., p. 137.

했던 것이다.[66]

　1987년 국민투표에서 36.3%를 얻은 복지당은 1991년 국민투표에서는 24%이상을 얻지 못하여 권력을 잃었다. 이슬람 복지당(Refah Partisi) 내에서 1994년 이스탄불 시장으로 당선된 타입 에르드안(Tayyip Erdoğan)을 중심으로 한 신진세력은 당의 지지세력의 범위를 청년층과 여성에게로 확장시키고자 노력하였다. 1991년 이슬람 복지당은 선거 유세를 통해 베일용 스카프를 착용한 여성이나 아랍식의 수염을 기른 남성이 아닌 평범한 보통 사람들의 모습을 전면에 내세움으로써 새로운 당의 이미지를 창출하고자 노력하였다. 그 예로 이슬람 복지당은 7가지 여성 이미지를 대도시의 농촌 이주민, 여성 환경운동가, 여대생, 여지어린이, 윤락여성, 공무원의 부인, 인간자체로서의 여성-텔레비전 유세 광고에 등장시켰는데, 이들 중 오직 한 명만이 베일을 착용하고 있었다.[67]

　그러나 1995년 조사에 의하면, 이슬람 복지당 지도자들은 여성의 권리를 존중하지 않으며, 궁극적으로 그들의 목표는 베일 뒤로 여성들을 밀어붙이는 것이다. 이슬람 복지당은 정당이 선거에서 표를 얻기 위하여 어떻게 여성들과 계속적으로 관계를 유지해야 하는가를 알고 있지만, 그 정당 안의 힘있는 위치에 여성이 지위를 갖는 것을 의도적으로 허락하지 않았다.[68] 복지당이 정도당과의 연정에 성공함으로써 1996년 7월 20일 터키 공화국 수립 이후 최초의 이슬람 정권이 탄생되었다.

　1980년대 후반 대학생들은 수업시간에 그들의 종교적 신앙심이 요구하는 스커트 착용을 교육제도가 허용하도록 국법이 변해야 한다고 요구했다. 이것이 대중의 토론의 중심이 되었다. 큰 도시에서 여대생들의 단식투쟁을 지지하고 많은 활동과 데모들이 이들을 지지하기 위해 일어났고, 공공 기관에 이들을 지지하는 전보를 보내기 위한 행렬이 줄지었다. 이 영향으로 다른 데모에서 이슬람복장을 한 여성이 정치적 활동에 연루되는 것이 일상사가 되었다.[69]

---

66) 알리 리자 발라만, p. 325.
67) 장지향, '90년대 터키의 정치변동: 이슬람 복지당의 집권을 중심으로,' "중동연구" 제16권 제1호(1997), p. 84.
68) Cathy Benton, p. 114.
69) Feride Acar, "Women and Islam in Turkey," in *Women In Modren Turkish Society*, Sirin Tekeli, ed., (London: Zed Books Ltd, 1995), pp. 46-47.

이스탄불 북쪽에 있는 이스탄불종교대학 정문 바로 옆에 창고 같은 조그만 방이 하나 있다. 이 방은 이 대학 여학생들이 학교에 들어갈 때 이슬람식의 머리가리개인 베일을 벗어 놓고 가는 곳이다. 이들은 학교를 나갈 때 베일을 다시 찾아 착용한다. 이슬람을 가르치는 종교대학인데도 이슬람식 복장을 금지하고 있기 때문이다. 4학년인 한 남학생은 "입학 당시엔 1학년 70명 중 여학생이 10명이나 됐으나 복장 문제로 대부분이 제적돼 지금은 2명만 남았다"고 말했다. 일부 대학에서는 아직 이슬람식 복장을 용인하고 있지만 공식적으로는 금지한다.[70]

터키 수도 앙카라에 있는 중동공과대학교(METU: Middle East Technical University)는 영어로 모든 수업을 진행하며 이슬람식 복장을 한 학생은 아예 뽑지도 않는다. 입학 후라도 그런 복장을 한 학생은 수업을 들을 수도, 시험을 치를 수도 없게 한다.[71] 그러나 여학생 중에는 대학교 정문 밖에서 베일을 착용하는 사람도 있다. 이 대학에 있는 9명의 여학생들 중에서 외모로써 이슬람 운동의 추종자임이 구분되어야 한다는 학생들이 있다. 페리데 아카르(Feride Acar)가 그들에게 '이슬람식 생활'을 적응할 때에, 언제부터 베일용 스카프를 착용하기 시작했는지 물었더니 여섯 명이 대학 1, 2학년 때라고 답했다. 세 학생은 고등학교 시절에 이슬람식 옷을 입은 경험을 가졌으나 대학입학 후에 정기적으로 베일을 착용했다고 대답했다. 그중 두 명은 이맘하티프 리세시(Imamhatip Lises)를 졸업하고, 다른 한 명의 젊은 여성은 고등학교 시절 우울증으로 고생하여 친구를 사귀는 데 어려움을 겪었다. 그러나 그녀는 그녀 자신을 가림으로써 안정감을 갖게 되었다고 말했다.[72] 터키 대학생들 중에 40%는 스스로 무신론자라고 말한다.[73]

베일용 스카프를 착용한 한 여학생은 남녀 대학생의 관계가 매우 비도덕적이라고 비난받는 환경에 적응할 수 없어서, 스스로가 어느 날 머리를 가리기로 결심하고 이와 더불어 이슬람으로 돌아가기로 결정했다고 말하기도 했다. 한 여학생이 베일용 스카프를 착용하기 시작한 이유는 이슬람식 옷을 입은 새로운 친구

---

70) http://www.islammission.org/islam/special/Turkey01.htm
71) 이진녕, p. 15.
72) Feride Acar, pp. 54-55.
73) 인터콥, "실크로드 2000년 비디오."

를 사귈 수 있기 때문이라고 말한다. 베일을 착용한 사람들은 개인적으로 잘 알지 못해도 서로 인사를 하고 친구가 되었다.[74]

1995년 12월 총선에서 총 의석 550석 가운데 158석을 얻어 제1당이 된 복지당은 1996년 7월 비록 연립정부이긴 하나 터키 역사상 최초로 제도권의 질서에 따라 집권당에 올랐다. 그러나 복지당의 집권은 그리 오래 가지 못하고 1997년 2월 28일 군부가 정치에 개입하는 상황이 되었다. 이는 1997년초부터 이슬람주의자와 세속주의자 간의 투쟁이 격화되었기 때문이다. 1998년초 헌법 재판소의 판결로 복지당은 해산되었다. 그러나 이슬람복지당은 곧 미덕당(Fazilet Partisi)으로 변신하였다. 보수 이슬람 세력의 후퇴를 기회로 세속주의 지지자들의 공세는 계속되었다. 1998년 8년 간 연속 의무교육법을 제정함으로써 초·중등 과정의 연속교육을 의무화하였다.

헌법재판소는 논란이 많던 대학구내에서 머리스카프 착용을 금지하는 명령이 합헌이라고 결정함으로써, 세속주의가 보수주의 이슬람 세력과의 싸움에서 승리하였다. 헌법재판소가 머리에 베일용 스카프를 착용하는 것을 일종의 정치적 선전행위로 간주한다는 판결을 내렸기 때문이다. 이는 국회의사당에 머리수건을 착용하고 등원함으로 이른바 '스카프 파문'[75]으로 물의를 빚었던 이스탄불 출신 친(親)이슬람계 도덕당의 초선 여성 의원 메르베 카박츠(Merve Kavakçi)에게도 적용되었다.[76]

이슬람복지당은 선거기간 동안 정당 소속의 여성들로 하여금 도시에 사는 시골출신 여성들이 도시에서 살아가는 생존 방법을 익히고 안정감을 느끼도록 돕게 하였다. 1995년 10월 9일자 "터키 데일리 뉴스"(Turkish Daily News)에 이슬람복지당 조직 안에서 여성의 역할을 묘사한 글이 실렸다. 여성의 역할 중에서 가장 중요한 것은 정당의 조정된 노력 안에서 새로운 회원과 선거를 공공연하게 부탁하러 다니는 것이었다.[77] 그러나 선거가 끝난 후에 이슬람복지당 리더는 여

---

74) Feride Acar, pp. 56-57.
75) 정현묵, '터키 정국 스카프 파문,' "중앙일보"(1999년 5월 7일자), p. 9: 대부분의 이슬람국가에서는 여성이 법령과 관습에 의해 머리카락을 가리지만, 터키는 학교, 법정, 의회 등에서의 베일용 스카프 착용을 금하고 있다.
76) 서재만, '터키의 종교정책,' p. 271.
77) Cathy Benton, p. 111.

성 권리의 정당성을 존중하지 않았으며, 결국 그들의 궁극적인 목표는 베일 뒤로 여성들을 밀어붙이는 것이었다. 이슬람복지당 안에서 여성들은 그 정당의 높은 위치에 올라가도록 허락되지 않았다.

19세기에서 20세기 초까지 여성 복장의 서구화는 더 느리고 더 제한적이었다. 여러 사회계층에서 남자들이 양복을 입는 것은 일상적이 되었지만, 여성들은 여전히 베일용 스카프를 착용하는 전통의상을 고수했다. 그러나 20세기 중반까지 처음에는 근대화된 부유층, 다음으로 점차 근로 여성과 학생들 순서로 점점 더 많은 여성들이 서구 스타일의 옷을 입기 시작했다. 이러한 경향이 이슬람 부흥의 결과로 다시 역전되어 남성보다는 여성에 의해 훨씬 더 베일용 스카프를 착용하는 전통의상으로 되돌아간 것이다.

터키의 터번 운동은 여성의 기본적인 능력으로서 어머니와 주부의 역할을 강조하고 있다. 그렇지만 터키에서 이슬람 운동은 무슬림 여성들에게 좀더 활동적인 대중적인 역할을 용납하고 있다. 과거 이슬람 그룹들은 그들의 정치적 이유로 여성들을 활용하는데 불안정하며 우유부단하였다. 예를 들어 1970년대 근대 이슬람 국가 구원당(Neo-Islamic National Salvation Party)은 강한 젊은 층의 조직이 있었다. 그러나 1980년대 케난 이브렌(Kenan Evren) 장군에 의한 군부 정치는 마르크스주의가 떠난 후에 이미 단호한 조치를 취하였다. 대학교에서 이슬람식 옷을 착용하는 것을 금지하였다.[78] 오늘날 대학 캠퍼스에서 여학생들은 베일을 벗고 서구 여성들과 거의 비슷한 옷차림과 청바지 차림과 베일용 스카프를 착용하지 않은 채 긴코트를 입는다. 하지만 교문 밖에서는 베일용 스카프를 착용하도록 허용된다.

터키 사람은 외모로 쉽게 그 사람의 성향을 판단할 수 있다. 그들은 옷으로 헌신과 도전을 표현하였다. 옷은 터키 공화국을 건설한 혁명가 무스타파 케말의 원리에 도전하는가 헌신하는가를 표현하였다. 오늘날 터키는 전세계의 이슬람 대다수의 그룹들과 같다. 이슬람 사회의 주창자들과 극단적 세속주의자 사이에 심한 투쟁이 있다. 터키의 세속주의자에게는 여성의 베일이 옷의 규칙에 포함되지 않는다. 현재 터키에서 망토식 긴 베일(챠르샤프)은 퇴락되었지만 길거리에서 서구식 긴 코트에 머리에는 베일용 스카프를 착용한 여성을 흔히 볼 수 있다. 이

---

78) Valentine M. Moghadam, p. 160.

로 인하여 세속주의자들과 무슬림 주장자들 사이에 깊은 분열이 형성됐다. 터번과 긴 코트(고상한 터키식 베일)는 반문화운동(기성사회의 가치관을 타파한 젊은이의 문화)의 블루진과 같은 역할을 하는 기능을 가진 유니폼이기 때문이다.

무슬림 여성들에게 임무를 부여하는 새로운 역할에 있어서 가장 눈에 뜨이는 실례는 대학교에 다니는 동안 그들의 머리를 덮는 문제에 관해 그들과 말하거나 대결하는 것이다. 터번 운동은 여학생이 이슬람식대로 머리에 베일용 스카프를 착용하는 것을 법적으로 금지시킨 것에 항의하는 데에서 시작되었다. 점점 이것은 투쟁적인 무슬림의 정치적 문제가 되었다.

터키는 전통 유목 민족적 요소와 순니파 이슬람의 전통과 무스타파 케말의 개혁 이후의 서구 문화의 영향으로 전통과 진보를 조합한 형태를 띠고 있다. 현대와 전통이라는 이원론에 기초하여, 터키를 완전히 '현대' 사회라고 묘사하기에는 아직 어려움이 있다. 전통적인 요소들이 붕괴되는 과정 중에 있는 것은 아주 확실하다. 터키는 복잡하고 다양한 사회를 직면하고 있다. 문화적 가치들, 태도, 가치 중심적 행동들은 사회구조들보다 더 천천히 변하고 있다.

베일용 머리 스카프는 근본주의 무슬림과 케말주의 사이에 있었던 갈등의 결과로서 1980년 후반에 정치적 안건이 되었다. 대부분의 사람들은 이 문제에 대하여 오히려 관대한 것처럼 보였다. 터키 여성들은 1980년 후반까지 이러한 구조와 가치관에 의해 사회적으로 지배당하면서 살았다.[79] 터키 사회가 1980년대에 근본주의 종교그룹의 가치로 되돌아가는 현실은 약간의 서구 나라를 포함하여 세계 여러 나라의 영향을 받았기 때문이다. 그러나 이런 경향은 중동에서 가장 영향을 받았으며, 특별히 이슬람 국가인 이란이 가장 큰 영향을 주었다.

여성의 베일은 1980년대 이후 터키의 도시에서 이슬람을 나타내는 새로운 표시가 되었다. 오늘날 터키에서 유행하는 무슬림 옷은 긴 코트이다. 터키의 젊은 여자들 중에는 베일을 착용하지 않는 경우가 많다. 그러나 대부분 터키 여성들은 얼굴은 가리지 않아도 머리와 몸을 가려야 한다. 외출하기에 가장 좋은 실용적인 옷은 머리에 스카프를 착용하고 유럽스타일이라고 불리는 손목까지 충분히 덮는 긴소매와 길이는 하이힐 구두까지 내려오는 코트이다. 옷 색깔은 다양하며 긴소매와 단추가 목까지 달려 있다. 여성들은 긴 코트에다 스카프를 착용하며, 어떤

---

79) Sirin Tekeli. p. 11.

색깔이나 디자인이나 상관하지 않고 스카프를 사용한다. 이 스카프는 꽤 넓으며 머리카락, 머리와 목까지 완전히 덮을 수 있다. 이스탄불과 앙카라 길거리에서 대학교와 고등학교 여성들은 최신 유럽의 미니 스커트, 꽉 조이는 옷, 굽이 두꺼운 검정 가죽 신발, 무슬림 코트와 스카프, 무릎 아래까지 내려오는 스커트, 최신 블라우스에 스카프, 미국제 블루진과 겨울에는 스웨터 등을 입고 있다. 이런 모습은 대학 캠퍼스 여학생들에게도 마찬가지다. 몸의 상체는 노출을 마음껏 해도 다리는 노출시키지 않는 이유 중에 하나는 다리에 난 털을 보이는 것을 수치로 여기기 때문이다. 터키에서는 여성들이 서양식 옷보다는 무슬림 옷을 입도록 선택하기 위하여 유행하는 스타일의 옷을 판매하고 있다. 무슬림 옷의 모양은 그 자체의 패션으로서 잡지와 상점에서 인기가 있다. 또한 이슬람 운동이 부흥한 최근에 검은 베일을 착용하는 여성들도 있으며, 심지어 여선생님들도 학교 앞까지 베일을 착용하고 가서 교문 앞에서 베일을 벗고 들어간다. 때때로 그들은 무슬림 여성으로서 종교주의자, 보수주의자로서 검정 베일을 착용한다.

인구 58.3%는 터번에 대해 관대한 태도를 갖고 있다. 3.3%만이 여성들 중에 자신이 베일 착용을 해야만 한다고 말했다. 7.7%은 베일(터번)에 반대했다. 1987년 대학에서 처음으로 터번의 위기가 발생했을 때 33%가 이 금지에 대하여 반대한다고 말하였다.[80]

그러나 터키에서는 법률상 공공장소에서 베일 착용이 금지되어 있어 베일 대신 스카프를 착용하고 있다. 대부분의 이슬람 국가에서는 법령과 관습에 의해 여성의 머리카락을 가리지만 터키의 경우에는 정반대로 학교, 법정, 의회 등에서 스카프 착용을 금하고 있다.[81] 터키는 법적으로 국가 공공장소에서 베일 착용을 금하고 있어 대부분 일반인들은 얼굴을 가리는 베일, 챠르샤프 또는 야쉬막을 벗었지만, 베일용 스카프는 계속 착용하고 있는 것을 대수롭지 않게 여겨서는 안 된다.

㉠ 제3공화국과 베일 착용에 대한 이슬람운동

터키는 정치와 종교가 분리된 세속국가이다. 터키 정부는 1966년 남녀간의 임

---

80) Ibid. p. 20.
81) 정현목. p. 9.

금을 차별 대우해 왔던 관행을 폐지했고, 1985년 7월에는 UN협약에 따라 모든 면에서 남녀 차별 대우를 폐지했다.[82] 현재의 헌법(1961년 제정) 제 19조에는 "모든 개인은 양심과 종교적 신앙과 의견의 자유를 가지며 모든 종류의 예배나 종교행사 및 의식은 도덕 및 법률에 저촉되지 않는 한 자유이다"라고 명시되어 있다. 어느 누구도 종교 행사와 의식에 참가하도록 강요받지 않는다. 그러나 터키는 헌법상 국교를 명시하고 있지 않으나 전체 국민의 98% 이상이 무슬림이기 때문에 이슬람 전통과 관행이 매우 중요시된다. 특히 법을 해석하고 적용하는 데 있어서 종교적 율례의 영향을 받기 쉽다.

터키에서 최근 여성의 베일 착용 문제는 이슬람주의가 부흥하면서 사회 각계 각층에서 가장 중요한 논의점으로 부각되었다. 여성은 이슬람 부흥주의의 토론에서 주요 목표가 되었으며, 그 결과로 학교와 정부공공기관 안에서 이슬람 운동의 상징으로 베일 착용을 할 수 있게 하는 권리를 만들고 있다. 이슬람주의자들은 베일이 무슬림의 정체성을 나타내는 것으로 여기고 있기 때문이다. 베일은 단순히 이슬람 사회의 옷차림만이 아니라 이슬람의 종교적인 영향을 크게 받았던 것이다. 오스만 터키 시대에 모든 생활에서 꾸란과 하디스의 지배를 받았다. 오스만 시대와 세속공화국 시대 둘 다 권력 유지를 위하여 샤리아를 이용하였으며, 이들은 여성에게 불리한 관습을 만들었다.

터키 사회과학자인 쉐리프 마르딘(Şararerif Mardin)과 치거뎀 카기트취바쉬(Çiğdem Kâğitçibaşi)는 터키에서 종교적인 부흥이 일어나는 이유에 대해 사회가 급격하게 변화할 때에 그 사회 속에서 살면서 증가하는 스트레스를 처리하기 위한 시도의 결과라고 말하면서 이런 경향이 대학교 총학생회에 영향을 주고 있는 것으로 해석하고 있다. 군부와 민간 정부는 극단적인 좌익운동과 싸우기 위하여 종교 성장을 지지하고 있다.[83]

이슬람 운동의 새로운 개념적 구조 안에서 여성들은 종교, 국가, 문화적 정체성의 상징과 창고로서 인식되고 있다. 이슬람 운동, 샤리아(법), 베일에 끊임없이 반대하는 알제리, 튀니지, 이집트, 이란, 터키 같은 나라의 세속주의 여성운동가들은 이것들을 사회조절의 형태로 보고 있다. 터키에서 이슬람 운동에 관하

---

82) 'Womenrights.' http://www.Turkey.org/magazine
83) Nikki R. Keddie & Beth Baron, p. 187.

여 글을 쓰고 있는 패리데 아카르(Feride Acar)는 "여성들은 모순된, 불협화음 메시지와 실행을 노출시켜 오고 있으며, 가짜 기대감과 열망으로 채워져 있다"[84] 라고 말했다.

터키의 종교정책은 집권자의 성향과 집권당의 정책에 따라 많은 차이가 있다. 터키의 종교 정책은 순수한 신앙의 문제라기보다는 정치 체제와 집권에 직결되어 있다. 따라서 터키에서 오늘날까지도 종교정책이 늘 중요한 정쟁의 쟁점이 되었다.

터키정치 체계 내 권력담당자에 의한 새로운 변화가 1990년대 후반 터키공화국 수립이래 최초로 이슬람정당인 복지당이 집권하면서 시작되었다. 그러나 그 변화는 터키의 체제 속에서 극히 미비하였다. 이는 이슬람복지당의 영향이 정치이념을 총체적으로 변화시켰거나 세속주의 체제 자체를 크게 약화시키지 못했음을 의미한다. 이슬람의 명령에 따라 그들 자신을 가리는 여성의 수는 증가하고 있다. 여성 활동가들은 그들이 말과 행동을 통하여 이슬람 사상을 선포하려는 목적을 가지고 있다. 여대생들은 남자들에 의하여 지지를 받거나 동기 부여가 되었고 이슬람 명령과 함께 그들은 머리를 가리며 그들의 권리를 지지하기 위하여 보호구역을 조직하였으며 정치적 역할을 떠맡았다.[85] 그러나 그러한 행동은 이슬람주의자들의 운동의 상징으로 법적으로 금지되어 왔다. 이슬람 운동에 반대하는 방송은 베일 착용을 한 여성을 후퇴의 상징으로서 보도하는 데 많은 시간을 할당하고 있다.[86]

베일은 이슬람을 대표하는 것으로서는 매우 힘있는 상징처럼 보이지만 여성 개인에게는 그들 자신의 삶을 결정하는 데 있어서 큰 도움을 주지 못하는 힘 없는 상징이다. 또한 여성들이 남자들이 차를 마시기 위해 앉아 있는 카페들이 있는 중심가를 걸어갈 때 그 여성과 카페에 있는 남자들의 실제 거리는 짧지만 사

---

84) Valentine M. Moghadam, pp. 146-147.

85) Yeşim Arat, "Feminism and Islam Considerations on the Journal Kadin ve Aile," in *Women In Modern Turkish Society*, Sirin Tekeli, ed., (London: Zed Books Ltd, 1995), p. 46.

86) Ayşe Saktanber, "Women in the Media in Turkey: the Free, Available Woman or the Good Wife and Selfless Mother," in *Women In Modern Turkish Society*, Sirin Tekeli, ed., (London: Zed Books Ltd, 1995), pp. 166.

회적 거리감이 매우 멀다.[87]

터키 이슬람이 부흥하는 데 있어서 중심에 세 가지 문제가 뜨겁게 토론되었다: 첫 번째는 교육이며, 두 번째는 소수 정당의 취급이며, 세 번째는 국가 정체성의 상징으로서 여성들이었다.[88] 1980년대에는 터키에서 자발적으로 일부다처제, 여성이 이혼을 주장할 권리, 어린이 양육, 이슬람부흥과 베일의 부활이 일어나고 있다. 즉, 투쟁적인 터키 여성들이 베일을 착용하기 위한 정당성을 요구하기 위해 강력한 투쟁을 하고 있다.

ⓒ 제3공화국과 베일 착용에 대한 언론

특별히 이슬람운동가들은 그 여성들에게 그들의 메시지를 의사 소통하는 영향력 있는 방법으로 방송과 월간 여성 잡지를 사용한다. 1980년 후반 터키사회의 종교분파와 거의 모든 그룹은 그들 자신의 문화, 과학적, 정치 또는 일반 자연에 관한 잡지들을 발행하였다. 이 잡지들은 여성이 관심을 가지는 문제를 다루기 위해 많은 부분을 할당한다.

이 출판사들은 여성의 믿음에 대하여 가르치기 위해 여성독자들을 소집하였다. 그들은 좋은 무슬림 여성이 되기 위하여 서양과 비이슬람 전통에 대하여 논박하고 이슬람으로 돌아가라고 여성들을 격려했다. 또한 이 잡지들은 이슬람이 여성의 과잉노동과 억압과 착취를 책임지고 없애겠다고 약속했다. 그들은 여성들이 이 세상에서 개인적으로 만족과 존엄과 행복하게 되면, 사후의 다음 세대에서 구원을 얻는다고 가르쳤다.

복지당은 언론과 방송의 지지를 받고 있다. TGRT(텔레비전)는 온건한 이슬람 이미지 때문에 시청자의 확보율이 다른 이슬람그룹이 운영하는 방송매체보다 많다. 여기에서는 다른 이슬람 채널에서 볼 수 없는 패션쇼, 여성이 출현하는 쇼·음악 프로그램도 운영하고 있다.[89]

---

87) Nükhet Sirman, "Friend and Foe? Forging Alliances with Other Women in a Village of Western Turkey" in *Women In Modern Turkish Society*, Sirin Tekeli, ed.,(London: Zed Books Ltd, 1995), p. 212.

88) Shahida Latelf, *Muslim World in India*(London: Zed Books Ltd, 1990), p. 117.

89) 이희수, '터키네 이슬람 원리주의 종파의 정치세력화와 갈등구조 연구,' "한국이슬람학회논총" 제7집(1997): p. 61.

"여성과 가정"(Kadin ve Aile), "우리 가정"(Bizim Aile), "소식지"(Mekup), 이 세 잡지는 1980년대 이슬람 강연에 대한 적절한 정보를 알려주며, 다른 이슬람 그룹의 메시지들을 집중적으로 다루며 약간의 비판을 하였다. 복지당의 성향을 지지하는 월간지로는 "이슬람"(Islam), "리바트"(Ribat), "학문과 예술"(Ilim ve Sanat), "여성과 가정", 일간지 "국민신문"(Milli Gazete) 등이 있다.

"여성과 가정" 잡지는 무슬림 여성잡지 중에 가장 많은 발행 부수를 가진다. 이것은 일반적으로 이스탄불 낙쉬벤디(Nakşibendi)종파[90]의 가장 중요한 분파의 대변지로 알려졌다. 1985년 4월에 처음 발행되었으며 코냐(Konya)에서 발행하고 있다. 이 잡지의 128개 항목 중에 21개는 가정에서의 여성의 역할에 대한 것이며 그중 19개는 아내의 역할과 2개는 어머니의 역할에 대해 다룬다.[91]

"여성과 가정"지는 내용상 세속세계를 인정하지만 보수적인 입장이며, 이슬람의 전통적인 여성의 모습을 강조한다. 이 잡지는 중류층 도시여성의 가정 생활, 가정구조, 옷 패션, 가정 꾸미기등을 주로 다루며, 여성이 집에 머물며 좋은 아내가 되도록 격려한다. 여성의 정체성을 아내, 어머니, 가정 주부로서 한정시키면서, 그것이 중요한 전통적인 질서와 규범을 따르는 것이라고 생각하도록 간접적인 영향을 끼친다. 이 잡지는 여성들이 그들 자신을 가리기 위한 권리를 방어하는 정치적 행동을 취하도록 격려하고 있다.[92] 또한 이 잡지는 여성들이 선택한 종교의 관습을 준수하도록 그들의 권리를 지지해 준다. 학교나 공공 정부건물 안에서 그들의 머리를 가리기 위한 권리를 보호한다. 그들의 머리를 가리는 여성들은 이것이 하나님의 뜻을 발견한 것이며 이것은 그들 개인의 권리라고 한다. 이슬람주의 작가들은 여학생들이 남녀공학에 입학하여 이슬람식의 옷을 입도록 격려하고 있다.

"여성과 가정"지는 여성들이 정치적 시민임을 인식하고 선거에 참여할 것을

---

90) 13세기 초의 네즈메딘 쿠브라(Nejmeddin Kura)가 주축이 된 수피교단의 한파로 후일 이란 신비주의 계통의 메블레비파의 발전에 초석이 되었다. 트란스 옥시아나(Transoxania)에서는 바하우딘 낙쉬반드(Bahauddin Nakshiband)에 의해 낙쉬반드파가 생겨났으며, 그들의 종교사상이 아나톨리아에서 투르크족의 색체가 강한 벡타쉬(Bektash)의 생성에 커다란 영향을 끼쳤다.
91) Feride Acar. pp. 48-50.
92) Yeşim Arat, p. 74.

촉구한다. 터키에서 그들의 머리를 가리는 종교적인 여성들은 미국에 반대하는 것으로 구별되어져 부정적인 비유로 사용된다. 이 잡지는 스리랑카, 파키스탄, 소말리아, 말레이시아 등 다른 나라 여성들의 글도 싣는다. 말레이시아 여성들은 어떻게 그들이 정부의 제재 없이 그들이 이슬람을 실천하는가를 설명하며, 더 구체적으로, 어떻게 그들이 베일로 머리를 가리고 국립학교에서 공부하는가를 설명한다.[93]

"소식지"지는 꾸란에 대해 가장 극단적으로 번역한다. 이 잡지는 낙시반드파에 관계된 것으로 간주되고 있다. "소식지"지는 현대 터키 신문에서 대중적으로 사용하지 않는, 꾸란에 대해 표현하는 정확한 언어와 스타일을 사용하여 근본주의 이슬람의 메시지를 전하며, 낮은 임금의 여성들을 격려하고 있다. 이 잡지는 케이크, 요리, 서구식으로 집 가꾸는 것 등은 재력을 과시하기 위한 것이라 지적하며, 낭비를 방지하기 위하여 그러한 것을 위하여 소비를 하지 말도록 촉구한다.[94]

"우리 가정"지는 누르파(Nurcu order)[95]에 의하여 발행된다. "우리 가정"지는 시민사회의 역할을 강조하며, 좀 더 교육받은 사람들을 대상으로 한다. 이 잡지에 실린 34가지 제목의 글 중에 6가지만 가족 생활과 여성의 역할에 관한 것이다. 나머지 다른 제목은 '이슬람 신앙', '옷', '사회에서의 개인적 자유'와 '교육', '집 밖에서의 여성의 역할'과 관련되어 있다.

위의 세 가지 잡지는 사람의 외모가 모두 닮았다는 것은 신앙 안에서 닮았다는 것을 의미한다고 주장한다. 그러므로 무슬림 여성들의 패션, 화장품 사용, 텔레비전 보기, 휴가철에 바닷가에 놀러가는 것 등을 모두가 서구 여성들을 닮아가는 것으로 지적하면서 그러한 부도덕한 행동을 피하도록 조언한다. 이 잡지들

---

93) Ibid, p. 75.
94) Feride Acar, p. 53.
95) 이슬람 신비주의 교파인 수피교파와 유사한 무슬림 형제단의 한 파이다. 페툴라 귤레르(Fetullah Güller, 일명: Fetullah Hoca)를 정점으로 하는 강력한 종교연대조직인 누르즈 그룹은 터키내 최대의 이슬람 원리주의 세력이다. 누르주는 20세기 초 뛰어난 낙시반드 지도자였던 사이드 누르시(Said Nursi, 1876-1960)를 추종하는 사람들이다. 사이드 누르시는 1920-1930년대 이스탄불이 아닌 터키 주변부에서 성공적인 낙시반드 종교운동을 시작했던 대표적인 인물이었다. 누르주의 중도우파 정치지향성을 가지고 있다.

의 주장은 여성이 길고 느슨한 코트와 간단히 머리 스카프를 착용하는 대신, 얼굴 베일과 장갑, 챠르샤프를 착용해야 한다고 주장한다.

또한 위의 세 가지 잡지는 공통적으로 이상적인 무슬림 여성을 서구 여성의 이미지에 반대되는 것으로 묘사한다. 서구여성을 불행하고, 과잉 노동에 시달리며, 억압과 탈취를 당하는 자로 묘사하고 있다.[96] 이 잡지들은 무슬림 여성의 성적 매력을 억누르고 사회질서를 보호하기 위하여 아내와 어머니로서 기본적인 의무를 강조하고 있다. 이런 상황에서 이슬람식 정숙함과 베일착용의 요구가 여성의 자아상을 보호한다는 명목 하에 간접적으로 강요되고 있다.

아무도 무슬림 여성잡지의 독자그룹이 상류층 또는 중상층 독자 그룹이라고 분명히 말할 수 없다. 높은 교육과 사회경제적 개혁과 개혁주의와 여성평등에 강하게 동조하는 사람이 이슬람 잡지의 메시지에 동조하지 않는다. 이슬람 메시지와 그것의 청취자는 작은 도시, 군소 도시, 대도시에 사는 시골에서 최근에 올라온 중·하류층의 대부분의 소녀들과 여성들이며, 이러한 사람들은 아직도 보수적이며 가족과 공동체에서 정체감을 갖는다.

한편 세속주의 공화국에 진행된 서구식 복장으로의 개혁은 보수적인 시골 무슬림들에게는 수용하기 어려운 것이었다. 터키의 한 지방에서 일어난 세속주의와 서구화에 관한 정치적 논쟁은 아직 이슬람 부흥이 확실한가 아니면 세속적 해방인가에 대한 문제에 관한 것이다. 세속주의와 서구화의 기본적 전달 매체로서 여성이 주목을 받았다. 이것은 '베일용 스카프 착용에 관한 논쟁'과 그것을 완성시키는 법적인 작은 충돌이다. 이러한 것은 이슬람 방송에서 많이 다루어졌다.[97]

세속공화국은 베일을 착용하지 않는 '신여성'의 새로운 경계를 정하기 위하여 전체암호와 언어를 구체화하였다. 즉 엄격한 투피스 차림의 옷, 간단한 짧은 머리, 엷게 화장한 얼굴은 쓸데없는 일에 낭비하지 않는 모습과, 힘있는 상징적 도구로서 행동하는 모습으로서 제시되었다.[98]

---

96) Feride Acar, p. 52.
97) Deniz Kandiyoti, "Patterns of Patriarchy: Notes For an Analysis of Male Dominance on Turkish Society" in *Women In Modern Turkish Society*, Sirin Tekeli, ed., (London: Zed Books Ltd, 1995), p. 308.
98) Ibid., p. 315.

현대식 옷차림으로 수업에 참석할 것을 요구하는 대학생의 옷에 관한 규칙이 규율 약정에서 삭제되자 항의가 일어난 적이 있다. 이 개선은 이슬람식 베일용 스카프를 착용하도록 해석되었으나 총리의 직접 조정을 통하여 대법원에서 폐지되었다. 이로 인해 학생들이 베일을 착용할 권리를 요구하는 항의와 데모가 발생하는 계기가 되었다.[99)]

여성들의 베일은 세속 정부의 정치적인 면과 전통적 이슬람, 둘 중에 어느 입장을 따르는지 구분케 해 준다. 터키 여성들은 어떤 스타일의 베일용 스카프를 착용하느냐로 자신들의 철학적이고 정치적인 입장을 나타내고 있다. 현대 터키 여성은 옷차림에서 케말주의를 따르는 '국민여성'과 이슬람 전통을 따르는 '무슬림여성'으로 크게 두 종류로 나누어 볼 수 있다. 그러나 사회적 토론장에서는 여성의 문제는 공통적으로 토론하며, 이 둘은 실생활에서 잘 어울려 대화를 나누며 우정을 나누는 모습을 어디서든지 볼 수 있다. 그러므로 터키 여성들을 외적인 모습만으로 극단적으로 양분시키지 말아야 한다. 근대에서 현대로 넘어가는 과정에서 함께 나타나는 현상으로 봐야 한다. 무스타파 케말의 개혁을 지지한 사람들은 최근 근본주의가 다시 고개를 드는 것에 우려하며 개혁이 많은 여성들에게 교육을 제공하고 전문가들을 양산했다는 점에서 높은 평가를 한다. 한편 무스타파 케말의 개혁주의를 반대하는 자들은 이슬람식 복장을 하는 젊은 여성들이 증가하는 것을 환영한다.

터키 정치 체계에서 이슬람의 정치 세력화는 공화국의 공간 내에서만 가능하다. 케말주의는 아직까지도 터키 사회에서 그 영향력을 행사해 오고 있다. 터키에서 이슬람의 영향력은 결코 무시할 수 없는 요소이다. 터키인들에게 있어서 이슬람이란 정치적 요소라기보다는 일상생활과 밀접한 개인적인 요소로 작용하고 있다. 즉 이슬람은 전통, 문화, 종교로서 의미가 있다. 터키인들은 가장 싫어하는 국가들로 '이슬람세계'를 꼽고 있으며, 가장 싫어하는 국가는 이란 이슬람 공화국이라는 응답이 전체 29.6% 가운데 14.9%를 차지하였다.[100)]

오늘날 터키에서 이슬람의 창시자 무함마드에 대하여 비판해도 살 수 있지만,

---

99) Ibid., p. 317.

100) 장지향, '90년대 터키의 정치변동: 이슬람 복지당의 집권을 중심으로,' "중동연구" 제16권 제1호(1997), pp. 97-98.

무스타파 케말을 모욕하는 사람은 살 수 없다고 할 정도로 그는 존경받고 있다. 이스탄불의 탁심 거리에 오늘날도 젊은이들은 무스타파 케말주의를 외치며 그의 얼굴 모습이 인쇄된 포스터와 엽서를 판매하고 있다. 필자는 지나가는 행인들도 이들의 말에 귀를 기울이며 개인적 토론에 참여하는 것을 볼 수 있었다.[101] 도시의 많은 엘리트 여성들은 법과 교육에 기반을 둔 여성 개혁제도로 혜택을 받았다. 그러나 아직도 대부분의 시골 여성들은 전통적인 가치와 관습을 따르고 있다. 그리고 1970년대 후반에도 여성이 베일을 착용하는 것을 선호하는 젊은 남성들이 있었다. 이들은 자신들이 만약 베일을 착용하지 않은 여성을 만나면 난폭해질 것이라고 주장하였다.[102]

책, 시, 신문과 잡지의 논설은 20세기 초부터 주로 서구 문화의 영향을 받아서 이슬람교에서 여성들이 처해 있는 상황을 집중적으로 다루기 시작하였다. 이들의 비판 대상은 주로 일부다처제, 이혼법 그리고 베일이었다. 이러한 노력을 서구적으로 기울인 사람들은 전통주의자들과 기득권자들의 분노를 샀기 때문에

터키인의 국가선호도(단위:%)

가장 좋아하는 나라	가장 싫어하는 나라
유럽국가(38.8)	이슬람세계(29.6)
이슬람세계(22.5)	유럽국가(28.1)
일본(9.5)	미국(25.0)
미국(6.8)	기타(17.3)
중앙아시아 터키계 공화국(2.6)	
기타(19.8)	

출처: Doster, Bariş. 1996. "Turk Halki Demokrasiden Ne Anhyor?" Nokt (Mart 10-16). p. 19.

101) 1995년의 한 조사 결과에 따르면 1994년 지방선거에서 이슬람 복지당에 투표한 사람들 가운데 약 절반 가량이 그들 자신을 '세속적'이라고 여기고 있는 것으로 나타났다. 또한 그들은 무스타파 케말을 전 시대를 통틀어 가장 존경하는 인물이며 이슬람의 예언자 무함마드보다 위대한 사람이라고 생각하고 있었다. 또한 국가조직에 대한 만족도 조사에서는, 케말주의의 전통적 수호자로 알려진 군부에 대한 만족도가 가장 높았으며, 그 다음으로 경찰, 법조계, 의회 내각 순이다. 이러한 사실은 터키 민족의 정체성에 있어서 케말주의가 지니는 중요성에 대해 시사해 주고 있다(Zubaida 1996:10); 장지향. p. 97. 재인용.

102) D. L. 카모디. p. 184.

직장에서 쫓겨나거나 또는 먹고 살기 위해서 입을 다물고 있어야 했다. 예를 들어, 터키의 여권론자였던 할리데 에딥 아디와르는 검찰 당국의 기소를 가까스로 면할 수 있었다.

현재 이스탄불에서 이슬람 복장을 하지 않은 젊은 여성들은 전통과 현대화 둘 다를 주장하고 있다. 그러나 사회적 소란과 정치적 혼란이 지속적으로 증가하고 있는 대도시의 사회 상황이 급속히 변화하고 있는 가운데, 꾸란과 하디스의 해석은 도시 무슬림의 정체성을 세우기 위하여 절대적으로 필요한 요소로 간주되고 있다.[103]

1차 세계대전 이후 오스만제국이 멸망한 후에 이슬람의 영향에서 벗어나고자 하는 터키의 사회적 분위기는 상류층 여성부터 베일을 벗게 하였다. 베일의 폐지 문제는 터키에서 종교적 문제 차원이 아니라 국가적 문제였다. 현재에도 터키의 유럽 연합 정식 회원국 가입을 두고 적잖은 갈등이 빚어지고 있다. 이슬람주의자들은 터키가 유럽연합에 가입하기 위하여 여성의 베일 착용을 허용하지 않고 이로 인해 베일 착용이 줄어들 것을 염려한다. 실제로 정부차원에서 유럽 연합 가입을 시도하므로 베일 착용에 대하여 여전히 부정적이다.

3. 면접조사에 따른 이스탄불 유럽지역의 베일 착용자와 비착용자의 상황 분석

이스탄불은 터키 서부지역이므로 사람들의 생활 방식이나 문화가 유럽인에 가깝다. 더 나아가서 그들 스스로 유럽인이라 생각하고 사는 사람들이 많다. 이스탄불의 탁심(Taksim)광장은 국부로 불리는 무스타파 케말의 동상을 중심으로 주변엔 호텔과 빌딩 등이 몰려 있다. 탁심은 이 도시에서 가장 변화한 서울의 명동과 같은 도시이며, 도로와 거리엔 차량과 인파가 붐빈다. 탁심은 금융업과 책방과 옷가게와 '맥도널드'와 '피자헛', '던킨 도넛' 등 서구식 음식점과 노상 카페와 전통음식점이 즐비한 유흥가로 늘 젊은이들이 많이 오고가는 거리이다.

많은 이슬람권 나라에서 서구인 또는 무슬림, 근본주의자들과 현대화된 여성

---

103) Catharina Raudvere, pp. 140-141.

들 사이에 기준이 없다. 다른 말로 한다면 우리는 한 무슬림 여성을 통해 무슬림 여성의 전체 세계를 볼 수 없다. 또 다른 요소는 여성들의 상황이 얼마만큼 꾸란과 하디스에 근거하며 또는 가부장적 사회의 문화적 요소의 영향을 받았는가를 살펴보아야 한다. 또한 여성들이 사회에서 실현 가능한 경제력을 갖기 위한 교육을 받을 수 있으며, 직장과 다양한 다른 역할이 있는가를 고려해야 한다.[104]

각 문화권에서 사람들이 행하는 문화적 신념과 실행과 방법이 다르다. 어떤 곳에서 더 받아들여지지만 다른 곳에서는 받아들여지지 않고, 다른 곳에서는 받아들여지지만 어떤 지역에서는 받아들여지지 않을 수 있다. 방문 면접조사는 서구와 이슬람의 차이를 논하려는 것이 아니다. 이슬람 국가들 사이에서도 이슬람 사회의 사람들에 따라서 대조적인 것이 있다는 것을 인식하고자 하는 것이다.

여성의 베일 착용이 1980년대 이후 터키의 도시 안에서 이슬람의 새로운 가시적 표시가 되었다. 1980년대 후반 터키의 세속사회 안에서 태어나고 자라나 교육받은 여성들이 이슬람운동의 추종자들이 되어 가는 것은 기본적으로 이해할 수 없는 일이다.

터키 여성이 착용하는 베일의 다른 모양은 착용자의 배경, 교육, 대중참여의 차이를 나타낸다. 예를 들어, 바쉬외르튀(başörtü)와 터번(turban) 사이에 중요한 차이점이 있다. 그 둘은 다 머리에 착용하는 것이며 머리만 착용하고 목까지는 아니다. 이것들은 전통적인 풍습과 행동을 보존하고자 착용하는 것이며, 대중적인 영역에서 활동하지 않고 대체로 집에서 일하는 점이 서로 비슷하다. 바쉬외르튀는 터키의 전통적인 관습과 행동을 지키고자 하는 여성들이 착용하며, 공공장소에서 활동적인 역할을 하지 않고 그들의 활동은 집안에서 허드렛일을 하기 위한 것으로 정의를 내릴 수 있다. 바쉬외르튀을 착용하는 여성들은 거의 국내 작은 도시에서 큰 도시의 변두리로 이사와서 무단거주자들의 정착지역에 사는 사람들이다. 이들 중에는 1920년대와 1930년대 터키의 현대화 개혁 기간 동안 젊은이들이었던 늙은 여성을 포함하며, 케말주의자들에 의하여 시도된 새로운 옷을 전혀 착용하려고 하지 않았다.

이 두 가지 정반대의 스타일은 전통과 현대로 분류할 수 있다. 현대 스타일이

---

104) Peter Riddell, ed., "LBC Center for Uskamic Studies Newsletter," No. 8 (Summer 2000), p. 7.

란 서구사회를 묘사하는 것이다. 오늘날 터키여성들이 긴소매와 단추가 목까지 있으며 늘어진 긴 코트와 그들의 목과 가슴을 가리고 얼굴을 꽉 죄게 하는 머리 스카프를 착용하는 것은 도시와 대학 캠퍼스에서 익숙한 모습이다. 터키 여성 근로자들은 베일을 착용하고 남성들과 떨어진 직장에서 일하며, 낮은 직종에서 일하고 있다.

한편 터번을 착용하는 여성들은 계절의 변화에 관계없이 긴 코트를 입으며 의심할 여지없이 더 활동적인 그룹을 나타낸다. 터번은 대체로 도시여성들이 착용하는 것이다. 터번은 지난 십여 년간 터키에서 이슬람 운동의 정치적 면을 요약하는 것이다. 터번을 착용하는 대게 여성들은 고등교육에 다니는 학생들이다.

터키 여성의 베일용 스카프[105]를 착용한 다양한 모습을 사진을 통하여 살펴보고자 한다.

사진 1

---

105) 오늘날 터키 여성들이 머리에 착용하는 베일용 스카프를 에샤르프(eşarp), 바쉬외르튀(başörtü/ 바소르투(basortu), 테세튜르(tesettür), 터빈(turban)이라고 다양하게 부른다. 베일용 스카프 속에 보네(bone)를 착용하는 여성들이 많다. 보네를 착용하는 이유는 베일용 스카프가 머리카락에 직접 닿으면 미끄러져 내려옴으로 미끄러움을 방지하기 위함이 있다. 또 다른 이유는 무슬림 여성은 머리카락을 남편 외에 다른 남자에게 보이지 말라는 전통에 의한 것이다.

186 무슬림 여성과 베일

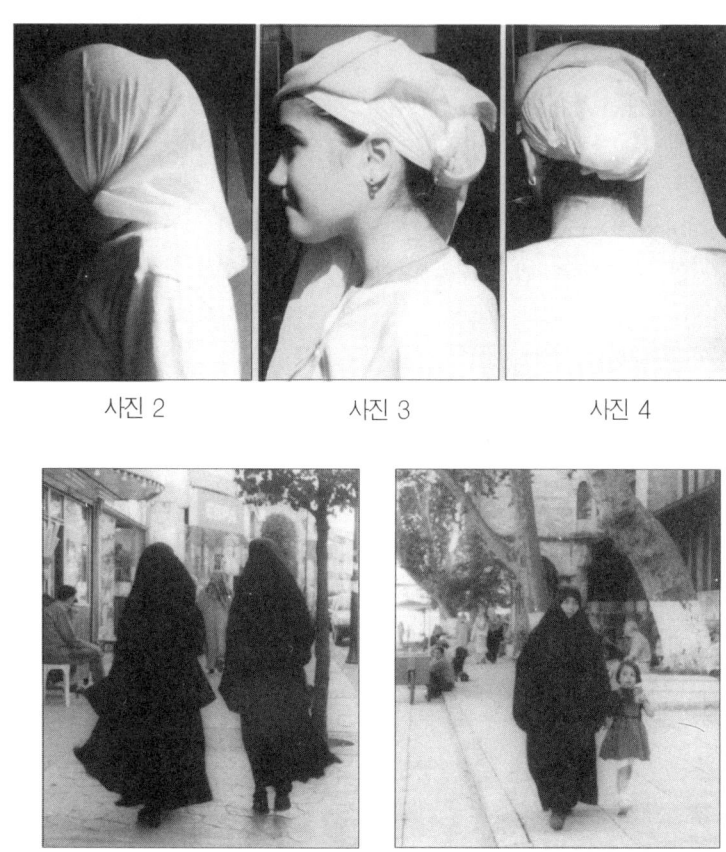

사진 2 사진 3 사진 4

사진 5 사진 6

〈사진 설명〉

사진 1. 어머니와 세 명의 딸들의 나들이 모습이다. 터키에서 어머니가 베일용 스카프를 착용하면 자녀들도 착용한다.
사진 2. 3. 4. 세 명의 딸 중 가운데 딸의 바쉬외르튀와 보네를 착용한 모습이다.
사진 5. 6. 챠르샤프를 착용하고 거리를 걸어가는 여성의 모습이다.
사진 7. 8. 9. 바쉬외르튀를 착용한 다른 무슬림 여성이다.
이상의 사진들은 2001년 7월 터키 이스탄불에서 저자가 직접 촬영한 것들이다.

제6장 터키 무슬림 여성의 베일의 세계 *187*

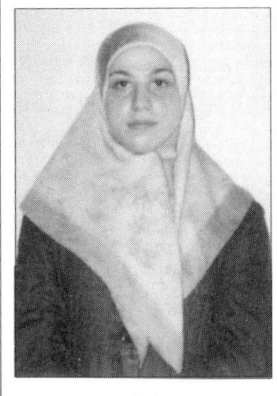
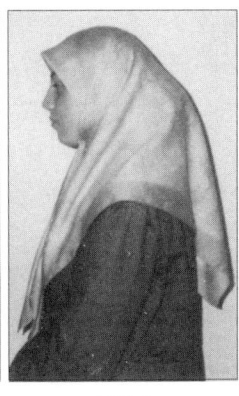

사진 7   사진 8   사진 9

저자는 사실에 근거한 분석을 위하여 현지를 방문하여 직접 이스탄불 유럽지역에서 여성들을 무작위로 562명을 만나 설문지 면접조사를 하였다. 머리 베일용 스카프 착용에 대한 여성의 연구를 위한 인터뷰에서, 베일 운동의 사회학적 중요성은 여성의 종교적 신앙을 이해하는 데 의존하지 않고, 그들의 사회적 실행에 대한 분석에 의존한다. 다른 면으로 여성의 베일은 상징을 통하여 무슬림 사회의 기본적 기초에 관련되어 있으며, 여성의 개인적인 면과 성별 차별을 기억나게 하는 역할을 한다.

설문지 면접조사 지역은 이스탄불 유럽지역의 중·상층과 중·하류층으로 나누었다. 첫 번째, 중·상층지역: 에틸레르(Etiler), 아타쿄이(Ataköy), 예실쿄이(Yeşilköy), 탁심(Taksim 이스탄불의 명동), 베야즈트(Beyazrt), 베쉭타쉬(Başiktaş), 바크르쿄이(Bakirköy). 두 번째, 중·하류층: 소큐크수(Soğuksu), 파티(Faith), 제이틴부르느(Zeytinburnu 공장지역).

(1) 비율 분석

2001년 7월 562명의 무작위로 여성들을 대상으로 하여 직접 면담 조사했다. 그 중 261명은 베일용 스카프 착용자이고, 301명은 비착용자이다.

① 베일 착용자와 비착용자의 결혼유무 분석

베일 착용자 261명 중 기혼자는 132명, 독신은 121명, 과부, 이혼자는 8명이었다. 베일 비착용자 301명 중 기혼자는 89명, 독신은 192명, 과부, 이혼자는 20명이었다.

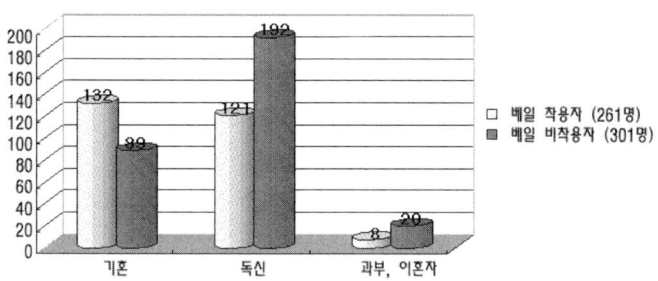

그림 1. 베일 착용자와 비착용자에 대한 비율 분석표

(2) 이유 분석

① 베일 착용자 261명의 이유 분석

㉠ 261명 베일 착용자중에 259명은 베일용 스카프 착용에 만족한다. 나머지 2명만 불만족하다.

㉡ 베일 착용의 개인적 동기는 다음과 같다.

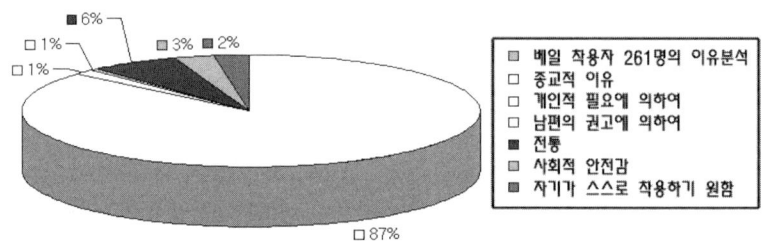

그림 2. 베일 착용의 개인적 동기 분석표

종교적 이유로 217명, 개인적 필요에 의하여 13명, 남편의 권고에 의하여 2명, 전통을 따라 16명, 사회적 안전감을 위해 7명, 자기가 스스로 착용하기 원함이 6명이었다.

이상의 동기를 구체화한 것을 요약하면 다음과 같다: 베일 착용자들의 주된 답변은 무슬림과 비무슬림이 다른 것을 보여 주며, 영적인 편안함을 갖는다, 종교와 기후에 따라 쓴다, 장소에 따라 사용한다, 경제적이다, 정치적 목적으로 한다, 자신이 좋아해서 착용한다, 베일이 자신을 보호한다고 생각하므로 사람들이 착용한다, 터키에서 스카프 착용한 여성을 존경한다, 알라를 두려워하기 때문에 착용한다, 모스크에 갈 때에 스카프를 써야 한다, 정체성을 갖게 된다, 평소에는 착용하지 않지만 기도할 때만 쓴다, 어떤 지역에서는 경제적으로 어려울 때에 더 착용한다, 정숙하게 보인다, 이슬람의 기초는 베일이다, 그리고 꾸란의 명령이다, 알라의 명령이다, 신앙을 나타낸다, 베일이 이슬람에게는 중요하다, 햇빛을 보호하며 마음에 평안이 있다, 종교적으로 필수이다.

ⓒ 여성의 베일 착용의 원인

종교적 이유는 176명, 종교·문화적 이유 33명, 전통적 이유 18명, 문화적 이유 7명, 사회적 소속감을 위해 7명, 기후 때문에 2명, 종교·전통·문화적 이유 7명, 종교·전통적 이유 9명, 문화·전통적 이유 2명이었다.

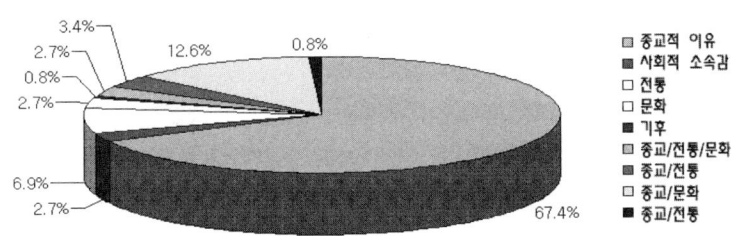

그림 3. 베일 착용자 261명의 원인 분석표

바로 앞 ⓛ에서 살펴본 베일 착용의 개인적 동기는 베일을 착용한 사람 본인의 동기를 나타내고, 지금의 통계는 설문 ⓛ에 대답한 사람들이 추측하는, 다른 베일 착용자의 동기를 말한다.

② 비착용자 이유 분석

터키는 공식적으로 98%가 무슬림이다. 터키 이스탄불에서 무슬림 여성들이 그들의 상징인 베일용 카프를 착용하지 않은 여성들이 약 80%이다.

301명의 이유를 분류별로 나누면 다음과 같다.

현대화 및 문화적인 옷을 좋아함(개인적 이유, 종교의 자유)이 189명, 베일을 좋아하지 않음이 42명, 이슬람이나 신을 믿지 않음이 18명, 어머니와 가족이 착용하지 않은데서 성장함이 13명, 아타튜르크 사상 존중이 12명, 종교와 베일은 무관하다는 생각이 12명, 학생이므로 5명, 알미니안 기독교인이므로 4명, 남편이 좋아하지 않으므로 4명, 직업 때문에 2명이었다.

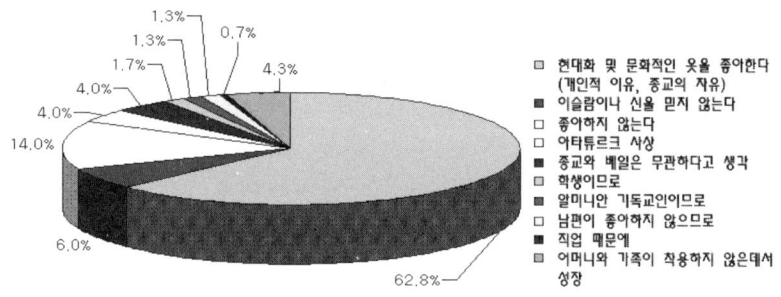

그림 4. 베일 비착용자 301명의 이유 분석표

301명의 베일을 착용하지 않은 동기를 요약하면 다음과 같다: 무슬림이지만 베일용 스카프를 착용하지 않는다, 필요로 하지 않는다, 베일용 스카프를 착용하지 않는 것이 편하다, 종교와 베일과는 상관이 없다, 어머니와 가족이 착용하지 않는다, 베일용 스카프를 좋아하지 않는다, 서구식 복장에 만족한다, 베일용 스카프는 생활에 적합하지 않다, 오늘날 터키는 문명화된 나라이기 때문에 베일용 스카프를 좋아하지 않는다, 학교 규율 때문에 착용하지 않는다, 자신의 선택에 의하여 자유롭게 입는다, 젊기 때문에 베일용 스카프를 착용하지 않는다, 직업 때문에 착용하지 않는다, 베일착용이 중요하다고 보지 않는다, 무슬림이지만 알라를 믿지 않는다, 자유로운 무슬림이지 근본주의 무슬림이 아니다, 거리에서는 베일용 스카프를 착용하지 않지만 장소에 따라 스카프를 착용한다(기도, 무덤,

추울 때). 터키가 유럽공동체에 들어가야 하므로 스카프를 착용하지 않는다.[106] 신을 믿으나 그것은 마음속에 있는 것이지 얼굴에 있는 것이 아니다, 지금은 베일을 착용하지 않지만 장래에 입고 싶다, 자신은 베일을 착용하지 않지만 베일을 착용하는 것은 자신의 자유라 생각한다, 스카프 착용이 사람들의 죄를 가리게 된다는 믿음을 믿지 않는다, 정교회 신자라서 베일을 착용하지 않는다, 베일보다는 그 안에 있는 것이 중요하다, 강요하지 않기 때문에 착용하지 않는다, 본인은 사용하지 않지만 종교적으로 반대하지 않는다, 날씨가 더우므로 베일 착용을 원치 않는다, 베일을 착용하고 착용 안하고는 중요하지 않다, 베일을 착용함으로 종교를 완성했다고 생각하지 않는다, 베일은 터키 민주 공화국에 어울리지 않는다, 현재는 착용하지 않았지만 장래에는 모르겠다, 아타튜르크의 개혁의지와 사상을 존경한다, 스카프는 나의 스타일에 어울리지 않는다, 베일은 여자를 이 등급 국민으로 만든다, 무슬림이지만 근본주의자는 아니다, 스카프를 착용하지 않지만 반대하지도 않는다, 자신의 삶을 밝게 하기 위해 사용하지 않는다, 정부에서 학생들의 베일 착용을 금하므로 공부를 계속하기 위하여 착용하지 않는다.

비착용자들 중에 평소에는 사용하지 않지만 특별한 날에만 착용한다는 이유는 다음과 같다: 종교행사에서만 착용한다(무함마드의 생일, 라마단 끝날 전통에 따라〈Bayram〉, 모스크와 무덤에 갈 때, 기도할 때).

(3) 연령 분석

무슬림 여성들이 가정에서는 베일 착용을 하지 않고 외출할 때에 착용한다. 외출은 노인보다는 젊은이들이 많이 하므로 필자가 길거리에서 젊은이들을 만나기가 쉬웠던 점을 염두에 두고 이 통계를 보아야 한다.

---

106) 터키는 유럽 공동체에 가입하기를 바라고 이것을 추진하고 있다. 그런데 현재 유럽 공동체에 소속된 모든 나라의 종교가 기독교(카톨릭, 개신교)이다. 반면에 터키는 세속국가이지만 인구의 98%가 무슬림이다. 때문에 유럽 공동체는 터키를 회원국으로 허입시키는 문제에 대해 신중하게 생각하고 있다. 현재 유럽 공동체 회원국끼리는 비자협정에 의해 비자 없이 자유롭게 왕래하고 있다. 그런데 만일 이슬람을 종교로 가진 나라가 회원국이 될 경우 수많은 무슬림들이 아무 제한을 받지 않고 유럽에 들어와 포교활동을 하게 되고 그러면 이슬람의 세력이 걷잡을 수 없이 커질 것을 우려하기 때문이다. 그래서 터키는 가능한 자국이 이슬람의 나라가 아님을 대외적으로 알리기 위해 국민들에게 베일 착용을 금지시키고 있는 것이다.

① 착용자

261명 중 10-19살은 46명, 20-29살은 107명, 30-39살은 50명, 40-49살은 32명, 50-59살은 19명, 60-69살은 6명, 70-79살은 1명, 80-89살은 1명이었다.

② 비착용자

301명 중 10-19살은 74명, 20-29명은 124명, 30-39살은 48명, 40-49살은 32명, 50-59살은 10명, 60-69살은 10명, 70-79살은 2명, 80살은 1명이었다.

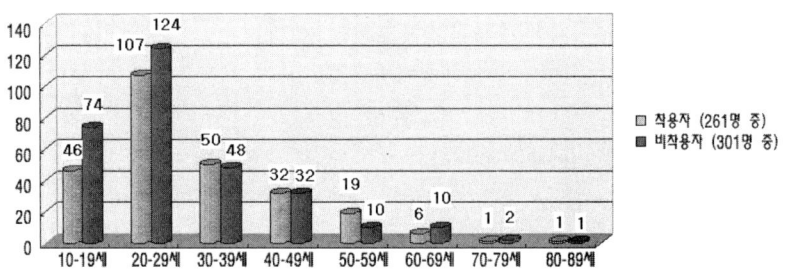

그림 5. 베일 착용자 비착용자의 연령 분석표

(4) 직업 분석

① 착용자

261명 중 미혼은 128명, 기혼은 133명, 이혼 및 과부는 6명, 교육자는 17명, 학생은 29명, 의료(간호사)는 5명, 서비스업 및 기타(은행원, 컴퓨터 프로그래머, 비서, 기자 등)는 166명, 직물공장은 17명, 실업자는 27명이었다.

② 비착용자

301명 중 미혼은 191명, 기혼은 87명, 이혼 및 과부는 23명, 교육자는 29명, 학생은 67명, 의료(의사, 간호사)는 11명, 서비스업 및 기타(은행원, 컴퓨터 프로그래머, 비서, 기자 등)는 154명, 직물공장은 12명, 실업자는 21명, 은퇴자는 7명이었다.

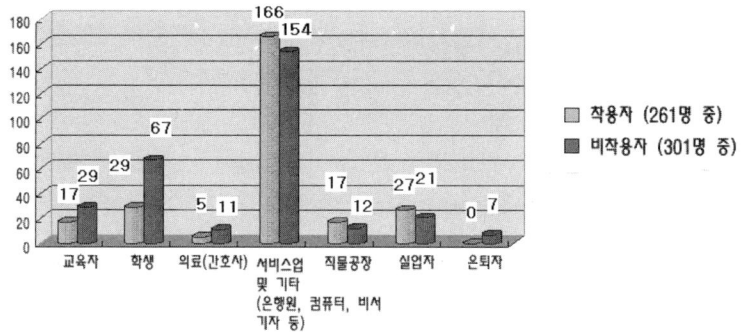

그림 6. 베일 착용자와 비착용자의 직업 분석표

(5) 교육정도 분석
① 착용자
261명 중 무학력은 28명, 초등학교는 125명, 중·고등학교는 58명, 대학교는 50명이었다.

② 비착용자
301명 중 무학력은 2명, 초등학교는 57명, 중·고등학교는 112명, 대학교는 130명이었다.

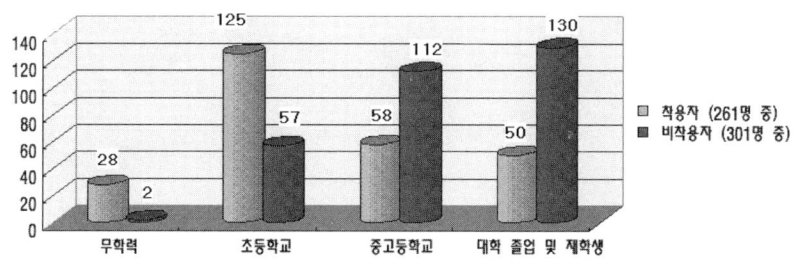

그림 7. 베일 착용자와 비착용자의 교육 정도 분석표

(6) 베일 착용에 대한 전망

이스탄불에 앞으로 베일을 착용하는 여성과 비착용자가 늘어날 것인가? 지난 10년 간 이스탄불 여성들의 옷차림은 많이 변했다. 그러므로 앞으로는 어떻게 변할 것인지 이스탄불 사람들의 눈을 통해 전망해보고자 한다.

① 현재 베일 착용자의 의견

현재 베일을 착용하는 사람들의 의견은 다음과 같다: 베일을 더 착용할 것이다(92명), 서구의 복장을 할 것이다(30명), 나는 모른다(26명), 터키에 이슬람이 있는 한 필요하기 때문에 변하지 않을 것이다(7명), 두 가지 다 공존할 것이다(7명), 사람들이 더 베일을 착용하면 좋겠다(4명), 자신의 선택에 따라 자유롭게 착용할 것이다(4명), 이슬람 편에서 생각하면 사용하는 것이 옳다(3명), 여자들은 점점 자유로워지고 있기 때문에 베일 착용을 하지 않을 것이다(3명), 더 많이 쓰기를 원한다(3명), 사람들의 종교에 따라서 변화가 올 것이다(2명), 기타 의견은 다음과 같다: 터키가 무슬림 나라이기 때문에 착용할 것이다, 꾸란에서 무슬림은 가리라고 했기 때문에 착용할 것이다, 베일을 착용하면서 이슬람을 보호하겠다, 베일이 옳은 복장은 아니나 이슬람의 명령이다. 자신과 내면을 위해서는 착용하는 것이 좋겠다, 자기가 원하는 대로 해야 하지만 하나님 뜻이면 모두 쓰면 좋겠다, 이슬람이 있는 한 변하지 않을 것이다. 터키에서는 종교적으로 어울려 살고 있다, 종교를 알면 입을 것이고 아니면 입지 않을 것이다, 지금 그대로 변하지 않을 것이다, 세대가 변하기 때문에 신앙심이 얕아지고 있다, 원하는 모든 사람은 착용할 수 있다, 이슬람의 영향으로 달라질 것이다, 학교 외에는 착용한다, 대학을 졸업하기 위해 캠퍼스 안에서 벗는다, 원하는 범위 내에서 모두 베일을 착용할 것이다, 테세튜르가 줄어들고 있지만 비슷한 다른 것으로 보여 줄 것이다, 나라에서 종교생활을 간섭한다, 1998년부터 대학정문에 베일을 착용하고는 출입이 허락되지 않는다, 이슬람의 법이기 때문에 베일을 착용한다, 외형적인 것이 문제가 아니라 정신적인 것이 중요하다.

② 현재 베일의 비착용자의 의견

현재 베일을 착용하지 않는 사람들의 의견은 다음과 같다: 미래에 서구화 옷을 더 입을 것이다, 베일을 더 착용할 것이다, 지금과 같이 두 가지 다 될 것이다, 베일이 줄어들 것이다. 각자의 선택에 달려 있다. 자신의 풍습과 문화에 따라 다르다. 사람은 모두 자유를 누려야 한다. 아타튀르그의 개혁정신에 따라 착용하지 않아야 한다. 정신, 서구화 운동, 젊은이들이 현대식 옷을 더 좋아하므로 입을 것이다. 국가가 더 서구화되므로 베일이 필요하지 않다. 정부가 베일 착용을 하지 않도록 격려하므로, 시대적 변화에 따라 착용하지 않게 될 것이다. 패션은 매우 빨리 변화한다. 터키에 민주주의와 인권이 정착되면 더 많은 사람들이 현대적인 옷을 입기를 바란다. 스카프가 어울리지 않는다. 장래에 더욱 현대적 생활에 적응하여 스카프가 필요 없게 된다. 스카프는 자유를 규제한다. 대부분의 이스탄불 여인들은 서구화되었기 때문에 이스탄불 여인은 베일(챠르샤프)을 입지 않는다. 문화인으로서 그들의 필요에 따라 행동해야 한다. 정권을 잡는 정당의 정책에 따라서 변한다. 자유롭고 간편한 옷이 좋다. 종교의 자유가 있기 때문에 베일 착용이 필요 없다. 사람은 자유롭게 산다. 터키는 유럽에 가까워지려 하기 때문에 이슬람 나라로 남지 않는다. 터키의 종교가 이슬람이므로 베일을 사람들은 착용할 수 있다. 경제적 빈곤으로 인해 사람들이 종교적으로 심취할 것이고 그러면 베일용 스카프는 더 많아질 것이다. 옷으로 자신의 신분을 나타낸다. 모두 다 서구화를 지향하지는 않을 것이다. 문화는 지킬 것이다. 이스탄불에는 노인이 많아 베일을 많이 사용한다. 정치체계가 변화된다면 문화와 전통도 변하므로 사람들은 스스로 옷을 결정할 것이다. 발전할수록 변화할 것이다. 그러나 종교적인 것은 변화하지 않을 것이다. 때와 신앙에 따라 달라진다. 젊은이와 앞으로의 세대는 지혜롭게 대처할 것이다. 사람에 따라 다르다. 시대에 맞게 입을 것이다. 이스탄불 80-90%는 챠르샤프를 사용하지 않는다. 잘 모른다.

위의 사항을 종합적으로 평가하면 다음과 같다.
첫 번째, 터키 안에서의 영향보다는 외부의 영향으로 여성이 변하는 데 사회적으로만 변하는 것이 아니고 사고방식도 변한다. 외부 영향은 베일 착용 문제에 있어서 도시여성들에게, 특히 엘리트여성들과 젊은 여성들에게 영향을 많이 주지 않을 것이다.
두 번째, 전신을 가리는 검정 망토식 베일 챠르샤프는 종교적 동기가 강하다. 베일 착용자들간에 바쉬외르튀와 테세튜르와 챠르샤프의 차이점이 거의 없다고 생각하는 사람이 많다. 베일용 스카프만 착용할 때 주로 바쉬외르튀라고 부르며,

터번 또는 테세튜르는 머리에 보네(bone)를 먼저 착용하고, 그 위에 베일용 스카프를 착용한 모습이다. 바쉬외르투는 강한 문화적, 전통적, 종교적 동기에 의해 착용하고, 터번 또는 테세튜르는 정치적, 종교적 동기에 의해 착용한다.

세 번째, 베일에 대한 터키 무슬림 여성 개인이 갖고 있는 상징과 국가 전체가 공동체로서 갖고 있는 상징과는 다르다. 상징의 정서적 차원에서 무슬림 여성이 베일용 스카프를 착용하지 않으면 감정적으로 수치심을 느끼며, 반면에 상징의 가치적 차원에서 무슬림 여성이 베일용 스카프를 착용하면 알라에 대한 헌신의 의미를 갖고 있다. 그러나 무스타파 케말 사상을 지지하는 정당과 정치가들은 여성들의 베일 착용을 정부에 대한 반항으로 여겼다.

네 번째, 터키 여성들이 세속공화국과 이슬람이 공존하는 나라에서 살아가므로 우리는 여성의 생활에서 급격한 변화보다는 점진적인 변화를 기대하여야 한다. 현대화가 이슬람식 옷과 화목하거나 일체감을 가질 수 없는 상황에서 이슬람식 옷 착용을 여성의 후퇴와 억압으로 특징지음으로써 무슬림 여성을 자극한다면 문제는 심각하게 될 것이다. 터키에 이슬람이 존재하는 한 베일용 스카프 착용의 비율은 변동이 있을 수 있으나 완전히 사라지지는 않을 것이다.

4. 이스탄불 여성의 세계관

터키는 인구의 대다수가 무슬림이면서도 세속정부가 서있는 흥미로운 나라이다. 즉, 세속적 무슬림과 비무슬림이 같이 터키 안에서 살고 있다. 이런 상황에서 터키 여성들은 그들 자신의 위치를 정의하는 데 적극적이다.

터키의 무슬림 여성에게 가장 특징적인 것은 대학교 수업에 참석하는 동안 그들이 서로 터번에 대해 토론하는 것이다. 여학생의 '터번 착용 운동은' 여학생을 위한 베일용 스카프 착용의 법적 금지에 대항으로 시작하였다.[107] 터번 착용 운동이 갖는 사회적 의미는 여성들의 종교적 믿음 때문이 아니라, 정치적 성향을 나타내기 위해 실생활에서 터번 착용을 한다는 데 있다. 여성의 베일용 스카프는 여성에게 주어진 역할을 상기시키며, 터키 무슬림 사회의 기초적 기반이 된다.

---

107) Valentine M. Moghadan. p. 161.

터키 여성들의 삶은 한마디로 표현하기 어려울 만큼 각양 각색이다. 도시 여성과 시골 여성이 현저히 다르고, 도시에서도 직업을 가진 활동적인 여성과 시골로부터 이주해 와서 불법 주거지 등에 정착하여 사는 소외된 여성들의 삶은 너무 대조적이다. 이스탄불 여성의 세계관은 터키의 다른 도시의 여성들보다는 서구 지향적이며, 단지 그들의 정치적인 면뿐만 아니라 그들의 생활 방식도 포함한다.

무슬림이 생각하는 세계관 가운데 가장 중요한 것이 문화이다. 다양한 문화 속에서도 이슬람 문화 속에는 서로 간의 문화를 이어주는 무언가가 있다. 그래서 세계관이 바로 문화의 핵심이 된다.[108] 현대 터키 사회는 많은 다른 가치 체계로 구성되어 있다. 즉 지중해 문화적 요소, 이슬람 문화, 세속적 서구 문화, 무신론적 사회주의, 다양한 종교적 문화가 혼재한다. 이런 요소들은 매우 풍성하며, 서로 각각 상호작용을 하여 복잡한 것을 창조한다. 또한 이슬람에서 문화에 대해 말할 때, 그것은 삶의 방식이다. 이슬람 문화는 사회집단의 방식이며, 개인에 의한 것이 아니다. 따라서 터키 여성들의 생활을 통하여 그들의 삶속에 있는 세계관을 살펴보고자 한다. 왜냐하면 세계관은 명확한 믿음 및 가치 체계와 일상생활 속에서의 사회제도를 형성하는 데에 기초를 마련해 주기 때문이다.[109]

첫 번째, 종교는 외형적으로 98%가 무슬림이라는 통계가 나와 있지만 많은 사람들이 그들의 종교에서 의미를 찾지 못한 채 방황하고 있다. 전통을 좇아 무슬림이 되지만 회의를 안고 무엇인가 다른 것을 갈구하고 있는 실정이다. 종교와는 무관하게 보이는 서구 지향적인 여성들이 있는 반면에, 극이슬람주의 편에 선 부류들이 있고, 무슬림이면서 민족주의적인 성향을 지닌 부류들도 있다.

두 번째, 머리스타일 옷차림에서 서구화된 여성들은 검은색 머리를 금발에 가깝게 염색하고, 서구 유행을 모방하는 데 있어서도 시대를 앞서 가려는 여성들이라고 할 수 있다. 무슬림이면서도 개방적인 여성들은 스카프만 가린 채 자유롭게 담배를 피우기까지 한다. 터키는 이슬람교가 대다수인 국가치고는 굉장히 서구 지향적이기도 하지만, 여전히 이슬람의 강한 종교성을 띤다.

세 번째, 베일은 이슬람 문화의 가장 특징적인 것 중의 하나이다. 그러나 현재 터키 여성들 중에는 베일을 착용한 여성과 착용하지 않은 여성들이 있다. 극

---

108) 공일주, 『이싸냐? 예수냐?』(서울: 조이선교회출판부, 1997), p. 22.
109) 폴 히버트, 『선교와 문화인류학』, p. 66.

이슬람주의 여성들은 아예 머리부터 발끝까지 뒤집어쓰는 옷차림을 하며 몸을 거의 노출하지 않는다. 이스탄불의 토프카피궁을 나서면 검정 챠르샤프를 착용한 여자들을 보게 된다. 그러나 거기서 한 블록을 걸어 내려가면 신문 가판대에서 표지에 여자 나체 사진을 실은 잡지들을 볼 수 있는[110] 곳이 터키의 현재 모습이다. 이처럼 옷차림에서부터 터키는 다른 이슬람 국가와는 판이하게 다르다. 거리에서 전신 은폐용 검정 베일 차림의 여성이 간혹 눈에 띄지만 유럽의 여느 도시에서나 볼 수 있는 정도에 불과하다. 일반 여성의 옷차림은 서양 여성들과 별 차이가 없다. 도시에는 파리 풍의 서구 유행이 빠르고, 노출이 심한 옷차림이 많으며 무슬림 복장도 가끔 볼 수 있으나 거의 약식으로 흉내만 내는 경우가 많다. 무더운 여름에 젊은 여성들은 팔과 어깨가 거의 노출되는 가느다란 끈으로 된 티셔츠에 청바지나 몸에 딱 붙는 바지를 즐겨 입는다. 이스탄불 북쪽 흑해 연안의 킬리요스 해변은 비키니 차림의 터키 여성들로 넘쳐난다. 한편 나이 든 여성들은 뜨개질한 옷을 많이 입는다.

　네 번째, 기혼 여성들은 대부분의 서구 여성들, 특히 기독교 여성들보다 더욱 섹스와 성욕에 관심을 갖는다. 결혼한 친구들끼리는 이전에는 결코 드러내지 않았던 성적인 주제들을 거리낌없이 이야기한다. 비록 성에 관한 주제가 남녀가 같이 있는 자리에서 거론되지 않다고 해도 서구에서보다 더 광범위하게 성에 관한 모든 것을 얘기하면서 노래한다. 서구와의 차이점이라면 남녀가 같은 자리에서 이런 얘기를 하는 것이 아니라 남자들끼리 혹은 여자들끼리 한다는 것이다. 이 주제는 사회 전반에 걸쳐서 지배적이다. 여러 시골의 문화에서 여성들은 가족 중 남자 식구들 앞에서는 자신이 임신한 것에 대해서조차 말하지 않는다. 그러나 대개 도시에서는 임신한 것에 대한 언급은 그리 문제되지 않는다.

　다섯 번째, 교육에 있어서 15세 이상의 터키인 문맹률을 비교해 보더라도, 남자는 100명당 14명인데 반해, 여성은 100명당 38명을 차지하고 있어 교육에서 여성 차별화가 나타난다. 또한 시골 여성들이 도시 여성들에 비하여 문맹률이 높다. 1923년 터키 공화국이 세워진 초기 인구는 1200만 정도였다. 이 중 남자의 10%, 여자의 3%만이 문자를 해독할 수 있는 상태였다. 이후 여성의 교육의 양

---

110) Aric Press, '미국 관광객들 터키로 몰린다.' "Newsweek" 1997년 8월 6일자, p. 70.

과 질이 좋아지고 있지만 그들의 사회적 지위를 변화시키기에는 아직도 역부족이다. 교육 기관의 모든 학교에 대부분 선생들이 여자이지만, 교장이나 감독자들은 남성들이다.[111]

여섯 번째, 전반적인 사회 영역이 이슬람 문화와 그 영향 하에 놓여 있어서, 여자는 남자에게 종속적인 위치에 있으며, 순종치 않으면 폭력으로 다스려도 된다는 관념이 지배하고 있다. 천국에서도 여성들은 남성들의 육체적 쾌락을 위해 존재한다고 믿는다. 남자들을 대할 때는 냉담한 모습을 하면서 오랫동안 눈을 쳐다보면 안 되고 악수하는 것 외에는 다른 신체적인 접촉은 피해야 한다. 어떤 엄격한 무슬림 남자들은 여자들과 악수하는 것조차도 싫어한다. 대도시 이스탄불과 앙카라 길거리 노상 카페에서는 남녀 젊은이들이 함께 앉아 있는 모습을 볼 수 있다. 그러나 조금만 시골에 들어가도 노상 카페에는 남자들끼리만 앉아서 차를 마신다. 반면에 같은 여자들과는 안아 주고 쓰다듬으며 그들의 손을 잡아주면서 따뜻한 감정으로 대해 주어야 한다.

일곱 번째, 법률에 명시된 결혼 연령은 남자 17세, 여자 15세 이상이나 13세부터 부모의 중매에 의하여 결혼할 수 있다. 그러나 대도시에는 연애 결혼을 주로 하며, 터키 젊은이들은 외국인과 결혼하기를 좋아한다. 터키 여성이나 남성들은 서로 신뢰하지 못하므로 서로 외국인과 결혼하기를 좋아한다. 실례로 이스탄불에는 일본여성과 결혼하여 사는 남성들이 많이 있다.

여덟 번째, 가정에서 여성은 외출 시에 반드시 남편의 허락을 받아야 한다. 남편의 직장이나 남편이 있은 곳에 전화를 하여 허락을 받는다. 이런 모습이 한편으로는 부부간에 사이 좋게 전화를 통해 대화하는 것으로 보일 수도 있다 하지만 이것은 백화점이나 시장에 구경을 나갈 때도 남편의 허락을 받아야할 정도로 남편에게 종속되어 있는 여성의 위상을 보여 주는 것이다.

아홉 번째, 이슬람은 모든 종족과 신분 계급이 하나되어 조화를 이루는 영적인 통일체라고 말한다. 그러나 이러한 통일체의 모습은 사람들이 모스크를 나가면서 곧 사라진다. 신분차별은 이데올로기보다 더 강하다. 생활 방식, 옷, 오락, 종교적 실천이 다른 사람과는 가까이 하지 않는다. 직장에 다니는 현대적 여성들

---

111) Fatma Gök, "Women and Education in Turkey," in *Women In Modern Turkish Society*, Sirin Tekeli, ed., (London: Zed Books Ltd, 1995), p. 133.

은 비슷한 수준의 지위를 가진 여성들과 비교하여 그들보다 더 전통적인 여성들과는 거의 어울리지 않는다.[112] 상류층 여성들은 가난한 하류층 여성들과 대화도 잘 나누지 않으며, 대중 교통 수단을 이용하지 않는다. 그들은 자신이 직접 운전하거나 운전 기사로 하여금 운전하게 한다.

열 번째, 대부분 무슬림 남성들은 자기 아내나 딸이 직업을 갖는 것을 자신의 경제적 무능력과 가장으로서의 실패와 연결시켜 생각한다. 실제로 직업을 가지고 남성들이 함께 일하는 공장, 시장, 회사에서 자유롭게 활동하는 여성들을 동등한 노동자, 직원 또는 상인으로 보는 것이 아니라 매춘부로 여긴다.[113]

대부분 여성들에게 경제적인 독립은 생각할 수도 없는 현실이다. 대부분의 남자들이 시장을 직접 보는 것은 여자들을 믿지 못하여 경제권을 주지 않기 때문이며, 상점에서 일하는 이들도 거의 남자들이다. 그래서 집안 일을 다 끝내고 한 집에 모여 차와 다과를 마시며 잡담하는 것이 여인들의 하루 일과이기도 하므로, 터키 여성들은 특히 차를 마시며 대화 나누기를 즐긴다.

그러나 재정과 능력 있는 여성들은 다양한 직업을 갖고 있으며 독신자도 많이 있다. 개방된 여성들 가운데 요즈음에 와서 증가되고 있는 직업으로는 의사, 변호사, 사업가, 약사, 은행원, 간호사, 교사 등 전문직이다. 물론 도시에 사는 여성에 한해서이다. 도심에서는 그런 대로 여성이 남성과 어깨를 겨루며 살아간다고 말할 수 있다. 여성인 상사에게 결재를 받는 남자 부하 직원의 모습이 쉽게 목격된다. 그러나 시골에서는 농업의 54%가 여성에 의해 이루어지고 있다.

선거할 때 여성의 50% 조금 넘는 숫자가 남편에게 누구에게 표를 찍을 것인가를 묻지 않고 선거하며, 남편의 의견을 물어본 나머지 50% 중에서도 25%만이 남편의 의견에 따라서 선거한다.[114] 그러나 여성의 정치 참여는 다양하다. 여성 장관이 있으며, 전(前)총리 탄수 실라는 터키 여성으로서 첫 번째 보수주의 정당의 지도자였다.

열한 번째, 여성들은 물건사기에 대단한 흥미를 느낀다. 터키는 세속주의 나

---

112) Lois Beck & Nikki Keddie, ed., *Women in the Muslim World*(Massachusetts: Harvard University Press, 1978), p. 498.
113) 전재옥 편역, p. 149.
114) Aeyşe Güneş-Ayata, p. 236.

라로 물질주의가 만연하다. 최근 몇 년 동안 이스탄불과 앙카라 등 대도시에 현대식 대형 백화점이 여러 개 생겼다. 대부분 여성들의 대화의 주제 중에 80%는 물건사기와 옷, 금, 돈 등에 관한 것이다. 이들은 영혼에 대하여 관심이 없으므로 공허한 마음을 채우기 위하여 재정 형편상 물건을 사지 못 해도 오랜 시간을 백화점이나 시장 구경하는 것을 즐긴다.

열두 번째, 터키 여성들은 손님접대를 후하게 하며 매우 친절하다. 이웃을 잘 대접하므로 이웃과의 관계는 대체로 우호개방적이며 친구를 깊이 사귄다. 외국인 여성이 처음 만나는 터키 여성들에게 거리를 묻거나, 터키 문화에 대하여 질문하면 초면이지만 자신들의 집에 초대하여 음식과 차를 마시며 교제를 나누기도 한다. 터키 여성들은 친절하여 도움을 청하면 좋아한다. 자신들이 남에게 도움을 줄 수 있다는 것에 가치를 두고 있기 때문이다.

열세 번째, 터키는 헌법에 일부일처제가 명시되어 있지만 여성에게 자유는 제한되어 있다. 무슬림 남편들은 아내에게 물질적·육체적 필요를 채워 주면 의무가 끝난다. 그래서 터키 여성에게는 남편이 언제든지 다른 여자들을 사귈 수 있다고 생각하는 데서 생기는 정서적인 불안감이 있다. 터키 대도시 가정은 30%의 이혼율을 나타낸다. 또한 여성들은 자녀를 낳지 못하는 것을 수치로 여기며 언젠가는 버림을 받고 남편이 다른 부인들에게서 아이를 낳을 것으로 생각한다.

열네 번째, 터키는 다른 이슬람 국가와는 다르게 여성이 아플 때에 남자 의사에게 가서 진료 및 치료를 받을 수 있다. 여자 미용사는 드물고 대부분 남자 미용사이다. 텔레비전 토론 등에 한국보다 많은 여성들이 참여하여 남성들과 토론을 하고 있다. 또한 터키가 이슬람국가인가 의심스러울 정도로 텔레비전 프로그램 자체가 한국에서는 상상치 못할 남녀의 성적 노출 부분도 거침없이 상영된다.

이상의 것을 요약하면 터키는 현재 세속주의 공화국이면서 무슬림 나라이기 때문에 세속주의 세계관과 무슬림의 세계관의 충돌이 개인과 가족과 사회에서 일어난다. 그 중의 하나가 옷에 관한 것으로, 사람들 특히 여성은 서구식 옷과 이슬람식 옷 중에서 선택해야 하는 기로에 서게 된다. 터키에서는 서구식 긴 코트에 베일용 스카프를 착용한 여성들이 눈에 쉽게 띄는데, 이들은 이 둘을 절충함으로써 문제를 해결한 것이다. 이스탄불의 유럽지역 여성의 세계관과 교육의 수준이 높은 지역에서는 베일용 스카프를 착용한 사람이 적은 반면에, 중·하류층 서민이 사는 곳에는 베일용 스카프를 착용한 사람이 더 많이 눈에 띈다.

결과적으로 이스탄불 여성의 세계관은 각 사람의 가족의 전통, 교육, 연령 등에 따라 세속주의 세계관과 무슬림의 세계관이 혼합되어 공존하고 있다. 베일은 이슬람 사회의 옷차림의 문제 이상이다. 왜냐하면 베일 착용은 무슬림의 세계관을 지배하는 꾸란에 명시된 것이기 때문이다.

꾸란 외에 이스탄불 여성의 세계관에 영향을 미치는 것은 터키가 관광대국이라는 점이다. 거리에서 서구인들을 쉽게 만날 수 있는데, 터키 여성들이 이들과 직접 대화를 나누는 것은 드물지 몰라도 서구인들이 아이스크림을 손에 들고 먹으며 자유분방한 옷차림을 하고 거리를 다니는 것을 보면서 자연스럽게 서구인의 복장과 이슬람의 베일을 착용한 모습을 비교하게 된다.

제7장
베일에 대한 선교적 이해

　이슬람 세계에서의 여성문제는 서구에서의 여성 문제와 다르다. 무슬림 여성은 몇 백년 동안 그 영향이 지속되었던 이슬람의 이데올로기와 도덕 규범의 구조에서 갑자기 전혀 다른 세계의 구조로 전환하는, 이질화되는 시기 안에 있다. 우리가 무슬림 여성의 문제를 연구할 때 이 문제를 간과해서는 안 될 것이다.
　본 장에서는 베일에 대한 일반적인 평가와 더불어, 무슬림들이 기독교인이 되었을 때에 어떻게 그들을 도울 것인가를 고찰하기 위하여 실제 일어난 사건들을 조명하고자 한다. 또한 신약에 나타난 베일의 의미를 대조하고, 무슬림 여성의 베일 착용에 대해 선교적 접근 방법을 제시하고자 한다.

1. 무슬림 여성의 베일에 대한 평가

　이슬람 국가들은 헌법에 종교의 자유를 명시하고 있다. 그러나 이슬람 국가에서 태어난 사람은 가족의 종교에 따라 선천적으로 종교가 주어지며 주민등록증에도 자동적으로 종교가 기록된다. 또한 이슬람은 이제 아랍인들만의 종교가 아니라 서구 세계에도 널리 전파되어 있다. 유럽에서 이슬람은 점점 확장되어 프랑스와 영국에서는 제2의 종교로 부각되고 있다. 따라서 무슬림 여성의 베일 착용은 전세계적이며 지역에 따라 색상도 다양하다. 베일은 단순히 옷감을 두르는 것이 아니다. 베일의 재질은 면, 실크, 폴리에스테르등 다양하며, 목부분이나 소매 끝부분, 가슴부분과 발끝부분 등에 공단실, 금실, 은실등으로 다양하게 수를 놓은 것도 있다.

오늘날 베일을 착용한 사람의 모습은 이슬람권 나라 밖에 사는 사람들에게 전보다 낯설지 않다. 텔레비전을 통해 거리, 가게, 사무실 등에서 베일을 착용한 사람을 볼 수 있다. 베일의 착용은 지역, 사회계층, 연령, 학력, 기혼 미혼 등의 요인이 걸려 있다. 최근에 들어서는 여기에 정치 이데올로기의 요소까지 가미되고 있다. 즉 베일을 벗었던 여성들이 정치적 이데올로기의 상징으로서 다시 베일을 착용하는 현상을 보이기도 한다. 이들 여성들은 무슬림 여성으로서의 주체성을 회복하는 의미로 베일을 착용하는 것이다.[1] 이슬람에 대한 종교적 관심보다는 가문의 전통에 따라 베일을 착용하는 여성도 있다. 또한 여성의 옷차림이 너무 노출되고 서구화되어 가는 것에 대한 반감으로 전통적인 베일을 착용하기도 한다. 따라서 이처럼 다양한 요인에 의해 행해지는 베일을 착용함으로서 얻어지는 유익과 문제점을 살펴보는 것은 무슬림들을 올바르게 인식하는 데 있어서 매우 중요하다. 무슬림을 종교집단으로만 보고 그들의 문화를 이해하지 않으면 편견을 가지게 된다.

무슬림의 관점에서 그들이 베일을 착용하는 이유는 다양하다. 무슬림 여성의 베일 착용은 속박의 개념이라기보다는 보호라는 측면에서 생각할 수 있다. 이슬람 문화에서 여성은 남성의 성적 대상일 뿐 여성에게 베일은 남성의 눈요기 감이 아닌 한 인격체로서의 존엄성을 가져다 줄 수 있기 때문이다. 또 베일을 착용하면 유행하는 옷의 모양을 따르는 문제에서 자유로울 수 있다. 또는 집에서 가까운 거리에 잠시 볼 일이 있어 나갈 때에 격식을 갖추지 않고 베일만 착용하면 되므로 편리하다.

내적 베일의 개념은 오직 겉에 입는 옷에만 적용되지 않는다. 그것은 옷의 부호와 함께 전반적인 태도와 방법이 포함되며, 무슬림 여성의 이상적인 행동이 포함된다. 베일은 단지 유행이 아니라 관습이다. 각 나라의 상황이 다르므로 무슬림 여성과 서구의 시각차가 분명히 있다. 예를 들어 이란 여성은 베일을 경제, 정치적 위상을 높이기 위한 여성 운동의 도구로 활용하고 있다. 이집트에서는 여

---

1) 김용선, p. 90.

성의 베일 착용이 윤리성을 높이며 경제적 실용성의 혜택을 가져다 준 것으로 이해하고 있다. 사우디아라비아 여성에게 베일은 이동의 자유와 안전, 사회활동의 영역을 확보해 주었다. 사우디아라비아 남성들은 여성이 연약하기 때문에 위험한 운전을 여성에게 허락하지 않듯이, 신체 노출로 인하여 발생할 수 있는 사회적 문제에서 베일이 여성을 철저히 보호하고 있다고 생각한다. 무슬림들은 여성의 베일 착용이 여성 인권 억압과는 다르며 문화적 관습일 뿐이라고 말한다. 이슬람권에서 나서 자라난 기독교인들은 어려서부터 무슬림 여성의 베일 착용을 보고 자랐기 때문에 베일에 대한 거부감이 덜하다. 이들은 베일 착용을 문화의 한 부분으로 보고 있기 때문이다.

무슬림 여성들은 그들의 옷을 개인 취향에 따라 선택하지만 미혼인 경우에는 아버지나 형제들의 의견이 존중되며, 기혼인 경우 남편이나 사회적인 관습과 법에 의해 정해진다. 그러나 90년대 이후 몇몇 이슬람 국가에서는 베일 착용이 강요보다는 선택으로 바뀌고 있다. 따라서 무슬림 여성의 베일 착용을 여성을 속박하는 것만으로 단정짓는 것은 비근대적인 서구적 관점이다. 베일은 외출용 겉옷일 뿐 속은 다르다. 무슬림 여성들은 패션이나 유행을 무시하지 않는다. 무슬림 여성들이 베일만 착용하는 것이 아니고 노출과 미니 스커트 등 패션이 다양하다.

그러나 베일 착용은 무슬림 여성들에게 유익을 주는 면이 있다할지라도 여러 면에서 다음과 같은 문제점을 안고 있다.

첫 번째, 자미라 브리지브후산(Ms. Zamila Brijbhushan)은 이슬람이 태동된 아라비아가 사막 지역이기 때문에 베일 착용이 반드시 필요하다고 주장하지만[2] 그녀의 견해는 옳지 않다. 여성이 뜨거운 햇볕으로 인하여 일사병 등의 고통을 당하지만 머리카락이 있어 남성들보다 보호를 받을 수 있다. 만약 베일이 햇볕을 피하는 데 반드시 필요하며, 햇볕이 강하지만 습도가 낮기 때문에 베일이 그늘 역할을 한다면 남성들에게도 베일착용이 규정되었어야 한다. 그러나 여성을 위하여 규정된 것이 남성에게는 적용되지 않았다. 여성에게만 베일 착용을 규정하는 것은 분명 남녀차별이다. 또한 오늘날까지 크기와 용도에 따라 다양한 종류의 남성용 여성용 모자가 전세계적으로 유통되고 있으므로 베일 착용이 햇볕

---

2) Malladi Subbamma, *Islam and Women*, translated by M.V. Ramamurty(New Delhi: Sterling Publishers Private Limited, 1988), p. 104.

으로부터 여성을 보호하기 위한 것이라는 주장은 여성의 억압을 위한 한낱 명목상의 이유일 뿐이다. 대부분 아랍국가들은 열대성 기후이다. 더운 날씨에 강제로 착용해야 하는 베일 때문에 많은 여성들이 오히려 고통을 당한다.

두 번째, 일부 이슬람권 나라에서는 여성들이 길거리에서 베일용 스카프를 착용하는 것이 허락되나 공공기관이나 학교 등지에서는 금지되었다. 일반적으로 직장에서는 베일을 착용한 여성 직원을 채용하지 않는다. 그러므로 베일을 착용한 여성들은 사회 진출이 늦어지고 개인의 능력을 발휘할 수 있는 기회가 제한되며 이것은 여성 스스로를 위축시키는 것이 된다. 무슬림 여성들의 베일은 여성의 권리를 감소시키는 역할을 하였다. 모욕과 인신 공격을 피하기 위한 베일 착용은 여성의 공적인 활동을 완전히 배제시켰다. 또 베일로 인해서 현숙한 여성과 그렇지 못한 여성 사이에 뚜렷한 구분이 생기게 되었다. 베일로 인한 여성의 격리가 이슬람 사회의 가부장 제도에 따른 여성의 종속을 뜻하는 것이며, 이러한 상징이 의미하는 것은 사회적으로 도덕적으로 부패한 남성에게 여성을 노예화시키는 것이 된다. 베일이 옷의 기능만을 의미한다면 여성 스스로 자신들의 취향에 따라 자유롭게 착탈을 선택하도록 해야 한다.

세 번째, 이슬람 세계에서 무슬림 여성들은 남성의 욕망의 대상일 뿐만 아니라 남성의 명예를 위한 존재이다. 이슬람 문화 속에 살고 있는 남성들은 베일로 인해서 여성들을 자연스럽게 접할 수 있는 기회가 적기 때문에 대부분 자연스럽게 스트레스를 풀지 못하였고 그 결과로 남성들에게 동성 연애가 많이 생기게 되었다는 주장은 타당성이 있다. 이슬람교 지도자들은 이러한 사실을 완강하게 부인하고 있다. 무슬림들의 동성연애에 대해 공개된 것은 없지만, 그에 대한 태도는 서구보다 훨씬 자유스럽다. 꾸란 26:165, 166[3]에서 동성 연애를 금하며, 이슬람 법학자들의 경고에도 불구하고 이것들은 사생활이기 때문에 오늘날에도 이루어지고 있다. 지역에 따라 부유층 사이에 동성 연애가 성행하고 있어서 많은 소년들과 젊은 남성들이 그들의 상대자가 되고 있다. 유엔 에이즈(UN AIDS)는 중동 각국의 에이즈 감염의 주요원인으로 동성간의 성관계와 성매춘으로 본다.

---

3) 꾸란 26: 165, 166 "너희는 우주의 모든 피조물 가운데서 남성에게만 접근하려 하느뇨 하나님께서 너희를 위해 창조하신 너희 배우자들을 버려 두려 하느뇨 실로 너희는 한계를 넘어선 백성들이라."

네 번째, 베일 착용에 지지를 보내는 자들에게 이의를 제기한다. 베일 착용 찬성자들은 베일이 간음 방지를 위하여 남성의 시선으로부터 여성을 보호하며, 여성의 성 상품화를 방지한다고 주장한다. 한 통계에 따르면 아프리카, 중동, 동남 아시아 이슬람권의 1억 3천만 명에 이르는 여성들이 이미 할례를 받았고 여성의 순결을 지킨다는 명목 하에 지금도 할례[4]를 행하기도 한다. 베일을 통해 남성을 유혹하지 못하게 하는 것도 모자라서 여자들이 아예 성욕을 느끼지 못하도록 할례를 행한다. 아프가니스탄, 사우디아라비아, 이란 등에서 베일을 착용하지 않은 여성을 '명예살인'으로 살해하는 것은 비윤리적이며 생명존중에서 어긋난다. 왜 여성만이 명예살인으로 죽임을 당해야하는가? 이것은 꾸란에 근거한 것도 아니며 일반적인 상식에도 어긋난다.

2001년 9월 11일 뉴욕 세계무역센터와 국방부 등이 테러리즘에 의하여 폭파된 후에 우리는 종종 아프가니스탄의 여성들의 모습을 보게 된다. 이슬람 원리주의로 무장한 탈레반 정부는 여성을 보호한다는 명목 하에 눈 부분에만 그물망을 만들어 놓은 베일(부르콰 〈burqa〉)를 100% 착용케 하였다. 여성이 베일을 착용하지 않고 외출했다가는 돌로 맞아죽는 경우도 있고, 총살도 당한다. 이것은 베일이 여성을 보호한다는 주장과는 상반된 것임을 증명하고 있다. 그것은 베일 착용의 선택권이 여성에게 자유롭게 주워지지 않았을 뿐더러 베일 때문에 여성의 생명을 경시하며 인간 이하로 취급하기 때문이다.

---

4) 여성의 할례에 관한 한 이론적 근거는 혼전 성관계를 막거나 못하도록 하기 위한 목적으로 소녀들의 음핵을 절제하는 것이다. 이 시술은 아랍어로 타하라(tahara, 靜化)라고 불린다. 타하라는 이슬람 초기 아랍부족에게 혼인을 위하여 필수적인 요소였다. 여성의 할례는 아직도 요르단의 베드윈과 일부 소도시, 메카, 오만, 이라크 남부 부족과 바스라시, 수단, 사하라 일부 지역, 이집트 무슬림 등 현재 40개국 이상에서 아직까지도 실시되고 있다. 예를 들어, 95년 이집트 인구조사에 따라 14세-49세의 491만 4천명의 기혼여성 중 97퍼센트의 여성들이 할례를 받은 것으로 나타났다. 이집트의 한 인권보호기구에 따르면 날마다 여아 3600명이 할례를 받는다는 통계도 있다. 1997년말 이집트 대법원은 여성할례 금지 판결을 내렸다. 그럼에도 불구하고 오늘도 여성할례는 당국의 눈을 피해 공공연하게 시행되고 있다. 김동문, 『이슬람의 두 얼굴』(서울: 예영커뮤니케이션, 2001), pp. 224-225.

또한 아직도 아프리카에선 매년 2백만 명의 소녀들이 야만적이고 비위생적인 할례 의식 때문에 죽어간다. 현재 유엔인구기금(UNPF)의 명예대사 자격으로 전세계를 돌며 아프리카 여성인권을 호소하고 있는 수퍼모델 출신의 워리스 디리는 '잘못된 전통'과의 싸움을 벌이고 있다. 김종문, '여성할례는 인간 파괴,' "중앙일보" 1999년 6월 17일자, p. 11.

탈레반 정권이 무너진 이후에 아프카니스탄 여성들은 '부르콰'를 벗을 수 있게 되었다. 그러나 종교적 강요보다 전통의 의미가 강한 부르콰를 여성들이 선뜻 거부하지는 않고 있다고 영국 국영방송 비비시(BBC)는 전했다. 아프카니스탄 카불 텔레비전 방송이 5년 2개월 만에 재개되었고 첫방송 시간에 여성 앵커는 부르콰 대신 베일용 스카프를 착용하고 진행을 하였다.

다섯 번째, 베일이 경제적인 이득을 가져온다고 무슬림들은 주장하는데 실제적으로 많은 터키 여성들이 착용하는 실크 스카프 값은 보통의상보다 비싸다. 여러 컷과 색상을 맞추어 스카프를 착용하는 사람들은 여러 개의 스카프를 가지고 있다. 집 밖에 잠시 나갈 때에 착용하는 싸구려 스카프용 베일이 있긴 하지만 값은 천차만별이다. 스카프용 베일의 질감만 보아도 무슬림 여성의 생활 수준을 어느 정도 알 수 있을 정도이다. 아프가니스탄에서 베일은 5백-1천 루피(한화 1만-2만원) 정도면 구입할 수 있다. 그러나 이 가격은 그들에게 몇 달치 월급에 맞먹을 만큼 비싼 것이다. 결국 가난한 여성은 아무리 긴급한 일이 생겨도 문밖 출입을 할 수 없다. 따라서 궁여지책으로 마을 여성들이 베일 하나를 공동으로 구입해 돌려 입는 경우도 있다.

이슬람 종주국인 사우디아라비아에서는 여성들이 눈 외에는 전면을 가리고 외출한다. 그러나 그들은 베일 속에 최첨단의 고급 옷을 숨기고 다닌다. 검정 베일 속에 화려하고 야하며 비싼 옷을 입는 여성들의 모습은[5] 비무슬림들의 상상을 초월한다. 이런 옷들은 집안에서 입으며 외출 시에는 베일이나 전통 옷으로 감추므로 보이지 않는다. 부유층의 여성들은 베일용 스카프 안에 금목걸이와 팔지 등 장신구를 하고 있으며 아름다움을 나타내기 원하는 여성의 심리는 베일 아래로 드러나는 구두와 스타킹 그리고 속옷을 통해 한껏 멋을 부리는 것으로 표출된다. 베일의 질감도 점점 얇아져 베일 속의 옷이 은연중에 비추어진다. 이들은 베일이 가리지 않는 얼굴이나 발등에 각별한 신경을 쓴다. 이것만 보아도 베일이 여성을 아름답게 만들지 못함을 증명한다. 또한 이는 여성들이 베일 착용을 자원한다 할지라도 이슬람사회의 소속감을 위한 간접적인 종교적 사회적 압력임을 증명하는 것이다.

---

[5] MBC 창사 40주년 특별기획 다큐멘터리 "이슬람-신의 뜻대로," 2001년 10월 5일 밤 11시 상영.

여섯 번째, 베일이 계층의 구별을 없애 줄 수 있다는 생각은 매우 고무적인 것이다. 그러나 실제로 중동과 북아프리카에 사는 여성들 사이에 계층의 차이는 경제적인 면, 교육적인 면, 생활 수준 등에서 엄청나게 깊다. 이슬람 사회가 계층이 없는 평등한 사회라는 말은 사실이 아니다.

일곱 번째, 베일은 민주주의로의 발전을 저해하고 있다. 베일은 여성 스스로가 원하여 착용하기보다는 종교라는 이름 하에 간접적으로 강요당한다. 이것은 대다수 국가에서 인구의 반을 차지하는 여성 개인의 의견을 통제하고 억압하는 것이다.

여덟 번째, 베일은 보수와 진보의 문화의 갈등을 표출한다. 베일용 스카프 착용자와 비착용자의 구분이 뚜렷하므로 국가와 사회가 이원화되어 민족 연합과 발전에 부정적인 영향을 끼치고 있다. 터키에서는 베일용 스카프 착용자와 비착용자 사이의 갈등이 눈에 띄게 늘어났다.

아홉 번째, 터키 무슬림 여성의 베일용 스카프는 종교와 문화적 차원만이 아니라 정치적인 수단으로 이용되고 있다. 여성의 잠재력을 개발하는 것보다 정치적으로 이용당하는 면이 강하다. 정당한 여성의 권리는 베일용 스카프를 착용하지 않고도 일상생활에서 평상복을 입고도 행사될 수 있어야 한다.

열 번째, 베일 착용을 남성으로부터 여성을 보호한다는 차원에서 생각하고 여성을 사회에서 가혹하게 격리시키고 있는 무슬림 여성관에는 큰 문제가 있다. 이슬람 사회에서는 남성의 눈으로부터 여성을 보호한다는 차원에서 여성을 격리시킨다. 그렇다면 이것은 남성들 스스로 자기를 조절할 수 있는 능력이 없음을 증명하는 것이다.

기독교 여성의 베일은 세속과의 구별이지 차별은 아니다. 그러나 무슬림 여성의 스카프용 베일은 세속과의 구별이 아니라 남자와의 구별이다. 무슬림 여성들은 베일용 스카프를 착용함으로써 사회적 기준에 따라 이웃과의 경계선을 그으며 살아간다.

열한 번째, 베일 착용과 여성 순결성의 연계는 베일을 착용하지 않은 여성과 교제하기를 꺼려한 남성의 의식을 반영한 것이다. 또한 베일착용이 여성의 처녀성을 보장하고 가문의 명예를 지키는 방어조치로서 사용되었다[6]는 것은 베일 착

---

6) 이희수·이원삼 외, 『이슬람』(서울: 청아출판사, 2001), p. 110.

용이 여성의 개성이나 인격을 존중하지 않고 남성중심의 시각에서 여성을 남성의 사고의 틀 안에 묶어 놓은 것임이 드러난다.

열두 번째, 베일 착용은 사회에서 남녀 사이에 간음의 욕망을 가지게 한다. 여성의 베일 착용으로 무슬림 남자들이 여성의 모습을 자연스럽게 볼 수 없다가 가족 모임을 통해 베일을 착용하지 않은 여성을 집에서 보면 여성에게 호기심을 갖게되고 쉽게 근친 강간을 범하게 된다. 이것은 이슬람권 사회에 많은 문제를 일으킨다. 또한 이들은 근친결혼으로 저능아, 뇌성마비자 및 선천적 장애자들을 많이 출산하였다.

열세 번째, 베일 착용은 여성에게 이동의 자유는 물론 사회 활동의 더 많은 영역을 확보해 주었다고 이슬람 지도자들은 말한다. 그러나 베일을 착용해야만 이동의 자유가 있다고 생각하는 것은 이슬람 사회가 얼마나 자유롭지 못하여 베일 같은 물질적인 것을 통하여 여성에게 자유를 준다고 생각하는 것인지를 나타내 주고 있는 것이다. 더구나 베일을 착용한 여성은 자전거나 오토바이를 탈 수 없다. 또한 사우디아라비아 등에서 여성은 운전을 할 수 없다. 베일 착용은 여성의 이동을 자유롭게 하는 것이 아니라 일종의 가택 연금이다. 여성이 집안의 화초나 장식품처럼 보호받는 수동적인 삶은 무슬림 여성의 자아실현의 기회를 상실하게 만든다.

열네 번째, 여성에게 베일 착용을 명령하는 것은 여성은 위험한 존재이고 성적으로 실수를 많이 하며 남자를 유혹하는 존재라는 인식 때문이다. 다시 말해 이슬람 사회에서 여성은 부도덕하고 유혹적인 요인을 제공하는 존재이며, 약하며 절제하지 못하는 위험한 존재로 여겨지고 있는 것이다. 이슬람 사회는 여성을 지나치게 성(sex)의 대상으로 부각시켜 여성을 사회로부터 격리시켰으며, 남성들이 여성을 성적 대상으로만 보는 반면 인격적인 전인(全人)으로 보지 못하게 했다.

열다섯 번째, 베일 착용을 명령하는 것에는 여성이 순결하기를 기대하는 면이 있다. 그러나 인간은 타락한 죄인인데 베일을 씌워 외형적으로 순결하게 보이게 한다고 해서 순결해지지는 않는다. 사실 이슬람 사회는 실제로 매우 문란하다. 예를 들어 이란 경찰은 수도 테헤란 동북부 75Km에 위치한 성시(聖市) 마샤드를 정화하기 위해 약 500명의 매춘부들을 검거했다고 밝혔다.[7] 이란에서는 여성

---

7) 편집부, '중동은 지금,' "중동선교"(2001년 9, 10월호), p. 13.

이 베일을 뒤집어쓰면 매춘부임을 나타내는 것이다. 실제로 이란, 튀니지, 모로코, 레바논, 이집트, 터키 외에 많은 이슬람 국가에 윤락가가 있다. 이집트와 요르단에서는 사우디아라비아와 걸프지역에서 온 남자들과 고급 호텔을 드나드는 여성들을 볼 수 있다. 모로코의 카사브랑카 시내에 있는 하야트(Hyatt)호텔 앞에 가면 짙은 화장을 한 현지인 여성들이 미니스커트를 입고 서서 호객행위를 하는 것을 쉽게 볼 수 있다. 이슬람 국가에도 매춘은 존재하며 얼마나 음성적이냐가 문제일 뿐이다.

열여섯 번째, 오늘날 베일 착용은 정숙함보다는 하나의 액세서리 차원에서 행해지고 있다. 젊은 여성들은 노랑, 빨강으로 머리염색을 하는 것이 유행이고, 베일 비착용자 중에는 배꼽티, 발목을 내놓는 칠부 바지를 입고 다니는 여성도 있다. 이처럼 도시의 젊은 여성들이 강하게 서구화의 영향을 받고 있다. 이런 상황에서 베일 착용자도 예외는 아니다. 예를 들어 요르단의 수도 암만에 있는 한 대학의 70% 여학생이 베일용 스카프를 착용했으나 3년 전부터는 50% 여학생이 베일용 스카프를 착용하고 있다. 베일 착용자의 수가 감소된 점도 눈여볼만한 점이지만 이들은 베일을 액세서리의 개념으로 사용한다.[8]

열일곱 번째, 이슬람 사회의 근대화 과정에서 무슬림 여성들은 베일로 인하여 정치적, 경제적, 직업적, 종교적인 생활을 공유하지 못했다. 결과적으로 이로 인한 손실은 엄청난 것이다. 더 많은 여성들이 베일용 스카프를 정치적 상징으로써 착용하므로 여성의 정치참여율이 높다고 할 수 있다. 그러나 여성이 정당이나 정부 요직에 상징적으로 몇 명만 임명될 뿐 조직적으로 다양한 분야에 골고루 요직에 앉지 못하므로 여성들은 정당의 투표율을 높이는 데 이용만 당하는 것이다.

열여덟 번째, 여성의 베일 착용이 사회 문제와 윤리문제를 감소시키거나 해결하는 것은 아니다. 베일 착용이 여성을 보호한다지만, 서로 공동체를 살아가는 데 필요한 자유스러운 일상생활과 일반적인 대화가 부족하여 보호보다는 더 심각한 문제를 일으킨다. 필자가 한국에서 공부하고 있는 수단 학생에게서 들은 것을 예로 들면 수단의 한 이슬람 여자 대학에서는 여학생들이 수업이 끝나고 오후 7시 이후에 캠퍼스 밖으로 나온다. 남자 친구들이 여자친구들을 만나보고 싶을 때는 경비의 눈을 피하여 은폐용 베일을 착용하고 캠퍼스 안으로 들어갈 수 있

---

8) 이스마엘 선교사와의 면담, 서울, 중동선교회 내, 2001년 10월 4일.

다. 경비들은 베일을 착용한 남성을 알아차리지 못하기 때문이다.

열아홉 번째, 여성의 정숙함을 위하여 베일 착용을 요구하는 이슬람 사회는 남자들이 외도하는 것은 별로 죄로 여기지 않는다. 이로 인해 남자들의 윤리적 타락이 촉진되고 이혼율이 높아 여성들에게 불안감을 주고 있다. 또한 이혼한 부부의 자녀들이 정서적으로나 경제적으로 어려운 가운데 성장함으로써 사회문제가 발생한다.

스무 번째, 시장이나 수퍼마켓에서 물건이 분실되거나, 일반 대중 장소에서 범죄 사건이 일어났을 때에 경찰들은 눈을 제외한 전신 은폐용 베일을 착용한 여성을 조사하기가 힘들다.

스물한 번째, 대부분 베일을 착용한 여성들은 비무슬림이나 남성 의사들에게 치료받는 것을 꺼리므로 많은 의사들이 이들을 치료하는 데 매우 어려움을 느낀다. 특히 치과와 산부인과 수술이 필요한 환자를 치료하기가 어렵다.

스물두 번째, 무슬림 여성들의 베일 착용은 획일화된 모습이므로 개인의 개성과 취향을 표현하는 데 자유롭지 못하다. 그러나 이슬람에서는 무슬림 여성들에게 베일을 착용케 함으로써 획일화된 모습을 형성하여 이슬람공동체의 국제적인 연합체에 이르려고 한다.

스물세 번째, 베일은 약혼과 결혼에 있어서 불행을 일으키기도 한다. 남녀가 약혼이나 결혼 전에 서로 생김새와 약점을 알 수 있는 기회가 없으므로 어떤 남편은 속았다는 느낌을 가질 있고, 이것이 남편을 외도로 이끌기도 한다.

그러므로 무슬림 여성의 베일 착용은 종교적 의미와 더불어 그들의 삶의 한 방법이다. 우리가 인식하여야 할 중요한 것은 이슬람 국가의 여성들이 베일을 착용했다고 이슬람에 대한 믿음이 강하고 현대식 의복을 착용했다고 이슬람에 대한 믿음을 버린 것은 아니다. 무슬림 여성의 베일은 한편으로는 이슬람 신앙과의 동질성과 다른 한편으로는 이슬람 문화와의 동질성을 가지고 있기 때문에 기독교 사역자가 개종자의 베일착용을 이슬람 신앙적인 면으로만 판단해서는 안 될 것이다.

2. 기독교로 개종한 무슬림 여성의 베일의 문제

무슬림들이 그리스도를 믿는 데 있어 가장 큰 방해거리 중에 하나는 신학적인 것(즉 예수를 주님으로 받아들이는 것)이 아니라 문화와 종교적 정체성(즉 이슬람 공동체를 떠나야 한다는 것)의 문제이다. 그렇다면 하나님 나라를 위해 무슬림들이 무슬림 공동체에 남아 있으면서 주 예수님의 참된 제자로 살 수 있는 방법을 찾는 데 많은 노력을 기울여야 한다.[9] 왜냐하면 인간의 마음과 정신은 그들이 살아온 문화에 의해 형성되고 있기 때문에 만일 복음을 문화적 공백 상태에서 전달한다면 그것은 마치 허공을 외치는 소리에 불과하기 때문이다.[10]

무슬림 여성이 진정으로 복음을 받아들였다면, 이 사실은 오랫동안 숨겨지지 못할 것이다. 그녀의 가족들이 비판적으로 그녀를 주목할 것이다. 그녀는 가족들과 좋은 교제를 유지하기 힘들며 오히려 저주와 경멸을 당하며 조롱거리가 되어 모든 위험을 감수해야만 한다. 레바논을 제외한 모든 이슬람 국가들은 무슬림이 기독교로 개종하는 것을 허락지 않는다. 무슬림들은 이민을 가든지 새 국적을 갖지 않고는 자기의 신분증명서의 종교란에 기록된 종교를 법적으로 바꿀 수 없다. 꾸란은 문자적으로 개종자의 죽음을 명령한다(꾸란 4:89).[11]

그러므로 우리는 기독교로 개종한 무슬림 여성이 베일 때문에 겪는 경험에 대하여 이해할 필요가 있다. 이슬람 사회에서 기독교 초신자들이 기존에 가졌던 문화 양식을 무시하거나 고의적으로 혈연관계를 끊지 않도록 해야 한다. 또한 초신자는 새롭게 믿음의 가족이 된 교회와는 일체감을 가질 수 있어야 한다. 믿음의 가족은 삶의 모든 영역에서 그를 수용할 수 있어야 한다. 이런 관계에서 믿음의 가족이 그에게 이슬람 움마(공동체)의 자리를 대신하게 되는 것이며, 그가 혼자서 갈등을 겪으며 외롭게 싸우지 않도록 도울 수 있다.

역사적으로 교회는 무슬림에서 개종한 사람들은 베일을 벗어야만 되는 것으로 생각했고, 실제로 그렇게 권고를 했다. 대부분 이로 인해 그들은 그들의 가정과

---

9) John Travis, "Must all muslim leaves Islam to follow Jesus?" in *Perspectives*, Ralph D. Winter & Steven C. Hawthorne, ed., (California: William Carey Library, 1999), p. 663.

10) 정흥호, 『상황화 신학』(서울: 한국로고스연구원, 1996), p. 148.

11) 꾸란 4:89 "그들이 그랬듯이 너희도 불신자가 되기를 원하며 너희가 그들과 같이 되기를 바라거든 너희는 그들이 하나님을 위해 떠날 때까지 그들 가운데 어느 누구도 친구로 택하지 말라 그럼에도 그들이 배반한다면 그들을 포획하고 그들을 발견하는 대로 살해할 것이며 친구나 후원자를 찾지 말라."

사회로부터 냉대를 받고 어려움에 처했다. 그들은 공동체에서 반항하고 도덕적으로 느슨한 사람으로 여겨졌다.

『찢겨진 베일』이란 책의 저자 굴산 파티마(Gulshan Fatima)는 태어난 지 5개월 만에 앓게 된 장티푸스로 인해 장애인이 되어 언제나 조용히 파키스탄의 문잡에 있는 집에서 격리되어 살았다. 그러나 그녀는 어느 날 예수님을 만나 치유의 기적을 체험하였다. 그녀의 삶을 좀더 살펴보면 다음과 같다.

굴산은 무함마드의 피를 이어받은 정통 이슬람 세이드(Sayed) 가문의 막내딸로 파키스탄에서 태어났다. 이슬람 종교 지도자인 아버지 밑에서 엄격한 종교 교육을 받으면서 자랐다. 하나님에 대한 헌신과 종교와 관습을 지키며, 무함마드의 후손이며 종교 지도자이고 대지주인 아버지의 존엄함을 자신의 가정이 존경받는 이유로 인식했다. 굴산은 이슬람의 엄격한 전통에 따라 일곱 살 때부터 베일 안에서 길러졌다. 그녀는 어릴 때부터 옷차림과 행동에 대해 엄격한 규율을 배웠다. 목부터 발목까지 가려 정숙함을 나타냈고 필요시에 머리와 얼굴까지 가릴 수 있도록 목에다 스카프를 감고 다녔다. 외출할 때는 베일을 착용하였다. 그녀는 실제적으로 베일이 그녀를 보호한다는 것을 느꼈다. 물론 베일 착용의 주된 목적은 가문의 명예를 위한 것이었다. 굴산은 하나님으로부터 치유를 경험하면서 놀라운 개종과 그의 백성에게 증인이 되라고 하신 사명을 받았다. 그녀는 가정에서 충돌이 일어났다. 굴산은 집을 떠나서 그리스도인 가정과 함께 살게 되었고 학교에서 일자리를 얻었다. 세례를 받고 파티마라는 자신의 이름을 버리고 에스더라는 이름으로 바꾸었다. 그녀는 이렇게 말했다. "나의 옛 생활로부터의 결별의 표시로 나는 나의 머리를 짧게 잘랐다. 그리고 밖에 나갈 때 입을 겉옷 두 개를 맞췄다. 나는 오래 전에 베일(부르카)을 착용하는 것을 포기했었다."[12]

굴산의 가족과 무슬림들이 당황한 까닭은 굴산이 사회적으로 존경받는 인습과 관습을 버렸고, 심지어 이름을 서구식으로 바꿨기 때문이다. 이러한 행동은 가문과의 단절을 의미하는 것이다. 그녀는 실로 신앙 때문에 가족으로부터 고통을 당하였으나 굽히지 않았다. 오빠들은 엽총으로 그녀를 죽이려고 위협하였고 그녀는 가정에서 쫓겨났다. 그녀가 갑자기 전통들을 내던지지 않았다면 가족들은 그

---

12) 굴산 에스더, 『찢어진 베일』, 홍명희 역 (서울: 도서출판 두란노, 2001). 책 전체 내용을 간단하게 요약하였다.

녀의 개종에 대하여 극단적인 반응을 보이지 않았을 것이다. 끝내 굴산은 파키스탄을 떠났고 지금은 영국 옥스퍼드에서 살고 있다.

『감히 그를 아버지라 부른다』(I Dared To Call Him Father)를 쓴 빌퀴스 쉐이크(Bilquis Sheikh)는 파키스탄에서 개종한 후에 동일한 어려움을 겪었고 현재 미국 로스엔젤레스에서 살아가고 있다.

> 빌퀴스 쉐이크(Bilquis Sheikh)는 파키스탄 왕자이자 봉건 영주였던 나왑 무함마드 하야트 칸(Nawb Muhammad Hayat Kahn)의 직계 왕가 후손으로 출생하였다. 그녀의 남편은 파키스탄 내무부 장관을 역임하였다. 빌퀴스 쉐이크(Bilquis Sheikh)는 어린아이일 때부터 알라를 알기 위해 접근할 수 있는 가장 확실한 길은 하루에 다섯 번씩 기도를 올리고 꾸란을 연구하며 묵상하는 것이며, 세례와 죽음, 이 두 가지를 떼어놓을 수 없는 기정 사실로 받아들이도록 교육을 받았다. 그러나 그녀는 47살 때 어느 날 선교사에게 전해 받은 성경을 읽다가 회개하고 그리스도인이 되었다. 그녀가 예수를 믿고 1967년 세례를 받은 후에 친척들은 가족을 배신한 것으로 여김으로 그녀는 친척들을 초대하였다. 그녀는 친척들에게 가장 매력적으로 보이도록 제일 좋은 옷을 입고 기다렸지만 친척들은 오지 않았다. 이미 그녀가 기독교인이 된 것이 소문났기 때문이었다. 그녀는 1968년 싱가포르에서 있었던 빌리 그래함 목사가 인도하는 '그리스도는 아시아를 부르신다'(Christ seeks Asia)라는 큰 전도 집회에 초대되어 간증을 하였다. 그러나 시간이 지나갈수록 가족들의 적대감은 심화되었고 그녀는 소외되었다. 그녀가 살던 와(Wah) 마을의 거리를 지날 때에 마을 사람들은 노골적으로 그녀를 적대시하였다. 그녀는 친척과 마을 사람에 의하여 살해 위협을 당하였고 결국은 파키스탄을 떠났다.[13]

이집트에서 한 여성은 무슬림 아내로서 억압과 거절감으로 괴로워하던 중 그리스도에게서 자유와 기쁨을 발견하였다. 그녀는 새로운 내적 자유를 경험하면서 하룻밤 사이에 극단적으로 옷차림을 바꾸어 버렸다. 그녀는 베일을 벗고 머리를 짧게 자르고 무릎까지 오는 치마에 짧은 소매의 웃옷을 입었다. 때로 그녀는 교회 모임에 참석한다고 장기간 집을 떠나기도 하였다. 그녀의 이러한 행동은 가족들을 놀라게 하고 당황케 하였다. 마침내 그녀는 자신의 행동을 비난하는 협박

---

13) Bilquis Sheikh, *I Dared To Call Him Father*(London: STL Books, 1978). 책 전체 내용을 간략하게 요약하였다.

전화를 받았고, 그러한 일들의 배후에는 그녀의 가족이 있었다. 나중에 경찰의 조사를 받게 되었을 때 경찰은 그녀의 외모가 도덕적인 타락을 증명한다고 지적하였다. 그녀는 반대와 위협 속에서 많은 어려움을 겪은 후에 가족에게 굴복하였고, 끝내는 이슬람으로 다시 돌아갔다.[14]

이상의 경우는 기독교가 개종한 무슬림 여성을 위한 일정한 대책을 가지고 있지 않으면, 그 대답이 단순하지 않다는 것을 보여 준다. 오늘날까지 계속해서 베일을 착용하는 어떤 지역에서는 그리스도인 여성들이 여전히 교회에서 베일을 착용해야만 한다. 교회에서조차 여성들은 쇼올(검정색의 긴 베일로 온몸과 얼굴을 가리는 것)을 둘러야만 한다. 이것이 사람들의 도덕적인 관습이다. 이스라엘의 하이파(Haifa)에 있는 교회와 요르단의 교회는 예배시 베일용 스카프를 착용한 여성들이 많다. 이슬람 지역에 있는 개신교회들 외 현재 성공회와 개신교 형제교회(Brethren church)에서도 예배시에 여성들은 베일용 스카프를 착용하고 있다. 따라서 사회 문화적 상황 속에 있는 교회는 성경의 진리를 그들이 당면하고 있는 매일의 문제에 적용시킴으로써 그 자신의 신학을 발전시켜야 한다.[15]

3. 베일에 대한 성경적 이해: 신약 고린도전서 11:4-6을 중심으로

고린도전서 11:4-6[16]에서 바울은 수건을 착용하는 문제의 본질에 대하여 말하고 있다. 머리에 수건을 착용하는 문제는 베일(veil)이나 쇼올(shawl)을 착용하는 문제와 관련시켜 해석되었다. 우리가 주목해야 할 것은 바울이 공적 예배시간에 기도 혹은 예언을 할 때의 여성의 태도에 관해서만 취급하고 있다는 점이다.

4절 카타 케팔레스 에콘(κατά κεφαλῆς ἔξων)이라는 어귀는 "머리에 무엇인가를 쓰다"(문자적으로는 "머리 위에서 아래쪽으로 무엇을 내려뜨렸다")라는 의미

---

14) 크리스틴 말루히, pp. 84-85.
15) 폴 히버트, 『선교현장의 문화이해』, 김영동·안영권 공역(서울: 죠이선교회 출판부, 1997), p. 131.
16) 고린도전서 11:4-6 "무릇 남자로서 머리에 무엇을 착용하고 기도나 예언을 하는 자는 그 머리를 욕되게 하는 것이요. 무릇 여자로서 머리에 쓴 것을 벗고 기도나 예언을 하는 자는 그 머리를 욕되게 하는 것이니 이는 머리 민 것과 다름이 없음이니라. 만일 여자가 머리에 쓰지 않거든 깎을 것이요. 만일 깎거나 미는 것이 여자에게 부끄러움이 되거든 쓸지니라."

를 가지고 있다.[17] 즉, 이 어귀는 '수건(veil) 같은 것을 쓰다'라는 의미로 해석하여야 한다. 카타(κατά)는 어디에서 '흘러내리는'이 아니라 '씌우는' 것을 의미하며, 얼굴을 가리우는 것이 아니라 머리와 상체를 가리우는 머리덮개로 생각할 수 있다.

예수 시대에 유대인 여성들도 베일을 착용했다. 베일을 머리에 착용하는 것은 유대 팔레스타인에서 일반적으로 결혼한 여성이라는 것을 상징해 주었다. 그러므로 머리에 무언가를 쓰지 않았다는 것은 매춘부이거나 남편감을 찾는 처녀라는 것, 둘 중에 하나였다.

고린도전서를 보면 교회의 많은 문제들이 사회적으로 힘이 있는 사람과 없는 사람들 사이의 분열을 둘러싸고 일어나고 있다. 사도 바울은 "…여자로서 머리에 쓴 것…(고전 11:5)"에 관하여 말하고 있다. 당시에 여성이 머리에 착용하는 것은 유대인들의 풍습이었다. 유대인들은 회당에 들어갈 때에 머리에 수건을 착용하고 들어갔었다. 사도 바울은 여성이 머리에 착용하는 유대인의 풍습을 그 당시 이방인 교회에서도 지키도록 하였다. 사도 바울은 이를 통해서, 하나님의 말씀에 대한 복종을 이방인에게도 명했던 것이다.[18] 이에 대한 바울의 구체적인 의미를 다양한 시각에서 다음과 같이 살펴볼 수 있다.

첫 번째, 사도 바울의 가르침을 통하여 A.D. 1세기 당시의 고린도 교회 안에서의 여자의 위치와 여성들이 베일을 착용한 문화적 배경을 엿볼 수 있다. 고린도는 이방 헬라인의 도시였다. 그 당시에는 유대인 남자는 기도 할 때 그의 '머리'를 가리지 않았다. 본래 슬픔의 뜻을 나타내는 이 습관은 제 4세기부터 일어났다. 헬라의 여자들이 머리에 베일용 수건을 쓰지 않고도 밖으로 다녔다는 사실이 고대 헬라인의 꽃병 그림을 통해서 밝혀졌다. 그 때문에 고린도 교회의 여인들도 머리에 베일용 수건을 쓰지 않은 채로 교회에 예배드리러 왔었던 것 같다. 또한 헬라인이나 유대인 중에서 그리스도인이 된 몇몇 여자들도 머리 모양이 헝클어진 상태나 느슨하게 묶은 채로 교회에 왔었던 것 같다. 이로 인하여 그러한 여자들은 상중(喪中)에 있는 여자로 보이거나, 머리를 풀어헤친 채 열광적으로 기

---

17) Charles Hodge, *An Exposition of the First Epistle to the Corin-thians* (Michigan: Baker Book House, 1980), p. 207.
18) 『톰슨 성경』(서울: 기독지혜사, 1985), p. 276.

도하고 예언하는 고린도 교회의 여성들의 모습이 이교도의 여사제들이 머리를 산발하고 말하는 모습을 연상시킨 듯하다. 고린도 교회의 여성들이 머리에 무엇인가를 쓰지 않은 것이 문제가 된 것은 머리에 쓰지 않는 것이 전통적인 거리의 매춘부들의 모습과 비슷하였기 때문이다.[19]

그러나 바울은 고린도전서에서 베일 착용 습관을 오직 예배 시간에 한해서 취하는 행동으로 다루고 있다. 그런데 바울이 베일 착용을 언급할 때 그가 가진 기본적인 관심은 베일을 착용했는지 안 했는지에 있지 않았고, 예배를 드릴 때에 기본적인 예의를 갖추는 것에 있었다.[20] 고대 사회에서는 여성의 머리 스타일을 포함한 여성의 외양이 여자의 윤리와 밀접하게 연관되었다.

바울 당시 베일을 착용한 여성은 존경을 받았다. 베일을 쓰지 않은 여인은 모욕을 당해도 호소할 데가 없었다. 베일을 벗은 여인은 권위도, 위신도 다 잃었다. 그러므로 베일은 그 땅 여인들에게 몹시 중요한 것이었다.[21]

바울은 그당시 문화를 고려하여 고린도 교회 성도들에게 베일을 착용하라고 했다. 박윤선 박사는 이것은 다만 어떤 나라의 풍속이 자연원리에 부합할 때에 혹은 그것이 죄가 아닌 한(限) 기독교인으로서 그 풍속을 좇음이 어떤 의미에선 양심적이고 순리적임을 가르친다고 주장한다.[22] 바울이 복음을 전하되 문화를 고려했다는 점은 우리에게 좋은 예이다. 그러나 바울은 베일을 착용하지 않는 것이 죄라고는 하지 않았다. 베일 착용이 복음의 본질은 아니고 비본질적인 것이므로 상황에 따라서 착용할 수도 있고 안 할 수도 있다.

두 번째, 고린도에서 여성들이 베일을 착용한 종교적 배경은 로마의 지배를 받은 후였다. 일반적으로 헬라 여인들이 사용했던 베일의 종류는 그 당시 가장 일반적인 것이었던 페플럼(peplum)이나 외투였을 것이다. 페플럼은 공중 앞에 서는 머리를 가리거나 전체 몸을 감싸거나 했다. 외투 형식의 베일은 눈을 제외하고 얼굴을 가렸던 보통 동양의 베일 모양과 비슷했다. 모든 신분이 높은 여성

---

19) Alvera Mickelsen, ed., *Women, Authority & The Bible*(Illinois: Inter Varsity press, 1986), p. 72.
20) John B. Polhill, *Paul & His Letters*(Tennessee: Broadman & Holman Publishers, 1999), p. 244.
21) 류형기 편, 『성서주해 IV』(한국 기독교문화원, 1994), pp. 71-72.
22) 박윤선, 『고린도전서 주석』(서울: 영음사, 1981), p. 163.

들은 전자의 형식이든 후자의 형식이든 공중 앞에 베일을 착용하고 나타나는 것이 일반적인 관습이었다. 그러나 헬라 여성들은 머리에 아무것도 쓰지 않은 채로 예배에 참석하도록 되어 있었다. 고린도는 이 기간 동안 그리스에 있는 로마의 '식민지'였다. 반대로 이것이 모든 로마의 종교적 의식들에 적용되지 않지만 로마 여성들은 희생 제물을 드릴 때 머리에 무언가를 착용해야만 했다.[23] 로마여인들은 자신들이 명예롭고 가치 있는 자로서 인식되기 위해, 즉 사회적 우월감을 얻기 위해서 베일을 착용하지 않았다. 오히려, 기도할 때와 희생 제물을 드릴 때 베일을 착용했다. 머리에 베일을 착용하는 것은 로마에서 신들에게 존경과 순종을 보여 주는 것이었다. 이처럼 베일 착용은 종교적 행위로서 실행되었다.[24]

세 번째, 고린도 교회에서 머리 베일은 여성이 기도와 예언을 하기 위한 권위의 문제와 관계된다. 바울은 여성은 반드시 베일을 착용하여야 한다는 것을 가르치고 있는 것이 아니라 여성도 기도하고 예언할 권위를 가지고 있다는 것을 가르치고 있는 것이다. 또한 베일 착용에 관한 바울의 관심은 유대인이나 이단들의 실천이 아니라 기독교인의 실천에 관계된다.[25] 여성의 베일 착용은 누군가 자신에게 권위를 가지고 다스리고 있다는 겸손의 표시를 상징적으로 보여 주는 것이다. 남녀가 모두 하나님의 형상을 지음 받아 동등하지만, 거기에는 질서와 조화가 있어[26] 삶에 아름다운 균형을 이루게 한다.

바울은 머리(케팔레 〈kephalē〉)를 가리지 않고 공중 앞에서 말하는 여성은 그녀의 머리를 욕되게 한다고 말하고 있다. 여기서 바울이 사용한 '케팔레'라는 단어는 '통치자'나 '지배자'라는 의미를 가지지 않았다. 이것은 하나님으로부터 그리스도 그리고 남편, 아내에 이르는 계급적인 구도를 말하는 것이 아니고 질서를 말하는 것이다. "남자는 하나님의 영광이다", "여자는 남자의 영광이다"는 위에 군림하는 권위보다는 명예나 또는 대표성의 개념을 강조한다.[27]

남자가 머리에 무엇을 착용하고 기도나 예언을 하면 그 머리를 욕되게 한다는

---

23) 크렉 S. 키너, pp. 60-61.
24) Ben Witherington III, *Conflict & Community in Corinth*(Michigan: William B. Eerdmans Publishing Company, 1995), p. 234.
25) Ibid., p. 237.
26) 정홍호, 『나를 변화시킨 고린도전서』(서울: 생명의 말씀사, 1999), pp. 156-157.
27) Alvera Mickelsen, ed., pp. 155-156.

것은 그런 모습이 창조의 법에 부합되며, 여성이 머리에 아무것도 쓰지 않고 기도나 예언을 하는 것은 마치 그녀가 자연스런 모습인 긴 머리를 박박 밀어버린 것과 같은 모습임을 지적한다. 이것은 바울이 풍습에 있어서 남녀간의 구분을 말하는 것이지 남자에 대한 복종의 상징을 말하는 것이 아니다. 여성의 자유의 표현은 남성처럼 외모를 꾸미는 것이 아니라 기도하고 예언함으로써 표현할 수 있다.

네 번째, 바울이 그 당시 공중 예배시 여성에게 베일 착용을 권면한 것은 여성을 열등한 것으로 생각하여 남녀를 차별하거나 격리시키기 위한 것이 아니다. 신약에서도 여성들을 따로 분리시키는 일은 흔치 않았으며, 사실상 여성들은 집에서나 밖에서나 다른 사람들과 자유롭게 어울렸다.[28] 이 점이 기독교와 이슬람의 베일 착용의 큰 차이점이다.

다섯 번째, 여성의 베일 착용은 남녀간의 구별과 각각의 독특성을 강조한 것이다. 메리 에반스는 여자가 머리에 무엇을 착용하는 것이 남자에 대한 복종을 상징한다면, 왜 그것이 그리스도에 대한 남자의 복종을 상징하는 것으로 보아서는 안 되는가 하는 문제가 여전히 남는다고 주장한다. 그녀는 바울이 남성과 여성 각각의 독특성을 강조한 것으로 보았다.[29] 하나님은 처음 창조 때 여자를 남자에게서 나게 하셨으나 그 이후로 남자는 여자에게서 난다. 이로써 남녀는 상호 의존적이며 서로를 필요로 하는 것이다. 남자와 여자는 기질에 따라서 은사는 다르나 그렇다고 해서 우열이 있는 것이 아니라, 모두가 그리스도를 머리로 한 지체요 동역자들이다.[30]

여섯 번째, 바울이 기독교 여성들에게 베일을 착용하도록 교리적으로 명령했다고 할 수 없다. 그러므로 오늘날 대부분의 개신교에서 여성이 베일을 착용하고 예배에 참석하고 있지 않는다.

4. 베일의 이해를 통한 선교적 접근

기독교인들이 타문화권 안에서 그들의 신앙을 나누고자 할 때에 현지 문화를

---

28) 메리 에반스, 『성경적 여성관』, 정옥배 역(서울: 한국기독학생회출판부, 1995), pp. 49-50.
29) Ibid., p. 130.
30) 이동주, 『현대선교신학』(서울: 기독교문서선교회, 1998), p. 253.

고려하지 않으면 많은 오해와 문제를 일으킨다. 이슬람 문화의 기본적인 요소는 외모, 가족 관계, 손님 대접이다. 외모를 중요시여기는 무슬림들이 이 땅에 존재하는 한 무슬림 여성의 베일 착용이 사라질 가능성은 희박하다. 꾸란이나 하디스에서 한번 언급한 것은 절대적인 효력을 발휘한다. 왜냐하면 이슬람은 무슬림들에게는 비판할 수 없는 종교이기 때문이다. 이러한 상황에 있는 무슬림 여성들을 위하여 다음과 같은 선교적 접근을 고려해 본다.

무슬림 여성들이 얼굴을 가리는 전면 은폐용 베일을 착용하거나 또는 베일용 스카프를 착용하거나 그들은 모두 그리스도를 필요로 한다. 이들을 그리스도께 인도하기 위하여 다양한 방법을 제안한다.

첫 번째, 장소에 따라 스카프를 착용한다. 고린도 전서에서 바울은 사회 문화적 상황을 고려하여 베일 착용을 격려했는데 우리가 편협한 생각으로 무슬림 여성들에게 '베일을 벗어라'고 일방적으로 말할 수는 없다. 베일 착용은 문화와 종교와 전통에서 온 것이기 때문이다. 지역에 따라 다르지만 사역자는 무슬림 지역에서 사역을 할 때에 시골지역이나 늙은 여인을 만나러 갈 때에는 베일용 스카프를 착용하는 것이 그들에게 우정을 표현하며 그들의 문화를 존중해 주는 표현의 한 방법이 될 수 있다. 이로 인하여 무슬림 여성들에게 친근감을 주며 복음을 나눌 기회가 주어진다. 그러나 기독교 사역자가 베일용 스카프를 착용하는 것이 원칙이 될 수는 없으므로 지혜로워야 한다.

두 번째, 여성 문화 센타를 건립한다. 무슬림 여성이 베일용 스카프를 착용함으로써 자신들의 문화를 보존하는 것은 나름대로 의미가 있다. 그러나 기독교 사역자는 폐쇄적으로 살아가는 무슬림 여성들에게 정숙하고 개방된 문화적 가치를 찾도록 도와야 한다. 무슬림 여성들은 전문직 여성 외에는 활동이 제한되어 있다. 많은 무슬림 여성들의 생활 환경이 매우 단순하고 문화적 혜택을 누리지 못한 채 살고 있다. 그러므로 여성 문화 센타를 개설하여 여성들이 취미활동, 제빵기술 익히기, 그림 그리기, 컴퓨터, 양재, 위생, 키타연주 등의 프로그램을 만들어 배울 수 있는 기회를 제공한다면 이들의 마음이 열릴 것이다. 여성 문화센타는 도시 빈민층 지역과 시골 무슬림 여성들에게는 아주 매력적으로 보여 그들의 마음의 문을 여는 데 크게 기여할 것이다.

세 번째, 우정관계를 형성해야 한다. 대부분의 무슬림 여성들은 외출할 때에 베일용 스카프를 착용한다. 베일을 통해 보이는 무슬림 여성들의 얼굴 표정은 대체로 밝지 않다. 그들에게는 신에 대한 두려움과 삶에 대한 불안감이 많다. 일부 이슬람 국가에서는 일부일처제가 명시되어 있지만 남편이 언제 자기를 버릴지 모른다는 불안감이 늘 있다. 또한 부인들과 우정을 쌓기 위하여 아이들을 정기적으로 돌보아 줌으로써 아이들의 어머니가 친구들을 만나거나 자유시간을 갖도록 도와준다. 이를 통하여 기독교 사역자는 아이들과 그들의 어머니와 좋은 관계를 쌓게 된다. 이들에게 사랑과 관심을 표현함으로써 베일이 인생의 문제를 해결하는 것이 아님을 깨닫도록 한다.

네 번째, 베일을 많이 착용하는 나라에 대하여 외국인으로 현지에 거주하는 사역자는 정치적으로 중립적인 입장을 가져야 한다. 이란 여성들은 베일을 정치적으로 이용하여 자신들의 권리를 주장하며, 터키는 정당에 따라서 여성들의 베일 착용을 격려하거나 제한한다. 이슬람권 나라의 정치적 상황은 항상 유동성이 있으므로 기독교 사역자는 무슬림 여성의 베일을 공격하거나 토론의 주제로 하지 않아야 한다.

다섯 번째, 기독교 사역자는 외모를 단정하게 꾸며 베일을 착용한 무슬림 여성들에게 친밀감을 주어야 한다. 무슬림들이 외모를 일종의 신앙의 표현 방식으로 이해하고 있어 그들은 베일 착용을 생활화한다. 따라서 기독교인들은 너무 서구적으로 노출하거나 초라해 보이지 않으면서 정숙하고 감각 있는 단정한 옷차림을 해야 한다. 우리는 우리의 옷차림을 통해 존경을 받을 수 있다. 이슬람 세계에서 긴 머리는 성적인 상징과 유혹으로 여겨지기 때문에 정통 이슬람에서 여성이 긴 머리를 어깨까지 늘어뜨리는 것은 남편 앞에서만 허락된다. 기독교 사역자는 긴 머리를 어깨까지 늘어뜨리기보다는 적당한 길이로 단정하게 하여 정숙한 인상을 무슬림 여성들에게 주어야 한다.

여섯 번째, 기독교로 개종한 베일을 착용한 무슬림 여성에게 무슬림 신앙을 상징하는 지역에서 허용하다가 점진적으로 변화를 시도해야 한다. 무슬림 여성들이 그리스도인이 되었을 때에 즉시 변화시키기보다는 공동체 안에서 사는 동안 전신 은폐용 베일 대신 머리에 베일용 스카프를 착용하게 함으로써 그들 사회의 공동체에서 소외되지 않게 한다. 이렇게 하지 않을 경우 외부적으로 생명의 위협이 따르거나 불이익을 당할 수 있기 때문이다. 그러다가 점차 기독교와 이슬람에서의 베일의 의미와 차이점을 가르친다. 무슬림 여성이 먼저 내면에서 변화가 생길 때까지 강요하는 분위기를 갖지 않아야 한다. 우리는 그들이 무슬림 중에서 기독교로 개종한 기독교인들 공동체 안에서 먼저 결정하도록 격려해야 한다.

일곱 번째, 베일을 착용한 무슬림 여성을 초대하여 사랑을 표현한다. 베일을 착용한 무슬림 여성들은 폐쇄적으로 보이지만 실재 생활에서는 손님을 잘 초대하며, 초대받는 것도 즐거워한다. 성경에 "…손 대접하기를 힘쓰라"(히 13:2)고 기록되어 있다. 기독교 사역자들은 손님 접대를 통하여 그들에게 가까이 다가갈 수 있고 그리스도의 사랑을 표현할 수 있다. 손님 초대는 이슬람의 주요한 문화 중에 하나이므로 손님 초대가 문화를 통한 접촉점이 된다.

여덟 번째, 북 카페(Book Cafe)를 운영한다. 무슬림 남성들은 길가 노상 카페에 모여서 서로 교제하고 정보를 나누는 모습을 흔히 볼 수 있다. 그러나 대부분 이슬람 국가 여성들이 남성들에 비하여 그들만이 모일 만한 마땅한 모임 장소가 없다. 북 카페를 열어 무슬림 여성들만의 공간을 만들어 전문서적 특히 어린이, 교양, 건강 등 여성잡지를 갖추어 늘 읽을 수 있게 하고, 차를 마시고 교제할 수 있는 기회를 제공하면서 여성들을 자연스럽게 돕는다.

아홉 번째, 영어 그룹을 운영한다. 베일을 착용한 무슬림 여성들도 영어에 관심이 많이 있어 영어 공부반을 통하여 많은 여성들을 만날 수 있다. 영어는 국제 공용어로서 이슬람국가들에서도 인기가 높다. 최근 인터넷과 위성 안테나 등을 통하여 서구 세계에 쉽게 접할 수 있어 영어에 관심이 많다. 이집트, 터키, 레바논 등 이슬람 국가에서 영어로 강의하는 대학과 도시에 영어 학원이 많이 있다. 영어에 관심 있는 베일을 착용한 여성들이 사설 영어 학원에서 수업을 받는 모습이 흔하다. 영어에 관심 있는 베일을 착용한 여성들 중에는 고등교육을 받은 사람들이 많다. 이들은 개방적인 사고 방식을 갖고 있어 대화의 문을 여는데 쉬우므로 관계를 형성한 후에 복음을 전할 수 있다.

열 번째, 사업이나 관광업을 경영한다. 베일을 착용한 무슬림 여성들은 여가를 즐길 수 있는 문화공간이 많지 않기 때문에 백화점이나 시장 구경을 즐긴다. 이들 중에 경제적 여유가 없는 사람들은 구경만 하고 구입은 하지 않는다. 기독교인 중에 무역업이나 사업에 관심이 있는 사람은 가게를 개업하여 구경나온 여성들에게 가게에 들어와 편하게 물건을 구경하는 동안 자연스럽게 대화를 나눌 수 있다. 또한 베일을 착용한 여성들에게 직장을 제공하는 사업체가 많지 않다. 사업장에 현지인을 고용하여 운영함으로써 베일을 착용한 무슬림 여성들과 좋은 만남의 기회를 형성하여 신뢰감을 준다.

열한 번째, 유치원과 학교를 건립한다. 대부분 이슬람국가에서 여성의 문맹률이 남자보다 높다. 교육은 베일을 착용한 무슬림 여성들을 만날 수 있는 기회를 제공한다. 또한 무슬림 여성들도 자녀 교육에 관심이 많아 아이들과 어머니들을 만날 수 있는 기회이며, 복음 전도뿐만 아니라 그 지역의 사회 봉사 및 사회 개발에 기여한다. 한국인 사역자들이 이슬람 국가에서 유치원 및 선교원, 초등학교 등을 운영하고 있다.

열두 번째, 대학교 또는 대학원에 입학한다. 터키는 대학 구내에서 여학생이 베일용 스카프를 착용하는 것을 금한다. 그러나 대부분의 이슬람 국가에서는 구내에서 여대생들이 베일을 착용하고 수업을 받는다. 신세대 무슬림 여성들을 만나기 위하여 기독교 사역자는 대학생 또는 대학원생 신분으로 사역을 함으로써 학문을 통한 접촉점을 만들 수 있다.

열세 번째, 전문인 사역을 한다. 의사, 간호사, 임상 병리사, 산후 조리원 등 전문 직업을 통하여 베일 착용으로 폐쇄된 사고를 가지고 있는 무슬림 여성에게 가까이 다가갈 기회를 만든다.

열네 번째, 가정생활의 모범을 보인다. 일부 이슬람 국가는 일부일처제이지만 많은 이슬람 국가의 이혼율이 높다. 베일 속에 가려진 무슬림 여성들의 생활은 남편과 같이 살아도 부부가 상호존중의 관계가 아니라 일방적인 복종의 관계이므로 베일을 착용한 무슬림 여성들의 얼굴에는 행복감보다는 근심이 많고 미소가 메말라 있다. 부인 사역자는 가정과 자녀들을 돌보고 부부가 서로 사랑하고 존경하며 행복하게 사는 모습을 보이는 것 자체가 무슬림 가정에 전도가 된다. 반면 독신 사역자는 그리스도인으로 항상 감사하면서 기뻐하는 생활을 함으로써 행복한 가정 생활을 보여 주어야 한다.

제 8 장

결 론

    지금까지 살펴본 대로 베일 착용은 다양한 역사 속에서 형성된 문화 현상의 의미를 갖고 있다. 모든 문화 안에서 베일의 형태와 기능이 비슷하지만, 역사적 기록에 의하면 베일은 모양도 다르고 기능도 다양하며 명칭도 다르다. 고대와 현대의 역사적 자료들은 이슬람이 베일을 소개한 것이 아니라 이슬람 이전에 메소포타미아와 지중해 지역에 이미 베일이 존재했음을 말해 준다.

    그러나 이슬람은 메소포타미아와 지중해 지역에서 천 년 동안 존재해 왔던 베일을 체제화하고 명백히 하였던 것이다. 이슬람에서 베일이 채택된 제도는 아랍인들이 정복으로 접촉케 된 비잔틴(동로마제국, 오늘날의 터키)과 페르시아 관습의 영향을 받아 발전된 것이다. 수세기 동안 이슬람 세계에서 베일 착용의 관습은 문화와 언어적 뿌리 등 전반적인 이슬람 문화가 통합되어 있으며, 인종 집단에 의하여 다양하게 해석되었다. 이에 따라 베일 착용에 관계된 여러 꾸란의 의미도 이슬람 학파들과 학자들에 따라 해석이 다르다.

    베일은 정체성의 상징이며 의사소통의 한 도구로서 자기의 종교, 신분, 계급, 민족 또는 종족을 나타내는 복잡한 현상이다. 또한 베일은 사회와 문화의 메시지를 전달하는 언어이다. 따라서 베일의 정확한 의미는 그 사회 전체에서 찾아야 한다.

    무슬림 여성의 베일은 무슬림 공동 사회의 관습, 습관, 사회적 지위, 집안 전통, 각종 계층 등에 따라 다르다. 무슬림 여성들이 일상 생활에서 착용하는 베일은 크게 두 종류로 나뉜다. 전신 가리개용과 베일용 스카프이며 색상과 길이는 사회 환경과 기후 등의 영향을 받아 다양하다.

대다수 무슬림 여성들은 다양한 색상의 베일용 스카프를 착용한다. 중앙아시아의 무슬림 여성들은 앞 머리카락이 보이게 베일용 스카프를 착용하지만, 중동 지역 여성들은 머리카락이 보이지 않도록 베일을 착용한다.

오늘날 서구인들은 '이슬람' 하면 이슬람의 상징인 초승달 대신 무슬림 여성의 베일을 먼저 생각하게 된다. 그것은 베일이 점차 이슬람의 상징이 되어가고 있는 것이다. 무슬림의 베일은 무슬림 여성들의 생활에서 가장 중요한 요소가 아니라 할지라도 가장 중요한 상징이다. 상징의 형태(form)는 하나이지만 의미는 다양하므로, 한 나라에서 베일 착용의 상징적 의미는 한가지 이상이 될 수 있다. 베일은 이슬람 사회의 옷차림의 문제 이상이며, 무슬림 여성들의 관점에서 그들이 베일을 착용하는 이유는 다양하다. 첫 번째, 베일은 어느 지역 안에서 식민지 세력에 반대하는 국가적 운동과 외국정치를 반대하는 저항의 상징이 된다. 두 번째, 베일은 무슬림 여성들이 얼굴을 드러낸 천한 계층의 여성과 자신을 비교함으로써 자신들이 높은 신분 및 권위가 있는 여성임을 나타낸다. 세 번째, 베일은 대량 생산할 수 있어 낮은 가격을 가능케 하므로 중·하류층 사람들에게 경제적 유익을 준다. 네 번째, 유행에 민감할 필요성을 없앤다. 다섯 번째, 베일은 무슬림 여성으로서 정체성을 전달한다. 따라서 베일은 이슬람 사회에 속해 있다는 소속감을 준다. 즉 이것은 베일을 착용하는 종교적 이유이기도 하다. 여섯 번째, 베일을 씀으로써 관찰 받는 자가 아니라 관찰자가 된다. 일곱 번째, 일부 이슬람 사회에서는 여성이 베일을 착용하지 않으면 외출할 수 없기 때문이다. 여덟 번째, 성적인 유혹을 피하고 순결한 자로 정숙하게 보이도록 얼굴을 가리기 위해 베일을 착용한다. 이런 점에서 베일 착용은 명예를 중요시하는 이슬람 문화에서 가문의 명예를 지키는 방어수단이 된다. 아홉 번째, 이란 같은 곳에서는 베일이 여성운동의 도구가 되어 사회적인 유익을 준다.

그 외에도 겨울에 추위를 막기 위하여, 미적 욕구를 충족시키기 위하여, 또는 먼지 나는 곳을 청소할 때에 머리에 먼지가 달라붙는 것을 방지하기 위하여 실생활에서 베일용 스카프를 착용할 때가 있다. 이와 같은 이유를 고려하여 복음전도자들은 무슬림 여성들이 베일을 착용하는 문제에 대해 무조건 공격하는 것을 삼가야 한다. 이처럼 베일은 문화적 전통과 역사에 뿌리를 두고 있기 때문이다. 그러나 베일은 이슬람의 종교적인 영향을 크게 반영한다.

오스만제국 시기에 베일은 상류층 무슬림의 특권으로 받아들여졌고, 베일을 두르는 것이 점차적으로 중요한 무슬림 관습의 하나로 정착되었다. 현대 터키는 세속국가이지만 무슬림 인구가 98%이므로 사람들의 세계관을 지배하는 것은 이슬람이다. 이슬람국가 중에서 가장 서구화된 나라이기 때문에 여성들의 복장은 매우 서구적인 것과 정통이슬람적인 것으로 크게 나눈다.

터키 이스탄불의 유럽 지역의 여성 562명을 대상으로 하여 면접 조사한 결과를 종합적으로 평가하면 다음과 같다. 첫 번째, 터키 안에서의 영향보다는 외부의 영향으로 여성이 변하는 데 사회적으로만 변하는 것이 아니고 사고방식도 변한다. 외부 영향은 베일 착용 문제에 있어서 도시여성들에게, 특히 엘리트 여성들과 젊은 여성들에게 영향을 많이 주지 않을 것이다. 이스탄불의 유럽지역에서 교육의 수준이 높은 지역에서는 베일용 스카프를 착용한 사람이 적은 반면에, 중·하류층 서민이 사는 곳에는 베일용 스카프를 착용한 사람이 더 많이 눈에 띈다. 두 번째, 전신을 가리는 검정 망토식 베일은 챠르샤프는 종교적 동기가 강하다. 베일 착용자들 간에 바쉬외르튀와 테세튜르와 챠르샤프의 차이점이 거의 없다고 생각하는 사람이 많다. 베일용 스카프만 착용할 때에 주로 바쉬외르튀라고 부르며, 터번 또는 테세튜르는 머리에 보네(bone)를 먼저 착용하고 그 위에 베일용 스카프를 착용한 모습이다. 바쉬외르튀는 강한 문화적, 전통적, 종교적 동기에 의해 착용하고, 터번 또는 테세튜르는 정치적, 종교적 동기에 의해 착용한다. 젊은 엘리트 여성 중에 베일용 스카프를 착용하는 여성들은 종교적인 면도 있지만 정치적으로 정부정책에 반대하는 항의로 착용하는 여성들이 있다. 베일을 벗었던 여성들이 정치적 이데올로기의 상징으로서 다시 베일을 착용하는 현상을 보이기도 한다. 이들 여성들은 넓은 의미에서 무슬림 여성으로서의 주체성을 회복하는 상징으로 베일을 착용하는 것이다. 세 번째, 베일에 대한 터키 무슬림 여성 개인이 갖고 있는 상징과 국가전체가 공동체로서 갖고 있는 상징은 다르다. 상징의 정서적 차원에서 무슬림 여성이 베일용 스카프를 착용하지 않으면 감정적으로 수치심을 느끼며, 반면에 상징의 가치적 차원에서 무슬림 여성이 베일용 스카프를 착용하면 알라에 대한 헌신의 의미를 갖고 있다. 그러나 무스타파 케말 사상을 지지하는 정당과 정치가들은 여성들의 베일 착용을 정부에 대한 반항으로 여겼다. 네 번째, 터키 여성들이 세속공화국과 이슬람이 공존하는 나라에서 살아가므로 우리는 여성의 생활에서 급격한 변화보다는 점진적인 변화를 기대하여야 한다. 현대화가 이슬람식 옷과 화목하거나 일체감을 가질 수 없는 상황에서 이슬람식 옷 착용을 여성의 후퇴와 억압으로 특징지음으로써 무슬림 여성을 자극한다면 문제는 심각하게 될 것이다. 터키가 계속해서 서구화로 발전한다 할지라도 터키에 이슬람이 존재하는 한 베일용 스카프 착용의 비율은 변동이 있을 수 있으나 완전히 사라지지는 않을 것이다.

무슬림 여성의 베일착용의 문제점은 첫 번째, 베일 착용이 햇볕과 자연 공격으로부터 여성의 보호라는 것은 여성의 억압을 위한 한낱 명목상의 이유일 뿐이다. 베일 착용을 여성들에게만 제한하는 것은 엄연한 남녀차별이다. 여성들이 더운 날씨에 강제로 착용해야 하는 베일 때문에 오히려 고통을 당한다. 두 번째, 일부 이슬람권 나라에서 일반적으로 직장에서는 베일을 착용한 여성을 채용하지 않는다. 그러므로 베일을 착용한 여성들은 사회 진출이 늦어지고 개인의 능력을 발휘할 수 있는 기회가 제한된다. 베일은 여성의 권리를 감소시키는 역할을 하였다. 세 번째, 이슬람 문화 속에 살고 있는 남성들은 베일로 인해서 여성들을 자연스럽게 접할 수 있는 기회가 적기 때문에 대부분 자연스럽게 스트레스를 풀지 못하였고 그 결과로 남성들에게 동성 연애가 많이 생기게 되었다는 주장은 타당성이 있다. 네 번째, 베일을 통해 남성을 유혹하지 못하게 하는 것도 모자라서 여자들이 아예 성욕을 느끼지 못하도록 할례를 행한다. 이로 인한 부작용으로 육체와 정신 질환을 얻는다. 다섯 번째, 베일이 경제적인 이득을 가져온다고 무슬림들은 주장하는데 이것은 일부이며, 실제적으로 베일용 실크 스카프 값은 보통 의상보다 비싸다. 또한 일부 여성들은 전신 은폐용 베일 속에 비싼 옷을 입는다. 여섯 번째, 베일이 계층의 구별을 없애 줄 수 있다고 생각하지만, 실제로 무슬림 여성들 사이에 계층의 차이는 경제적인 면, 교육적인 면, 생활 수준 등에서 엄청나게 깊다. 이슬람 사회가 계층이 없는 평등한 사회라는 말은 사실이 아니다. 일곱 번째, 베일은 민주주의로의 발전을 저해하고 있다. 여성 스스로가 원하여 베일을 착용하기보다는 종교라는 이름 하에 베일 착용을 간접적으로 강요당한다. 이것은 여성 개인의 의견을 통제하고 억압하는 것이다. 여덟 번째, 베일은 보수와 진보의 문화의 갈등을 표출한다. 베일용 스카프를 착용한 사람과 비착용자의 구분이 뚜렷하므로 국가와 사회가 이원화되어 민족 연합과 발전에 부정적인 영향을 끼치고 있다. 아홉 번째, 무슬림 여성의 베일은 종교와 문화적 차원만이 아니라 정치적인 수단으로 이용되고 있다. 여성의 권리는 베일용 스카프를 착용하지 않고도 평상복을 입고도 자연스럽게 행사될 수 있어야 한다. 열 번째, 이슬람 사회에서는 남성의 눈으로부터 여성을 보호한다는 차원에서 여성을 격리시킨다. 이것은 남성들 스스로 자기를 조절할 수 있는 능력이 없음을 증명하는 것이다. 열한 번째, 베일 착용이 여성 순결성을 보장하고 가문의 명예를 지키는 방어조치로서 사용된다는 것은 남성중심의 사고에서 여성을 남성의 사고의 틀 안에 묶어 놓은 것이다. 열두 번째, 베일 착용은 사회에서 여자와 남자 사이의 간음을 격려하게 된다. 열세 번째, 베일 착용은 여성에게 이동의 자유는 물론 사회 활동의 더 많은 영역을 확보해 주었다기보다는 일종의 가택 연금이다. 열네 번째, 여성에게 베일 착용에 대한 명령은 여성을 위험한 존재이고 성적으로 실수를 많이 하며 남자를 유혹하는 존재라고 인식하기 때문이다. 이는 여성을 지나치게 성(sex)의 대상으로 부각시켜 여성의 인격적인 전인(全人)으로 보지 못하게 하였다. 열다섯 번째, 베일 착용을 명령하는 것은 여성이 순결하기를 기대하는 면이 있다. 그러나 인간은 타락한 죄인인데 베일을 씌워 외형적으로 순결하게 보이게 한다고 해서 순결해지지는 않는다. 열여섯 번째, 오늘날 베일 착용은 정숙함보다는 하나의 액세서리 차원에서 행해지고 있다. 열일곱 번째, 이슬람 사회의 근대화 과정에서 무슬림 여성들은 베일로 인하여 정치적, 경제적, 직업적, 종교적인 생활을 공유하지 못했다. 열여덟 번째, 여성의 베일 착용이 사회 문제와 윤리를 감소시키거나 해결하는 것은 아니다. 열아홉 번째, 여성의 정숙함을 위하여 베일 착용을 요구하는 이슬람 사회가 남자들이 외도하는 것은 별로 죄로 여기지 않는다. 스무 번째, 일반 대중 장소에서 범죄나 사건이 일어났을 때에 경찰들이 전신 은폐용 베일을 착용한 여성을 조사하기가 힘들다. 스물한 번째, 대부분 베일을 착용한 여성들은 비무슬림이나 남성 의사들에게 치료받는 것을 꺼리므로 치과나 산부인과 의사들이 이들을 치료하는 데 매우 어려움을 느낀다. 스물두 번째, 무슬림 여성들의 베일 착용은 획일화된 모습이므로 개인의 개성과 취향을 표현하는 데 자유롭지 못하다. 스물세 번째, 여성의 베일 착용은 남녀가 약혼이나 결혼 전에 서로 생김새와 약점을 알 수 있는 기회가 없으므로 어떤 남편은 속았다는 느낌을 가져 외도하도록 이끈다.

    무슬림 여성의 베일 착용은 위에서 살펴보았듯이 종교적이며 문화적 다양성을 포함하고 있으므로 우리는 기독교로 개종한 무슬림 여성이 베일 때문에 겪은 경험에 대하여 우리는 이해할 필요가 있다. 이슬람 사회에서 기독교 초신자들이 기존에 가졌던 문화 양식을 무시하거나 고의적으로 혈연관계를 끊지 않도록 해야 한다.

바울은 고린도전서 11:4-6에서 베일 착용 문제의 본질에 대하여 말하고 있다. 이 부분에서 우리가 주목해야 할 것은 바울이 공적 예배 시간에 있어서의 기도 혹은 예언을 할 때의 여성의 태도에 관해서만 취급하고 있다는 점이다. 바울이 그 당시 공중 예배시 여성에게 베일 착용을 권면한 것은 베일 착용이 복음의 본질은 아니고 비본질적인 것이므로 상황에 따라서 베일은 착용할 수도 있고 안 할 수도 있다. 바울이 기독교 여성들에게 베일을 착용하도록 교리적으로 명령했다고 할 수 없다. 그러므로 오늘날 대부분의 개신교에서 여성이 베일을 착용하고 예배에 참석하고 있지 않는다.

외모를 중요시 여기는 무슬림들이 이 땅에 존재하는 한 무슬림 여성의 베일 착용이 사라질 가능성은 희박하다. 이러한 상황에 있는 무슬림 여성들을 위하여 다음과 같은 선교적 접근을 제안한다. 첫 번째, 장소에 따라 스카프를 착용한다. 지역에 따라 다르지만 사역자가 베일용 스카프를 착용하는 것이 현지인들에게 우정을 표현하며 그들의 문화를 존중해 주는 표현의 한 방법이 될 수 있다. 기독교 사역자가 베일용 스카프를 착용하는 것이 원칙이 될 수는 없으므로 지혜로워야 한다. 두 번째, 여성 문화 센터를 건립한다. 여성 문화센터는 도시 빈민층 지역과 시골 무슬림 여성들에게는 아주 매력적으로 보여 그들의 마음의 문을 여는 데 크게 기여할 것이다. 세 번째, 우정관계를 형성해야 한다. 베일을 통해 보이는 무슬림 여성들의 얼굴 표정은 대체로 밝지 않다. 불안감이 늘 있는 여성들에게 사랑과 관심을 표현함으로써 베일이 인생의 문제를 해결하는 것이 아님을 깨닫도록 한다. 네 번째, 현지 사역자는 베일에 대하여 정치적으로 중립적 입장을 취해야 한다. 이슬람권 나라의 정치적 상황은 항상 유동성이 있으므로 기독교 사역자는 무슬림 여성의 베일을 공격하거나 토론의 주제로 하지 않아야 한다. 다섯 번째, 기독교 사역자는 외모를 단정하게 꾸며 베일을 착용한 무슬림 여성들에게 친밀감을 주어야 한다. 따라서 기독교인들은 너무 서구적으로 노출하거나 초라해 보이지 않으면서 정숙하고 감각 있는 단정한 옷차림을 해야 한다. 여섯 번째, 베일을 착용한 무슬림 여성들이 그리스도인이 되었을 때에 즉시 변화시키기보다는 공동체 안에서 사는 동안 전신 은폐용 베일 대신 머리에 베일용 스카프를 착용하게 함으로써 그들 사회의 공동체에서 소외되지 않게 한다. 일곱 번째, 베일을 착용한 무슬림 여성을 초대하여 사랑을 표현한다. 손님 초대는 이슬람의 주요한 문화 중에 하나이므로 손님 초대가 문화를 통한 접촉점이 된다. 여덟 번째, 북 카페(Book Cafe)운영한다. 북 카페를 열어 무슬림 여성들만의 공간을 만들어 차를 마시고 교제할 수 있는 기회를 제공하면서 여성들을 자연스럽게 돕는다. 아홉 째, 영어 그룹을 운영한다. 베일을 착용한 무슬림 여성들도 영어에 관심이 많이 있어 영어 공부 반을 통하여 많은 여성들을 만날 수 있다. 열 번째, 사업이나 관광업을 경영한다. 베일을 착용한 여성들에게 직장을 제공하는 사업체가 많지 않다. 사업장에 현지인을 고용하여 운영함으로써 베일을 착용한 무슬림 여성들과 좋은 만남의 기회를 형성하여 신뢰감을 준다. 열한 번째, 유치원과 학교를 건립한다. 베일을 착용한 무슬림 여성들도 자녀 교육에 관심이 많아 아이들과 어머니들을 만날 수 있는 기회이며, 복음 전도뿐만 아니라 그 지역의 사회 봉사 및 사회 개발에 기여한다. 열두 번째, 대학교 또는 대학원에 입학한다. 신세대 무슬림 여성들을 만나기 위하여 기독교 사역자는 대학생 또는 대학원생 신분으로 사역을 함으로써 학문을 통한 접촉점을 만들 수 있다. 열세 번째, 전문인 사역을 한다. 의사, 간호사, 임상 병리사, 산후 조리원 등 전문 직업을 통하여 베일 착용으로 폐쇄된 사고를 가지고 있는 무슬림 여성에게 가까이 다가갈 기회를 만든다. 열네 번째, 가정생활의 모범을 보인다. 베일 속에 가려진 무슬림 여성들에게 부인 사역자는 가정과 자녀들을 돌보고 부부가 서로 사랑하고 존경하며 행복하게 사는 모습을 보이는 것 자체가 무슬림 가정에 전도가 된다. 반면 독신 사역자는 그리스도인으로 항상 감사하면서 기뻐하는 생활을 함으로써 행복한 가정 생활을 보여줘야 한다.

성경에서 분명히 하나님은 중심을 보지만 인간은 외모를 본다고 했다. 그러므로 다른 사람이 우리의 외모를 통하여 우리가 원하든 원치 않든 간에 나름대로 우리에게 대한 이미지를 갖게 되므로 우리는 외모를 전혀 무시할 수 없다. 만약 베일을 착용했던 무슬림 여성이 그리스도를 영접했다면, 우리는 그녀의 베일을 강제적으로 착탈할 수도 없고 강압적으로 압력을 가해서는 안 된다. 베일은 이차적인 문제이다. 무슬림이 혼합주의에 빠지지 않도록 말씀을 나누며 그녀의 믿음이 성장하여 스스로 결정하여 전신 은폐용 베일을 착탈하도록 인내하면서 기다려야한다. 우리는 이차적인 문제에 너무 매달려서 논쟁하지 말고 복음의 핵심을 전해야 한다. 하나님의 말씀이 사람을 근본으로 변화하는 것이 일차적인 문제이다. 이 결과로 그들의 세계관이 변화될 것이다.

기독교인의 입장에서 이슬람은 분명 우리와 다른 종교이고 선교의 대상이지만 기독교 대 이슬람이라는 대결구도로 양 종교간의 적대적 감정을 갖도록 해서는 안 된다. 우리가 이슬람 인구를 선교하기 위해서 이슬람이 참된 진리가 아니라는 생각만으로는 안 된다. 우리는 그들을 제대로 이해하며 이들에게 가까이 다가가기 위하여 그들의 외모 때문에 거부감이나 적대감을 갖지 말고 우선 순위를 세워야 하겠다.

하나님은 무슬림 여성들을 사랑하시며 구원받기를 원하시므로 그들도 복음이 필요한 자들이다. 베일을 착용했든지 안 했든지 둘 다 예수 그리스도를 개인의 구주로 영접할 필요가 있다. 복음 전도자들은 여기에 우리의 초점을 맞추어 복음을 전하여야한다. 복음의 본질은 변하지 않도록 하되, 복음을 전하는 방법은 다양해야 한다.

참고문헌

1. 국내서적

공일주. 『이싸냐? 예수냐?』. 서울: 죠이선교회출판부, 1997.
권삼윤. 『차도르를 벗고 노르웨이 숲으로』. 서울: 개마고원, 2001.
권오창. 『인물화로 보는 조선시대 우리옷』. 서울: 현암사, 2000.
김동문. 『이슬람의 두 얼굴』. 서울: 예영커뮤니케이션, 2001.
김정위. 『중동사(中東史)』. 서울: 대한교과서주식회사, 1987.
김한기. 『터어키와 성지』. 서울: 도서출판 성지, 1997.
박옥연. 『복장과 인간』. 부산: 경성대학교출판부, 1993.
박윤선. 『고린도전서 주석』. 서울: 영음사, 1981.
신상옥. 『서양복장사』. 서울: 수학사, 2001.
안점식. 『세계관을 분별하라』. 서울: 죠이선교회출판부, 1998.
이동주. 『현대선교신학』. 서울: 기독교문서선교회, 1998.
이희수. 『터키사』. 서울: 대한교과서주식회사, 1993.
이희수·이원삼 외. 『이슬람』. 서울: 청아출판사, 2001.
오희선. 『재미있는 패션이야기』. 경남 김해: 교학연구사, 2000.
전완경. 『아랍의 관습과 매너』. 부산: 부산외국어대학교출판부, 1999.

전재옥 편역. 『무슬림 여성』. 서울: 예영커뮤니케이션, 1997.
전호진. 『종교다원주의와 타종교선교전략』. 서울: 개혁주의 신행협회, 1994.
정홍호. 『상황화 신학』. 서울: 한국로고스연구원, 1996.
_____. 『나를 변화시킨 고린도전서』. 서울: 생명의 말씀사, 1999.
조희선. 『아랍문학의 이해』. 서울: 명지대학교출판부, 1999.
최영길. 『이슬람의 이해』. 서울: 도서출판 신지평, 1999.
_____. 『이슬람 문화』. 서울: 도서출판 알림, 1999.
최한우. 『중앙아시아학 입문』. 서울: 도서출판 펴내기, 1997.
하지사브리·서정길 편저자. 『하디스』. 서울: 한국이슬람교중앙연합회간, 1978.
홍나영. 『여성 쓰개의 역사』. 서울: 학연문화사, 1995.

2. 번역서적

글렌 마이어스. 『아랍세계, 어제와 오늘 그리고』. 유병국 역, 서울: 도서출판 WEC 출판부, 1998.
굴산 에스더. 『찢어진 베일』. 홍명희 역. 서울: 도사출판 두란노, 2001.
데이비드 헤셀그레이브. 『선교 커뮤니케이션론』. 강승삼 역. 서울: 생명의 말씀사, 1999.
메리 에반스. 『성경적 여성관』. 정옥배 역. 서울: 한국기독학생회출판부, 1995.
버나드 루이스. 『중동의 역사』. 이희수 역. 서울: 까치글방, 2000.
블랑쉬 페인. 『복식의 역사』. 이종남·안혜준·김선영·정명숙 공역. 서울: 까치글방, 1997.
수잔 카이저. 『복식사회심리학』. 김진구 감수, 김순심 외 3인 공역. 서울: 도서출판 경춘사, 1995.
새뮤얼 헌팅톤. 『문명의 충동』. 이희재 역. 서울: 김영사, 1997.
쉐이크 하에리. 『이슬람교 입문』. 김정헌 역. 서울: 김영사, 1999.
안와르 바시르. 『무슬림에게 복음을』. 김기드온 역. 서울: 예루살렘, 1994.

압 둘 마시흐. 『무슬림과의 대화』. 이동주 역. 서울 기독교문서선교회, 2001.
앙드레 슈라키. 『성서시대 사람들』. 박종구 역. 서울: 도서출판 부키, 1999.
잭 버드. 『이슬람이란 무엇인가』. 중동선교회 역. 서울: 예루살렘, 1992.
존 엘더. 『무슬림을 향한 성경적 접근』. KTM 편집부 역. 서울: 도서출판 펴내기, 1992.
제임스 헐리. 『성경이 말하는 남녀의 역할과 위치』. 김진우 역. 서울: 여수룬, 1992.
크렉 S. 키너. 『바울과 여성』. 이은순 역. 서울: 기독교문서선교회, 1997.
크리스티 말루히. 『미니스커트, 어머니 그리고 모슬렘』. 예수전도단 역. 서울: 도서출판 예수전도단, 1996.
폴 히버트. 『선교와 문화인류학』. 김동화 · 이종도 · 이현모 · 정흥호 공역. 서울: 죠이선교회 출판부, 1996.
_____ . 『선교현장의 문화 이해』. 김영동 · 안영권 공역. 서울: 죠이선교회 출판부, 1997.
A. 반 겐넵. 『통과 의례』. 전경수 역. 서울: 을유문화사, 1994.
B. 루이스. 『오스만제국 근대사』. 김대성 역. 서울: 도서출판 펴내기, 1994.
로데릭 H. 데이비슨. 『터키사 강의』. 이희철 역. 서울: 도서출판 펴내기, 1998.
D. L. 카모디. 『여성과 종교』. 강동구 역. 서울: 서광사, 1992.
H.A.R. 깁. 『이슬람 그 역사적 고찰』. 최준식 · 이희수 공역. 서울: 문덕사, 1993.
J. 애더슨 블랙 & 매쥐 가랜드. 『세계패션사』. 윤길순 역. 서울: 자작 아카데미, 1997.
杉本正年. 『동양복장사논고』. 문광희 역. 서울: 도서출판 경춘사, 1997.

3. 영문서적

Acar, Feride. "Women and Islam in Turkey." In *Women In Modren Turkish Society*. Tekeli, Sirin., ed. London: Zed Books Ltd, 1995.

Arat, Yeşim. "Feminism and Islam Considerations on the Journal Kadin ve Aile." In *Women In Modren Turkish Society*. Tekeli, Sirin., ed. London: Zed Books Ltd, 1995.

Afkhami, Mahnaz. and Friedle, Erika. *In The Eyes of The Storm*. London: I. B. Tauris & Co Ltd, 1994.

Afkhami, Mahnaz. *Faith and Freedom-Women's Human Rights in the Muslim World*. London: I. B. Tauris & Co Ltd, 1995.

Apak, Melek Sevüktekin. Gündüz, Filiz Onat. and Eray, Fatma. *Öztür Osmanli Dönemi Kadin Giyimleri*. Ankara: Birinci Baski, 1997.

Ask, Karin & Tjomsland, Marit., ed. *Women and Islamization*. New York: Berg, 1998.

Benton, Cathy. "Many Contradictions: Women and Islamists in Turkey." *The Muslim World*. Vol. 86, No. 2. April, 1996.

Bashier, Zakaria. *Muslim Women In The Midst of Change*. London: Joseph Ball LTD, 1990.

Baveja, Malik Ram. *Women in Islam*. India: Renaissance Publishing House, 1988.

Beck, Lois & Keddie, Nikki., ed. *Women in the Muslim World*. Massachusetts: Harvard University Press, 1978.

Cate, Mary Ann., ed. *A Compendium*. Pasadena: William Carey Library, 2001.

Cooper, Anne. *Ishmael My Brother*. London: STL Books & Marc, 1988.

Doi, Abdur Rahmān I. *Women in Shar'ah*. Kuala Lumper: Academe Art & Printing Services Sdn. Bhd, 1992.

Dagher, Hamdun. *The Position Of Women In Islam*. Villach: Light of Life, 1995.

Dharmaraj, Glory E. & Dharmaraj, Jacob S. *Christianity and Islam*. Delhi: ISPCK, 1999.

Early, Evelyn A. Baladi. *Women of Cairo-Playing with an Egg and a Stone*. London: Lynner Rienner Publishers, 1993.

Elmadani, Abdalla. *Finjan Gahwa and a Bit of Everything*. Damman: Alwafa Printing Press, 1993.

El Guindi, Fadwa. *Veil Modesty, Privacy and Resistance*. Oxford & New York: Berg, 1999.

El-Solh, Camillia Fawzi & Mabro, Judy., ed. *Muslim Women's Choice-Religious Belief and Social Reality*. Oxford: Berg, 1995.

Gök, Fatma. "Women and Education in Turkey." In *Women In Modern Turkish Society*. Tekeli, Sirin., Ed. 131-140. London: Zed Books Ltd, 1995.

Goodwin, Jan. *Price of Honour*. London: Little, Brown and Company Ltd, 1994.

Güne-Ayata, Ayşe. "Women's Participation in Politics Turkey." In *Women In Modern Turkish Society*. Tekeli, Sirin., ed. London: Zed Books Ltd, 1995.

Hermassi, Abdelbaki. *Tunisian Women Through The Ages*. Tunis: Inititute National du Patrimoine, 1997.

Hodge, Charles. *An Exposition of the First Epistle to the Corinthians*. Michigan: Baker Book House, 1980.

Johnstone, Patrick & Mandryk, Jason. *Operation World*. Carlisle: Paternoster, 2001.

Kandiyoti, Deniz. "Patterns of Patriarchy: Notes For an Analysis of Male Dominance on Turkish Society." In *Women In Modern Turkish Society*. Tekeli, Sirin., ed. London: Zed Books Ltd, 1995.

Kattab, Huda. *The Muslim Woman's Handbook*. London: TA-HA Publishers, 1999.

Keddle, Nikki R. and Baron, Beth. *Women in Middle Eastern History*. New Haven and London: Yale University, 1991.

Khayat, Sana Al. *Honour and Shame*. London: Saqi Books, 1992.

Khan, Muhamand Muhsin. *The Translation of the Meanings of Sahih Al Bukhari*. Vol. VII. Lahore, Pakistan, 1986.

Khalf Al. *Hijab*. Cario, Egypt: Sana' Al Masri Sinai Publishing House, 1989.

Latelf, Shahida. *Muslim World in India*. London: Zed Books Ltd, 1990.

Madani, Mohammed Ismail Memon. *Hijab*. Virginia: Al-Saadawi Publications, 1995.

Mernissi, Fatima. *The Veil And The Male Elite*. New York: Addison Wesley Publishing Company, 1996.

_____. *Women and Islam*. England: Basil Blackwell Ltd, 1991.

Mickelsen, Alvera, ed., *Women, Authority & The Bible*. Illinois: InterVarsity Press, 1986.

Minces, Juliette. *The House of Obedience*. London: Zed Press, 1982.

Middle Esat Video Corp. *Historical Costumes of Turkish Women*. Istanbul: Ali Riza Baskan Güzel Santlar Marnaasa A.S., 1986.

Moghadam, Valentine. *Modernizing Women*. London: Lynne Rienner Publishers, 1993.

Moghadan, Valentine M. *Modernizing Women*. Boulder & London: Lynne Rienner Publishers, Inc, 1993.

Moghissi, Haideh Moghissi. *Feminism and Islamic Fundamentalism*. London: Zed Books Ltd, 1999.

Murata, Sachiko & Chittick, William C. *The Vision of Islam*. London: I. B. Tauris Publishers, 1996.

Musk, Bill. *The Unseen Face of Islam*. East Sussex: MARC, 1997.

P. Newton & M. Rafiqul Haqq. *The Place of Women in Pure Islam*. London: T.M.F.M.T., 1993.

Rahnavard, Zahra. *The Message of Hijab*. London: The Open Press Limited, 1990.

Sabbagh, Suha., ed. *Arab Women Between Defiance and Restraint*. New York: Olive Branch Press, 1996.

Saktanber, Ayşe. "Women in the Media in Turkey: the Free, Available Woman or the Good Wife and Selfless Mother." In *Women In Modern Turkish Society*. Tekeli, Sirin., ed. London: Zed Books Ltd, 1995.

Scare, Jennifer. *Women's Costume of Near and Middle East*. London: Unwin Hyman. n.d.

Şeni, Nora. "Fashion and Women's Clothing in the Satirical Press of Istanbul at the End of the 19th Century." In *Women In Modern Turkish Society*. Tekeli, Sirin., ed. London: Zed Books Ltd, 1995.

Sheikh, Bilquis. *I Dared To Call Him Father*. London: STL Books, 1978.

Sirman, Nükhet. "Friend and Foe? Forging Alliances with Other Women in a Village of Western Turkey." In *Women In Modern Turkish Society*. Tekeli, Sirin., ed. London: Zed Books Ltd, 1995.

Subbamma, Malladi. *Islam and Women*, trans. by M,V. Ramamurty. New Delhi: Sterling Publishers Private Limited, 1988.

Talanova, Olga., ed. *Along the Great Silk Road*. Almata: Kramds, 1991.

Tekeli, Şirin. "Women in Turkey the 1980s." In *Women In Modern Turkish Society*. Tekeli, Sirin., ed. London: Zed Books Ltd, 1995.
Travis, John. "Must all muslim leaves Islam to follow Jesus?" In *Perspectives*. Winter, Ralph D. & Hawthorne, Steven C., ed. California: William Carey Library, 1999.
Wiebke Walther. *Women in Islam*, trans. by C.S.V. Salt. N.J: Abner Salt, 1981.
Witherington III, Ben. *Conflict & Community in Corinth*. Michigan: Willian B. Eerdmans Publishing Company, 1995.
Yamani, Mai. ed. *Feminism and Islam*. Berkshire: Ithaca Press, 1997.

H. St. Thackeray. Antiquities. iii. London, 1930. 제임스 헐리, 『성경이 말하는 남여의 역할과 위치』. 1992. 재인용.
Al. Marrar, 7세기초, M. XVI. 홍나영. 『여성 쓰개의 역사』. 서울: 학연문화사, 1995. 재인용.
Rabi'ah b. Maqrum, 6세기 초, M. XXXIV. 홍나영. 『여성 쓰개의 역사』. 서울: 학연문화사, 1995. 재인용.
Mu'aawiyah b.Malik, 6세기, M, CV. 홍나영. 『여성 쓰개의 역사』. 서울: 학연문화사, 1995. 재인용.
Vaux, R. de. 1935. 홍나영. 『여성 쓰개의 역사』. 서울: 학연문화사, 1995, 재인용.

4. 학회지 및 논문

무함마드 깐수. '이슬람의 여성관.' "한국이슬람학회논총." 제4집(1994).
서재만. '터키의 종교정책.' "중동연구." 제19-1권, 중동연구소(2000).
이은정. '18세기 오스만제국의 정치 변화에 영향을 끼친 외부 요인.' "한터학회논총." Vol. 3 . 한터학회(2000).
알리 리자 발라만. '세속 터키 국가와 이슬람화 운동.' "한국이슬람회논총." 제5호(1995).
이난아. '터키 문학에 나타난 여성문제.' "한터학회논총." 제2호(1998/99년).

이희수. '터키내 이슬람 원리주의 종파의 정치세력화와 갈등구조 연구.' "한국이슬람학회논총." 제7집(1997).
장지향. '90년대 터키의 정치변동: 이슬람 복지당의 집권을 중심으로.' "중동연구." 제16권 제1호(1997).
최한우. '투르크-페르시아 문화권.' "중동연구." 제18-1권(1999).
Müge Egeden. "Women Issues In Turkey." M. A. dissertation, Eastern Mediterranean University, 1999.

5. 사전

『한국복식문화사전』. 김영숙 편저. 서울: 미술문화, 1998. '장옷' 항목.
『기독교대백과사전』. 서울: 기독교문사, 1982. '베일' 항목.
『브리태니카 세계대백과사전』. 브리태니카 & 동아일보 공동출판, 1994. '의복' 항목.
_____. '아리스토텔레스주의.' 항목. 류형기 편.
『성서주해』. IV. 한국 기독교문화원, 1994.
Al-Baaqii, Muhammad Fuwaad. 'Abd, *al-Mu'jam al-Mufahras li-'AlfaaZal-Qur'aanal-Kariim bi-Hashiyat al-MuSHaf al-Shariif.* Cairo: Daar al-Hadith, 1988. S. v "Hijaabun", "Hijaaban."
V. L. M nage, B. Lewis, Ch. Pellet and J. Schacht. *The Encyclopaedia of Islam.* new edition, Vol. III. London: Luza & Co, 1971. S. v. "Hijab."
Muhammad-Encyclopaedia of Seerah. Vol. V. S. v. "Hijab"(Veiling of the face). by fzalur Rahman.

6. 기타 자료들

강인산. '역(逆)테러 공포에 떠는 300만 아랍계 미국인들.' "조선일보." 2001년 10월 15일자.

구정은. '이집트 여(女)작가 사다위 여성권익 투쟁.' "문화일보." 2001년 5월 31일자.
김병훈. '이슬람 사회 첫 여시장으로 1인 4역.' "중앙일보." 1999년 11월 2일자.
김수혜. '사우디에 여성 해방구(解放區).' "조선일보." 1998년 7월 14일자.
김이봉. '성경해석을 둘러싼 여성의 역할 이해.' "목회와 신학." 1993년 1월호.
김일곤. '이슬람교.' "월간중앙 WIN." 서울: 중앙일보, 1998년 12월호.
김용선. '이슬람 여성의 지위.' "지역연구." 3권 1호, 1994년.
김종문. '여성할례는 인간 파괴.' "중앙일보." 1999년 6월 17일자.
박석원. '쿠웨이트 여성참정권 첫 헌재(憲裁)심의.' "한국일보." 2000년 5월 31일자.
배병우. '차도르 벗고 여성해방 스매싱.' "국민일보." 1999년 3월 24일자.
배장수. '아프간은 흐느끼고 있었다.' "경향신문." 2001년 10월 10일자.
이상언. '차도르 쓴 여(女)캅스 뜬다.' "중앙일보." 2000년 10월 12일자.
이상욱. '왜 법원서 이혼하나요, 사우디선 3번 외치면 끝.' "조선일보." 1999년 8월 7일자.
이규태. '이슬람 여성관.' "조선일보." 1999년 2월 11일자.
이철민. '넌 가족의 수치.' 이슬람권 명예살인 공포. "조선일보." 2000년 4월 13일자.
_____ . '가족 명예 더럽혔다. 여성 한해 5000명 피살.' "조선일보." 2000년 9월 22일.
이미라. '쿠르드족.' "중동선교." 1999년 5. 6월호, 제57호.
이종훈. 이슬람권 '여성해방 아직도.' "동아일보." 2000년 4월 1일자.
_____ . "백화점에 구치-베네통…서구화물결." "동아일보." 2001년 1월 29일자.
이진녕. '철저한 정교(政敎) 분리…거리엔 서양풍 물결-이슬람과의 대화, 터키상(上).' "동아일보." 2001년 7월 9일자.
윤재석. '사우디 왕세자 여권신장 발언화제.' "국민일보." 1999년 5월 19일.
장정훈. '차도르 벗는 이란의 여성들.' "중앙일보." 2000년 2월 22일자.
정우량. '성벽 허물기 차도르 혁명.' "중앙일보." 2001년 5월 12일자.
정운종. '5명 중 1명은 회교도.' "저무는 밭의 일꾼들." 1995년 8월호.

정현묵. '터키 정국 스카프 파문.' "중앙일보." 1999년 5월 7일자.
채인택. '아프간 여성들 등교 투쟁.' "중앙일보." 2000년 3월 11일자.
채수환. '여권신장은 국가경쟁력과 직결.' "매일경제." 2000년 2월 1일자.
채인택. '아랍 명예살인.' "중앙일보." 1999년 6월 23일자.
최준호. '민주화 움트는 중동의 봄.' "중앙일보." 1999년 3월 10일자.
하종대. '아프간 참상 고발하려 출전했죠.' "동아일보." 2001년 10월 31일자.
황유성. '코란 모독 살해 위협 다시 스웨덴 피신.' "동아일보." 1999년 1월 29일자.
AP 연합. '수단 공공장소 여취업 금지.' "중앙일보." 2000년 9월 7일자.
Aric Press. '미국 관광객들 터키로 몰린다.' "Newsweek." 1997년 8월 6일자.
Riddell, Peter., ed. "LBC Center for Uskamic Studies Newsletter." No. 8. Summer 2000.
Woodberry, J. Dudley. "Folk Islam requires new understanding and approaches." 1986.
Yusuf Ali, Abdullah. *The Quran.* New York, Tahrike Tarsile Qur'an, Ine. 1997.
『톰슨 성경』. 서울: 기독지혜사. 1985.
최영길. 『성 꾸란』. 의미의 한국 번역 파하드 국장성 꾸란 출판청, 메디나, 1417.
안영권. "선교인류학." 아세아연합신학대학교 대학원 강의안(1999년).
이스마엘. 서울, 중동선교회 내. 선교사와 면담. 2001년 10월 4일.
인터콥. '실크로드 2000년 비디오.'
편집부. '월드미션 다이제스트.' "CCC편지." 2001년 9월호.
편집부. '중동은 지금.' "중동선교." 1999년 9. 10월호. 제53호.
편집부. '중동은 지금.' "중동선교." 2000년 7. 8월호. 제64호.
편집부. '중동은 지금.' "중동선교." 2001년 9. 10월호. 제71호.
편집부. '무슬림을 위한 30일 기도.' 예수전도단, 2000. 제2일, 제25일.
'Evangelical News Agency.' "미션저널." 2001년 5월호, 재인용.
MBC. 창사 40주년 특별기획 다큐멘트리 '이슬람-신의 뜻대로.' 2001년 4월 5일밤 11시 상영.
'이슬람국가.' http://www.Islammission.org/islam/English.htm. (2000.4.20.)
'미전도 기도정보.' http://kcm.co.kr/bethany/p-code/1951.html. (2001.11.20.)

'터키.' http://www.islammission.org/islam/special/Turkey01.htm. (2001.10.14.)
'중국싸라족.' http://www.aaphome/adoplist/htm. (2001.10.9.)
'모로코의 민속복.' http://www.sfi.co.kr/Virtual_Libraries/Folklore/contents/Mor-A.html. (2000.10.14.)
'Muslim women.' http://www.islamicvoice.com/2001-05/women.htm. (2001. 10. 9.)
'Womenrights.' http://www.Turkey.org/magazine. (1998.9.20.)

CHRISTIAN LITERATURE CRUSADE

사단법인 기독교문서선교회는 청교도적 복음주의신학과 신앙을 선포하는 국제적, 초교파적, 비영리 문서선교기관입니다.

사단법인 기독교문서선교회는 한국교회를 위한 교육, 전도, 교화에 힘쓰고 있습니다.

만일 당신이 예수 그리스도와 그리스도인의 생활에 대하여 알기를 원하시면 지체 말고 서신 연락을 주십시오. 주 안에서 기쁜 마음으로 도움을 드리겠습니다.

서울 서초구 방배동 983-2
Tel. (02)586-8761~3

사단법인 기독교문서선교회

무슬림 여성과 베일
A Study on the Symbols of Women's Veil in the Muslim World

저　　　자 · 이정순
초 판 발 행 · 2002년 8월 20일
재 판 발 행 · 2004년 1월 20일
발 행 처 · 사)기독교문서선교회
주　　　소 · 서울시 서초구 방배동 983-2
전　　　화 · (02)586-8761~3
　　　　　　(031)923-8762~3(영업부)
E-mail · clc@clckor.com
홈페이지 · www.clckor.com
F A X · (02)523-0131
　　　　　　(031)923-8761(영업부)
온 라 인 · 기업은행 073-021367-04-061
　　　　　　기업은행 073-021367-06-023
등　　　록 · 1980년 1월 18일 제16~25호

〈낙장·파본은 교환해 드립니다〉
ISBN 89-341-0747-2(94230)
ISBN 89-341-0704-9(세트)

신·학·박·사·논·문·시·리·즈

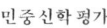

1권: 민중 신학 평가

어떠한 신학사상이든 하나님의 기록된 계시인 성경에 비추어 객관적인 평가를 받아야 하는 것은 너무나 당연하다. 저자는 성경의 영감과 객관적 권위를 바탕으로 하여 민중신학이 과연 한국적 신학이며 성경적 신학인가를 평가하였다.

나용화 저/ 국판 / 236면

2권: 언약사상사

개혁신학의 진수인 언약사상이 실천신학과 선교신학에서는 거의 다루어지지 않는다고 느낀 저자는 개혁신학의 재정립이 필요함을 깨닫고 루터, 칼빈, 쯔윙글리 등 개혁자들의 언약 개념을 이해함으로써 개혁주의 신학을 정립하고 있다.

서요한 저/ 신국판 양장/ 484면

3권: 예수와 삼위일체 하나님

판넨베르크는 이성의 입장에서 기독교 복음을 현실화하려고 노력을 기울인 신학자로 알려져 있는데, 본서는 이런 합리성의 토대 위에서 현대신학 안에 있는 많은 문제들에 대한 새로운 신학적 논점을 제공한다.

김영선 저/ 신국판/ 296면

4권: 이사야서의 시온사상

시온 주제가 최근 학자들에 의해 구약 신학의 핵심적인 주제의 역할을 하고 있다는 점이 새롭게 확인되고 있는데, 본서는 기본적으로 그러한 학문적 논의의 연장선에서 시온 해석의 지평을 확대하는 일에 기여하고자 하는 목적으로 시도되었다.

김진희 저/ 신국판/ 280면

5권: 바울의 성령 이해

저자는 본서에서 바울의 성령론의 분석을 위해 로마서 8장을 분석하고, 또한 역사적 상황 안에서 그의 성령론을 포괄적으로 이해하기 위해 이와 직접적으로 관련되는 바울서신의 다른 구절들도 고려했다.

김정주 저/ 홍성희 역/ 신국판/ 336면

6권: 칼빈과 니고데모주의

본서는 니고데모주의의 실체를 규명하고 칼빈의 니고데모파 논박 내용을 반니고데모파 저서들을 중심으로 철저히 분석하여 소개하고 있으며 칼빈의 반니고데모파 신학을 정리하고 있다.

강경림 저 / 신국판 / 352면

신·학·박·사·논·문·시·리·즈

7권: 칼빈의 신학적 정치윤리

칼빈에게 있어서 교회와 국가는 분리된 실체가 아니라 하나님의 주권을 실현하려는 상호 연합된 실체였다. 본서는 이에 입각하여 개혁주의의 올바른 정치 윤리는 하나님의 주권이 교회에서뿐만 아니라 국가와 사회에서도 실현되도록 노력하는 것이라고 주장하고 있다.

이은선 저/ 신국판/ 312면

8권: 칼빈의 예정론

본서는 칼빈신학에 있어서 최근들어 자주 거론되는 예정교리의 중심성과 그 위치, 즉 구원론적인 위치에 정향시켜 논구하고 있으며, 칼빈의 전 사역기간 동안에 전개된 예정론의 궤적을 추적, 조망하여, 광범위하게 구원론적인 교회론의 맥락에서 시술하고 있다.

강정진 저/ 신국판/ 248면

9권: 구약의 십계명 연구

본서는 십계명이 성경과 기독교의 핵심 법률이요 하나님의 말씀의 정수라는 것을 밝히면서 출애굽 백성의 자유가 신약을 사는 우리에게도 동일하게 적용되고 있음을 말하고 있다.

심규섭 저/ 신국판/ 404면

10권: 이사야의 종말론 연구

잘못된 종말론으로 인한 현상들은 종말론 이론이 집중되어 있는 구약의 예언서를 바르게 이해하지 못한 데서 온 것이다. 본서는 선지자들의 메시지를 바르게 이해하고, 성경이 의도하는 바른 종말론적 해석을 이해하는 데 많은 도움이 될 것이다.

황건영 저/ 신국판/ 320면

11권: 교부들의 삼위일체론

오늘날 정통신학에의 기준이 자꾸만 흔들리고 있는 이 시점에 캅바도키아 교부들을 중심으로 한 본서는 정통교부들이 가르쳤던 삼위일체론 그대로를 가르칠 것이다.

김석환 저/ 신국판/ 376면

12권: 무슬림 여성과 베일

본서는 이슬람을 나타내는 상징 중의 하나인 베일에 대한 연구서이다. 저자는 베일에 대한 오해를 불식시키고 올바른 이해를 통해 이슬람 선교에 도움을 주고자 한다.

이정순 저/ 신국판/ 248면

기독교문서선교회

Christian Literature Crusade
983-2, PANGBAE-DONG SOCHO-KU SEOUL, KOREA